本丛书得到何东先生独资赞助

This series of books is financially supported exclusively
by Mr. Eric Hotung.

20世纪中国文物考古发现与研究丛书

# 音乐考古

王子初／著

文物出版社

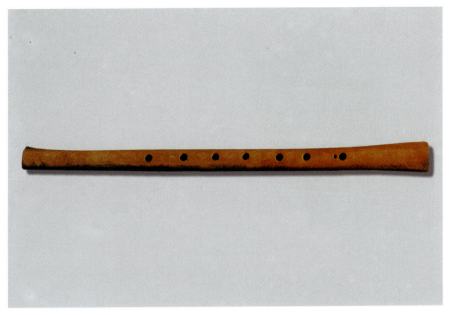

一　河南舞阳贾湖新石器时代骨笛

二　甘肃永登乐山坪新石器时代彩陶鼓

三　江西新干大洋洲
　　商代大铙

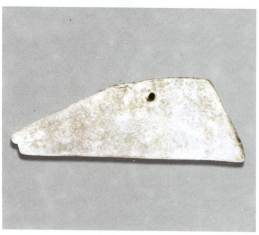

四　河南安阳小屯村
　　商代龙纹石磬

五　湖北崇阳
　　商代铜鼓

六　湖北战国曾侯乙墓地下音乐厅

七　湖北秭归天登堡
　　战国錞于

八　新疆且末箜篌（公元
　　前3~4世纪）

*20世纪中国文物考古发现与研究丛书*

# 序 / 张文彬

俗称"锄头考古学"的田野考古学的诞生以及中国考古学学科体系的基本完善，由此而引起的古物鉴玩观赏著录向科学的文物学的转变，是20世纪中国学术与文化界的大事。它从材料与方法两个方面彻底刷新了持续了数千年之久的中国古代史学传统，不但为中国学术界和文化界开拓出更加广阔的研究天地，也为一切关心中华民族悠久历史和灿烂文明的人们不断地提供了可贵的精神滋养和力量源泉。

仰古、述古、探古，进而考古，向来为我国传统文化中一个明显的学术特点。先秦时期诸子百家发其端，汉代司马迁撰写《史记》，北魏郦道元作注《水经》。他们对相关的遗迹遗物，尽可能地做到亲自考察和调查，既能辨史又可补史。这种寻根追源的治学态度，为后世学术上的探古、考古树立了榜样。此后，山河间的访古和书斋式的究古相继开展，特别是对古器物的研究，成了唐、宋时期的文化时尚。不少学者热衷于青铜铭文、碑刻、陶文、印章等古文字的考释，进而有了对器物的辨伪鉴定、时代判断、分类命名等，逐渐兴起了一门新的学问——金石学，涌现出许多著名的古器物鉴赏家和收藏家。只是囿于当时的历史条件，金石学家们无法了解所见文物的出土地点和情况，也难以涉及史前时代漫长的演进历程，因而长期以来始终脱离不了考证文字和证经补史的窠臼。即使如此，他们的艰辛努力和取得的成绩，还是为推动我国传统文化的发展起到了积极作用，并且在事实上也为中国考古学和中国文物学的起步铺设了最早的一段道路。

20 世纪初，近代考古学由西方传入。中国学者继承金石学的研究成果，学习并运用西方考古学方法，开始从事田野考古，通过历史物质文化遗存，探寻和认识古代社会，揭示人类社会发展规律。早在 1926 年，中国学者就自行主持山西南部汾河流域的调查和夏县西阴村史前遗址的发掘。随后，我国学者同美国研究机构合作，有计划地发掘周口店遗址，发现了北京猿人。从 1928 年起至 1937 年，连续十五次发掘安阳殷墟遗址，取得了较大收获，引起了国内外学术界的重视。自 20 世纪 50 年代以后，随着国家大规模经济建设的进行，田野考古勘探、调查和科学发掘工作在全国范围内蓬勃有序地开展，许多重要的典型遗址和墓地被揭露出来，重大发现举世瞩目。它们脉络清晰，层位分明，文化相连，不仅弥补了某些地域上的空白，而且衔接了年代上的缺环，为研究中国古代史、文化史、科学史以及其他学科领域，提供了珍贵、丰富的实物资料，极大地影响着人文社会科学诸多学科专业的研究与发展。这段时间被学术界称为中国考古学的黄金时代。在马列主义理论指导下，具有中国特色的考古学理论体系和方法论逐渐形成。有关研究成果不仅极大地改变和丰富了人们对中国文明起

# 目　　录

# 插 图 目 录

前言

相对中国艺术史学领域的其他各个学科而言，中国音乐考古学的出现并逐步引起学术界的关注是比较早的。这并非偶然。音乐不单纯是一种艺术，在古代中国更有着十分深刻的政治意义和社会学含义。

西周初年，周公旦在总结殷商各种典章制度的基础上，制订了一套十分严密的封诸侯、建国家的等级制度，这就是史传周公"制礼作乐"的故事。周人对音乐的社会功能已有了充分的认识，他们把"乐"看得与"礼"同等重要，严格的规定了各级贵族的用乐制度，亦即"乐悬"制度。所谓"乐悬"，其本意是指必须悬挂起来才能进行演奏的钟磬类大型编悬乐器。《周礼·春官·小胥》载："正乐悬之位，王宫悬，诸侯轩悬，卿大夫判悬，士特悬，辨其声。"郑玄注："乐悬，谓钟磬之属悬于簨簴者。"所谓"宫悬"，是指王应该享用的编悬乐器，可以像宫室一样摆列四面；诸侯则要去其一面，享用摆列三面的"轩悬"之制；卿大夫再去其一面，享用摆列两面的"判悬"之制；士应再去一面，只能享用摆列一面的"特悬"之制。不难看出，"乐悬"制度是周代礼乐制度的核心内容之一，钟磬类大型编悬乐器体现了十分突出的礼仪功能。虽然"乐悬"制度建立于周初，但是"乐悬"却并非是周初才产生的。从考古学上来看，尽管商代还没有真正可称之为"乐悬"的钟，但是考古发掘出土的大量编铙和石磬，已经体现出其"礼仪"的内涵。《论语·为政》载："周因于殷礼，所损益可知也。"孔子一语即道出了礼乐制度因袭、损益的形成过程。"声音之道，与政通矣"，于是政治家也常用音乐讽喻政治。战国齐的邹忌"讽齐王纳谏"，以"琴调而天下治"一言，从威王手中贾得相国高位，即为一例。

翻开一部二十五史，几乎每部历史的编撰者，都没有忘记编入有关音乐的内容。《音乐志》、《礼乐志》、《历律志》等类章节，均与音乐理论、音乐史事、宫廷音乐重大事件、歌咏诗章、乐律乐理等有关。先秦学子的必修科目为"礼、乐、射、御、书、数"，其中"乐"被排在第二位。古有"六艺"一说。《史记·滑稽列传》载："孔子曰：'六艺于治一也。《礼》以节人，《乐》以发和，《书》以道事，《诗》以达意，《易》以神化，《春秋》以道义。'"可见音乐一部不可或缺。

自周公以后的三千年，"礼乐"成为中国人思想的准则、行动的规范，中华民族自誉为"礼乐之邦"由此而来。

有着如此深厚的土壤，自20世纪20年代始，现代考古学在中国刚刚萌生不久，中国音乐考古学这支独特的禾苗油然破土而出，并伴随着中国考古学学科的成长，获得迅速地发展。

根据《20世纪中国文物考古发现与研究丛书》编撰委员会的统一要求，本书力图以简明扼要的文字，阐明20世纪30年代以来中国音乐考古学的发展历程，以及在本门学科领域里比较重要的考古发现和出土文物、相关的考古学研究和所取得的成果。希望本书能呈现给读者一个比较完整的学科发展概貌。限于个人的理论和认识水平，书中难免疏漏不当之处，诚求方家斧正。

# 一 音乐考古学

# （一）音乐考古学小史

### 1. 音乐考古学

考古学是根据古代人类活动遗留下来的实物史料研究人类古代情况的一门科学，它是历史科学的一个部门。音乐考古学则是根据与古代音乐艺术有关的实物史料研究音乐历史的科学，是音乐史的一个部门。音乐史属艺术史，也是历史科学的一个专门分支。

比起一般考古学来，音乐考古学有其鲜明的特殊性。这一特殊性主要体现在其研究对象上。以美术考古为例，美术考古研究的对象直接就是人类所创造的美术作品本身，如绘画、雕塑作品等。而音乐考古的对象却不可能是音乐作品本身。其一，音乐艺术是音响的艺术，其以声波为传播媒介，表演停止，声波即刻平息，音乐也不复存在。其二，音乐又是时间的艺术，真正的音乐只能存在于表演的刹那间，古代的音乐作品只能存在于表演当时的瞬间。作为音乐考古学家永远无法以看不见、摸不着的某种特定的声波为研究对象，也无法将早已逝去的历史上的音响为其直接研究对象。一些古代的乐谱也许记载了某些音乐作品，但这种以某种符号系统来记录作为音响的音乐作品的手段是苍白无力的。人类曾使用过的一切记谱法，无论它是如何"完善"、如何"科学",也只能在非常有限的程度上反映音乐作品的部分特性。从根本上说,乐谱只是画有特定符号的纸或其他材料,它与音乐作品有着本质的区别。

由于音乐考古学无法以音乐作品作为其研究的直接对象,故也有学者认为对音乐考古学的学科性质难以认真探究,充其量只能称其为"乐器考古",或"音乐文物的遗存考古"。这种观点,主要是出于对考古学概念理解上的偏颇。音乐考古学作为以古人音乐活动的遗物和遗迹为研究对象,并以此为据了解古人的音乐生活,从而阐明人类音乐艺术发展的历史和规律这样一门科学,是完全可以堂堂正正地纳入专业考古学学科行列的。艺术考古是否一定要以本门艺术的作品为其研究对象,恐怕没有必要作如此机械的界定。否则,不仅是音乐考古,其他诸如舞蹈等艺术门类,乃至古代的气象、农业等,均无"考古"可言了。

在世界上,一些国家把一般考古学视为艺术史的一个分支,主要是受 18 世纪的欧洲人对"考古学"传统概念(专指美术考古)的影响所致。艺术属人类社会的上层建筑,是人类借助想象、运用形象表现思想和情感、反映社会生活的一种意识形态。作为人类重要艺术之一,音乐也不例外。音乐考古学归入艺术史学,更具体点说归入音乐史学并无问题。也有些国家的学者把考古学看作文化人类学的一个部分。文化人类学当为人类学的分支,在许多国家和地区实指民族学。音乐考古学自然与其密切相关。我国也有人认为考古学已成为综合性的科学。由此理解,音乐考古学当然离不开社会科学和自然科学的众多学科的方法和手段。但不管怎么说,音乐考古学研究的目标是人类的音乐艺术史,跳不出历史科学的大范围。所以,将其最终归入社会科学应该更为合理些。

从历史的角度考察，音乐考古学脱胎于一般考古学，它们之间又是一种不可替代的互补关系。中国音乐考古学形成的初期，曾勉附于一般考古学界之骥尾。长期以来它从那里吸取了大量的养分。中国音乐考古学的形成和发展，扩大了一般考古学概念的领域。诚如贾湖骨笛所提供的有组织的、能自成体系的乐音结构，便是一种有史以来也无从得知的人类高级活动的历史信息。有关贾湖骨笛的音乐考古学研究成果，纠正了学术界长期以来形成的错误观念，使我们对九千年以前人类社会的文明程度有了新的认识。

目前，音乐考古学家的研究，实际上还是停留在根据考古界发表的发掘报告和出土文物作案头研究的阶段。对于中国为数不多的专业音乐考古学工作者来说，通过研究考古界发表的相关资料来探讨中国音乐史发展规律的基本工作模式，将会持续很长的一个历史时期。目前，中国音乐考古学的研究主要侧重于音乐文物学方面。但从学科的性质、特别是从研究的目标考察，音乐考古学研究是以阐明中国音乐艺术发展史及其发展规律为第一要义的，它与单纯的音乐文物学研究有着根本的区别。

**2. 音乐考古学的先驱**

中国以发掘工作为基础的近代考古学，肇始于 20 世纪 20 年代初期，但它的前身，至少可上溯到北宋以来的"金石学"。在宋人的研究中，已涉及到一些出土的古乐器，主要是钟磬之属，但其研究主要局限于乐器的形制、铭文和年代等方面。如薛尚功的《钟鼎彝器款识法帖》、王俅的《啸堂集古录》和王厚之的《钟鼎款识》，都注意到了当时出土于湖北安陆的二件楚王酓章钟（又作"曾侯之钟"），尽管他们的著录必然涉及钟上的乐律标铭，但他们注意的侧重点并不在于音乐（图一）。其中薛氏不仅著录最早，而且对二件编钟上的乐律标铭作了研究，正确地指出其是用来标示"所中之声律"。他的研究已经涉及到了音乐理论问题。但当时，薛氏对这二件编钟上铭文的确切含意还说不清楚。直到1978年湖北随县曾侯乙编钟出土后，这个千古之谜的谜底才被揭开。这二件编钟与曾侯乙墓的楚王酓章镈，均为楚王酓章为曾侯乙所作之宗彝。联系安陆、随县二个出土地点，对于了解古曾国地望及其与楚文化的关系，乃至进一步探索曾楚文化的交往与渗合、其乐律体系的渊源，均有着显而易见的参考意义。

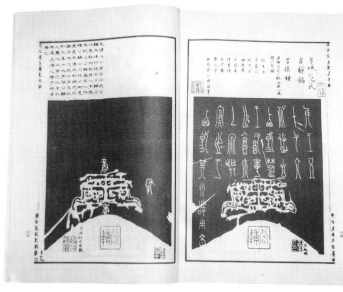

图一　王厚之《钟鼎款识》中的"曾侯之钟"书影

北宋以后的青铜器著录和研究，仍以铭文和文字训诂为重点。首先打破这一局面的是近代学者王国维。他的金文研究，不仅仅停留在单字的训诂上，而是更多地注意把青铜器铭文和历史学密切地结合起来，对商周历史加以综合研究。《观堂集林》中有多篇关于青铜器研究的重要著作，包括一些钟类乐器的研究。如《夜雨楚公钟跋》，不仅确认了孙诒让对楚公逆钟"逆"字的考释，认为其人即文献所说的熊咢，并由此进一步对楚之中叶的历史作了较精辟的阐发。

无论是薛尚功、王厚之还是王国维，他们的研究对象中虽然都包括了古乐器，但这种研究的目的并不在于音乐艺术本身，未曾从根本上摆脱北宋以来把音乐文物仅仅作为一般"古玩"加以著录、研究的传统，故都不能算是"音乐考古"。近代以来，西方大量的新思想、新知识传入中国，人们耳目为之一新，一些思想先进的知识分子提出了"以科学方法整理国故"的口号。"新文化运动"直接推动了已在金石学卵翼下经历了八百余年漫长岁月的中国音乐考古学的形成，其不朽的开创之功，当归于 20 世纪 30 年代初的刘复。

"五四"以来，中国音乐史家对于音乐考古研究的注意，是在文史界的启发和带动下逐渐展开的。在作为考古学前身的"金石学"研究中，已有相当数量的先秦青铜乐钟。之后，王光祈的有关某些传世音乐文物的研究，还只能算是个别事例。作为中国新文化运动的先锋人物，刘复在介绍西洋科学技术研究国学，尤其是在研究中国古代乐律方面，做出了重大贡献。他的《十二等律的发明者朱载堉》、《从五音六律说到三百六十律》、《吕氏春秋古乐篇昔黄节解》等著名文论，是这方面研究的重要结晶。特别是他于 1930～1931 年间，发起并主持了对故宫和天坛所藏清宫古乐器的测音研究，后著成《天坛所藏编钟编磬音律之鉴定》一文，这是中国音乐考古学史上值得一书的大事[1]。

刘复在故宫的古乐器测音研究历时一年有余。所测的乐器种类较多，单是编钟、编磬两项就达五百多件。他原来打算将这些测音研究结果写成专书，分本陆续出版，不幸英年病逝，未能如愿。这些资料，今天仍存于中国社会科学院语言研究所。所幸他的《天坛所藏编钟编磬音律之鉴定》得以面世，从而可知当年测音研究的详情。刘复的研究，已经完全摆脱了旧学的种种陋习，系统地引进了现代物理学的原理和计算方法，引进了诸如英国比较音乐学家埃里斯所创的音分数计算法，介绍了西方自公元前6世纪希腊学者毕达哥拉斯以来的许多重要的乐律学理论，首次在现代科学的意义上精辟地阐述了中国明代朱载堉的划时代伟大发明，即今天通行全世界的十二平均律的数理原理——新法密率。他考察这些古乐器的目的，已不再局限于它们的外观、重量、年代及铭文训诂，而是转向了它的音乐性能，也就是说，他的研究目标转向了音乐艺术本身。这应是中国音乐考古学脱胎于旧学、并逐步成形的起端和界碑。当然，刘复此时的研究对象还比较单一（局限于清宫乐器），研究目的不够完整（限于音律），研究手段比较原始（用音准测音），没有一定数量和质量的专业同盟军（仅有为数不多的几个知音），更没有进入作为考古学主体的发掘领域，但这些都不足以构成充分理由来否定他在中国音乐考古学上的先驱和奠基人的地位。

事实上，继对故宫和天坛清宫古乐器的测音研究之后，刘复的眼光开始关注考古学的重要领域——田野调查工作。他于

1933年暑期赴河南等地进行音乐考古研究。在开封，他去河南博物馆测试了新郑出土的古编钟的音律，又去至公会主教怀履光处，考察、测试了其所藏古代编磬和金太和无射钟。在巩县游石窟寺，发现了北魏时期的乐舞造像，连夜进行了测量、照相和记录。在洛阳，登伊阙龙门，在宾阳洞及万五千佛洞顶上，又意外地发现了唐代乐舞造像，并作了照相和考察。在南京，测试了烈士祠所藏旧时文庙编钟编磬。在上海，测试了卢江刘善江所藏厲氏编钟的音律。他的这一系列活动，足以说明他的研究对象正从单一的古乐器向其他方面（如乐舞造像）扩展，其研究目的与手段也随之完善与丰富，视野更为开阔，并开始更加注重田野工作。遗憾的是，正当他于音乐考古上宏图大展之际，病魔于次年夺去了他的生命。刘复的丰功不朽！

　　号称"礼乐之邦"的古代中国，并无系统的音乐史著作，只有所谓正史中的《乐志》、《律志》以及若干史料杂集中的相关研究。中国现代田野考古事业的繁荣，尤其是大量考古发掘和研究成果的出现，使一些音乐史学家越来越清楚地认识到，单纯依靠正史和古代其他的文献记载来研究中国音乐史存在着很大的局限性，考古发掘的实物依据在研究中的价值是不可替代的。他们注意考古界的发现和动态，并把他们所取得的新成就不断地吸收到音乐史学研究领域中来。其中较有代表性的为杨荫浏和李纯一两人。

　　1941年前后，音乐史学家杨荫浏为了测音研究更为方便，设计了一张带有定音尺的音准，操作者可从上面直接得到所测音高的音分值读数，这是对刘复"审音小准"的改良。另外，他还设计了《乐律比较表四种》，给研究者带来很大的方便。20世纪50年代初，他出版了巨著《中国音乐史纲》。该书引用了当时许多的考古发掘资料和研究成果，如唐兰的《古乐器小记》、中央研究院历史语言研究所关于河南汲县山彪镇出土编钟的考证以及殷墟的大量发掘资料等。《中国音乐史纲》给在陈腐气氛笼罩下的中国音乐史学研究带来了一阵清新的空气[2]。

20 世纪 50 年代后期，音乐史学家李纯一搜集了大量考古发掘中出土的古代乐器和古人音乐活动的遗迹资料，站在音乐史学的角度，以考古材料的研究成果与文献记载相互印证，写成了《中国古代音乐史稿》（第一分册）一书。该书一反中国音乐史研究从"文献到文献"的旧有传统，将科学发掘所得的考古学材料放到了首要的地位[3]。尽管这一时期的音乐史学家们尚无条件直接参加到田野考古的发掘工作中去，但中国音乐考古学作为中国音乐史学的一个部门，作为中国音乐史学的一种研究方法和手段，作为一门自成体系的独立学科，其研究目的越来越明确，研究领域也得到了开拓，受到了学术界的进一步重视。

另外，1977 年 3～5 月间，吕骥、黄翔鹏、王湘等音乐学家，去甘肃、陕西、山西、河南四省进行了专门的音乐考古调查，他们的工作得到了国家文物事业管理局和上述四省文博部门的支持和协助，取得了重大收获。他们的研究对于探索中国新石器时代的音阶发展，起到了重要的推进作用。其中，黄翔鹏在考察中，首先发现中国古代青铜乐钟的"双音"性能，从而揭示出湮灭在历史长河中数千年的中国古代的一个重大科学发明。尽管在当时，他的"双音钟"论点遭到了一些学者的非议和指责，但他还是在《新石器和青铜时代的已知音响资料与我国音阶发展史问题》一文中指出："侯马钟的六声音阶除了旧音阶的商、角、羽以外，还有宫、徵、变徵三个音在右鼓部位。这里仍有一个老问题：右鼓音是否用于实际演奏中敲击发音？"紧接着他明确地回答了这个问题："如果说殷钟的右鼓音还只是钟乐音阶发展初期的一个'征兆'，那么西周中、晚期的钟乐右鼓音已经在发展过程中被整理成序了。西周钟的右鼓音也许是只起共鸣作用，但它们的规律性已经无可怀疑。从侯马钟看，由于已经出现六声，其音阶组织的严密，已不容许偶然性的东西存在。从上列的图式也可以看出，在音阶系列中应属大三度的音，其铣音决不以小三度出现，反之亦然。右鼓音已经是根据音阶规律的需要，有意识地进行选择的结果，而对音阶序列起着规定作用。它已经发展为具有充分意义的东西，而不再只是一种'征兆'。侯马钟的右鼓音可能已在演奏实践中予以敲击使用。"[4] 至此，中国音乐考古学的发展实现了一次历史性的飞跃。

## （二）音乐考古学方法研究

### 1. 音乐文物分类法

中国音乐考古学发展到今天，已经取得了较为丰富的研究成果。在数十年来的研究实践中，学者们逐渐注意到，方法或方法论问题对音乐考古学研究，有着至关重要的作用。

人类的音乐艺术，犹如长江大河一样，在华夏大地上流淌了千年万年，所到之处留下了无数的遗物遗迹。历史上人们创造的音乐文物品种繁多，形制各异，功用不同，构成的材质和产生的年代千差万别。如何将这琳琅满目的众多文物进行分类，使之系统化，这是音乐考古学研究的重要工作之一。

（1）分类的意义和标准

音乐考古学研究中常见的分类对象是音乐文物，分类的目的是使研究对象系统化。由于文物品种杂、数量多，就必须采用多级分类法，一般要用到三级甚至四级分类。在每一级分类中，必须有一种鲜明的分类逻辑为依据，即具有相同或相近的逻辑意义的文物，才能被划归为一类。这样，人们只要掌握了它的分类逻辑，就能从一件文物推知同类中的其他文物。

在选择分类方法的标准问题上，笔者认为任何一种分类法都会有其一定的合理性和可取性；反之也会有一定的局限性。音乐文物的分类，尽管可以见仁见智，但还是有一个优和劣的问题，或说有是否合用、是否更合用的问题。评判优劣的标准主要来自文物的分类目的和分类对象。分类目的决定了分类法的必要性；分类对象决定了分类法的可行性。必要性和可行性则体现了分类方法的合理性。

所谓必要性和可行性，举例来说，确定《中国音乐文物大系》的编目体例就是选择音乐文物分类方法的过程。这是一套主要供学术研究用的中国音乐文物资料集成。其读者，主要是音乐史学工作者和历史、考古工作者，也包括人类学、文化、艺术、民族、民俗、科技等各个学科的学术、教育工作者。其分类的目的，无疑是与它的阅读对象紧密相关。哪一种分类方法有助于读者系统地熟悉、理解并接受书中提出的各类音乐文物资料，就是最合理、最必要的好方法。这是评判分类方法优劣的一大标准。

作为被分类的对象，音乐文物本身有着种种属性：它用一定的材料制成，它产生于一定的历史时期，它出土于一定的地域等等。这些属性，有些十分明确，有些较为含糊。当这些属性被用作分类逻辑时，就直接关系到这种分类方法的可行性。例如，相当一部分文物的年代属性不明确，若按年代先后的逻辑进行分类，自然行不通。又如上海博物馆所藏的音乐文物，因历史、地理的特殊性，绝大多数来源于文物市场、个人捐赠以及馆内旧藏而不知其出土地，若硬要按出土地域进行分类，只能是一句空话。总之，被分类的对象决定着分类方法的可行性，这种可行性是评判分类法优劣的又一重要标准。

（2）几种常用的分类方法

现在常用的分类方法，即八音分类法、时（年）代法、区域法、器类法、种类法、材质法和萨克斯乐器分类法。这些方法在实践中被证明是行之有效的。

①八音分类法。中国十分古老的乐器分类方法，大致产生于西周时期，甚至更早。据音乐史学家杨荫浏研究，周朝的乐器，见于文献记载的就有七十种。其中见于《诗经》的，有二十九种[5]。种类繁多的乐器流行，使乐器的分类方法应运而生。《周礼·春官》有"大师……皆播之以八音：金、石、土、革、丝、木、匏、竹"的记载，这就是八音分类法。这种分类方法，抓住制成乐器的主要材质的属性作为分类依据，有其显而易见的优点。其分类逻辑是比较鲜明的。

八音分类法是见于文献的最早的乐器分类法。它是中国人民在长期的音乐生活实践中创造出来的，并沿用二千多年，显然是一种行之有效的分类方法。当然，音乐文物不仅仅是乐器，八音分类法不能应用于音乐文物的总体分类。但乐器无疑是音乐文物中的重要部分。八音分类法作为一种有传统、有实效的分类方法，通常用于音乐文物的二级分类。

②时（年）代法。以产生文物的历史时（年）代的先后顺

序作为分类逻辑的分类方法。其优越性极为显见：时间先后正与历史发展的程序相一致。这不仅对于历史学家，几乎对于所有的人来说，都是极易掌握的一种逻辑关系。并且无论从通史、断代史或是音乐专门史的角度来看，也都有极大的便利。

这种分类方法的分类逻辑从粗到细可分为三种：

Ⅰ社会的历史形态。将人类社会的历史形态分为原始社会、奴隶社会和封建社会等几个阶段。以它为基础形成的分类方法是一种比较粗略的分法，仅适用于初级分类。

Ⅱ朝代顺序。按历史朝代先后更替的关系进行分类的方法。这种方法粗细适中，应用较为广泛。既可用于一级分类，也可用于二级分类。

Ⅲ年代先后。以它为基础形成的分类方法，因过于繁细，实用性较差。从目前掌握的音乐文物的情况来看，确知纪年的文物极少，其中相当部分的文物只能推知其大致的历史时期，还有许多文物连这一点都难以确定。若随意将它们归入某个年代中去，势必影响分类的精确性和可靠性，从而降低研究成果的可学性。年代分类法可以在某些特定的场合使用。

③区域法。人类生活在世界的各个区域。这些区域，可能是地理环境造成的自然区域，也可能是历史政治因素造成的人为区域。不管怎么说，人类所创造出来的音乐文物必然带有不同的区域属性。这种区域属性也可以成为文物分类的依据。文物的区域属性大致可以分为如下几类：

Ⅰ行政区域。世界由各大洲构成，各大洲分别由多个国家或政区构成，每一个国家或政区又由许多省（州）、市、县构成。以音乐文物的产生或归属的行政区域为分类基础，形成的分类方法具有明显的可行性。中国的音乐文物可以和世界其他各国的音乐文物并列或相对，中国某省的音乐文物可以和中国其他各省的音乐文物并列或相对。如此类推，划分简单，逻辑清楚。

Ⅱ文化区域。文化是个复杂的概念。站在考古学的角度，"文化"一词的含意包括：旧石器时代文化、新石器时代文化，或是磁山—裴李岗文化、北辛文化、马家窑文化、仰韶文化……不一而足。不难想象，每一个"文化"，都可以作为音乐考古学研究的一个单元，在每一个"文化"的背后，都可以汇聚一组音乐文物。就是说，在每一种"文化"概念的基础上，都可以建立一种分类方法。而每一种分类方法，都会有其特定的意义和应用价值。

④器类法。音乐文物一般可分为乐器、图像、书谱三大类，或是将书谱作为一种特殊的图像而分为乐器、图像两大类。这种以某类文物的总体性质作为分类逻辑的分类方法，可称为"器类法"。器类法概念明确，具有很大的可行性，其局限是过于笼统、粗率。扬长避短，可用其作为初级分类，再以其他分类法作为次级分类辅之，可获相得益彰的效果。

Ⅰ乐器。作为直接用于演奏音乐的器具，其与音乐关系之密切可想而知。而且在考古发现的音乐文物中，乐器占了很大的比例。它们的共同点十分鲜明：都是演奏音乐的器具。将它们作为一大类，顺理成章。

Ⅱ图像。内容与音乐有关的图像，是除乐器之外的另一大类音乐文物。它们以画面或立塑的形式保留了古人音乐生活的信息，其共同点也是十分鲜明的。音乐书谱的情况较为特殊。一般说来，保存于图书馆的古代音乐书谱作为一种特殊的音乐文物，不纳入音乐考古学的范围，但一些考古发掘出土的除外。据目前掌握的情况看，出土的古代音乐书谱数量不多，无单列一大类的必要。况且，书谱是一种借助第二信号系统记录下来，以图像的形式间接地反映某些特定信息的文物，将其归入图像大类有其合理性。

⑤种类法。以文物的具体器种特性作为分类逻辑的分类方法。所谓的具体器种特性，即指钟有钟的特性，鼓有鼓的特性。这种方法将同种文物，如钟、钲、铙、铎、琴、瑟、绘画、乐俑、砖雕、石刻等等各归各类。它符合人们日常语言的习惯，概念简单明确。

⑥材质法。以构成文物材质的不同作为分类逻辑的分类方法。前述中国古代的八音分类法即是材质法中一种特定的分类法。材质法是目前考古学者最常采用的分类方法。一般将文物分为：陶器、玉石料器、铜器、铁器、漆木（竹）器等。一些考古发掘报告中，还常常掺杂其他分类方法于其中。如在上述类目中，在铜器之外加入"钱币"一目，或加入"车马器"、"兵器"、"生活用具"等类目。对于特定的一批出土物来说，如此的分类也许有其实际的意义，但从分类逻辑上来说，是自相矛盾的。车马器中包含着漆木（竹）器和铜器；铜器中也包含了部分车马器、兵器和生活用具。从严格的分类学意义上来说，每一级分类只应该使用单一的分类逻辑。这是音乐文物分类时必须要注意的。

作为一种最常见的分类方法，材质法具有很大的群众基础。无论是历史学界、音乐学界以及其他学术界的读者均熟悉。同时上文提到，一件文物的年代、来历、器主等情况可能无法确定，但构成它的材质总是看得见、摸得着的。所以这种分类法的实施，具有极佳的可行性。又因这种分类法可用作初级分类，也可用作次级分类，所以又有着较大的机动性。

⑦萨克斯乐器分类法。以乐器声源的不同属性作为分类逻辑的分类方法。它将乐器分为体鸣、膜鸣、弦鸣和气鸣四大类。这种分类方法为德国音乐学家萨克斯（Sachs, Kurt 1881～1959 年）所创用。

此法显著地突出了乐器的声学性能，从而给乐器的研究、表演、创作及教学工作者带来了便利，对物理学家，尤其是声学家们更为合适。但对于音乐学、物理学圈子以外的众多不熟悉乐器发音原理的读者来说，似不甚方便。又因其为乐器的专用分类法，而音乐考古所涉及到的大量图像方面的文物均不能概括其中。故使用上受一定的限制，只能用作二级以下的分类。从目前音乐文物的实际情况来看，留存至今的古乐器多为金石类，而金石类乐器绝大多数为体鸣乐器。那些属弦鸣、膜鸣和气鸣的乐器多为木（竹）、革制成，很难保存下来，由此造成了分类的不均衡性。如前所述，上海博物馆入藏的铜器为二百四十件，其中只有一件新莽始建国元年无射律管可算作"气鸣"，其余均为"体鸣"。显然，若给上海博物馆的音乐文物编目时，就不适宜采用这种分类方法。不过，萨克斯分类法具有一定的国际性，在阐明乐器的发音原理上也有较大的科学性。特别是对于现代西洋管弦乐器的分类，有其较大的实用意义。另外，把门类众多的乐器分为四大类，是一种较为粗略的分类方法。所以此法较适用于乐器的初级分类。

**2. 音乐学断代法**

所谓音乐学断代方法，实际上是指利用音乐艺术的一些技术理论和手段，对古代乐器进行断代研究的方法。目前，这些方法还处于不断地摸索和完善之中[6]。

音乐学断代方法主要应用于相对年代的确定。目前用于断代研究的对象，主要是商周以来的礼乐重器，即钟磬乐悬。这些乐器用青铜和石灰岩制作，不易腐蚀，一直保留到今天，且出土的编钟、编磬已是成百上千，为这些乐器的断代研究提供了很好的基础。音乐学断代法可分：

（1）乐器形制断代方法

利用乐器形制演变的过程进行断代研究的方法，是建立在一般考古学断代方法的基础之上的。在迄今所掌握的全部出土乐器中，将那些已知考古学年代的标本提炼出来，比较它们形制的差别，研究它们演变的过程，借以建立这些乐器在各个历史时期形制的标尺。也许这把标尺最初的刻度是很不完整的，有些历史时段是非常粗略，甚至是空白的。但随着音乐考古学学科的发展，这把标尺的刻度正在逐步清晰起来。

以石磬为例，这是一种比较典型的黄河文化的产物。迄今考古发现最早的石磬，都是黄河中上游出土的新石器时代晚期的特磬。这些石磬利用石片打制而成，表面粗糙，造型也不规则。如山西襄汾陶寺墓地出土的石磬。夏至商代前期，特磬的形制出现了倨句的设计。如河南偃师二里头遗址出土的特磬和内蒙古宁城夏家店下层文化出土的特磬。殷墟出土的众多标本表明，殷商晚期的特磬磨工精细，纹饰华美，出现了一些鱼形磬、龙纹磬等作品。编磬也在此时诞生，石磬正式进入了旋律乐器的行列，但其造型在五边形的大前提下，仍游移不定。如北京故宫博物院所藏、1953 年出土于河南殷墟一坑的编磬。这套编磬三件成组，但三件编磬在造型上尚未达到一致。西周时期，特磬逐渐消失，为编磬所取代，造型基本固定，但磬底仍多为直边。如陕西周原召陈乙区遗址出土的编磬。春秋以往，编磬股二鼓三，倨背弧底的造型完全确立，音列完整，成为性能优良的重要的旋律乐器。如山东长清仙人台5、6号墓出土的两套编磬，七声音阶均已齐全，可以演奏较为复杂的旋律。以上所举各例，均已有明确的考古学断代，由此建立了石磬这种乐器在各个历史时期形制规范的标尺。可以设想，随着出土资料日趋丰富，这把标尺上的"刻度"会越来越精确。

（2）音律学断代方法

在音乐学家进行青铜乐器的研究之前，有关编钟音乐音响性能方面的内容，尚未受到专家们的太多关注。一般的研究方法，主要是通过青铜编钟在各个历史时期的形制特征，制作成编钟断代的"标尺"。这样的研究，基本上着眼于编钟的外观，即局限于编钟形制和纹饰方面。应该这样说，作为一种乐器，编钟的音乐音响性能是其不可忽视的内涵。丢掉了乐器的音乐学内涵，也就丢掉了乐器研究的主体，这样的乐器研究是很不完整的。编钟的音乐学内涵，大致有如下几方面可加关注：

①与乐器演奏方式有关的造型设计。乐器是用来演奏音乐的器具。人们在创造和长期使用某种乐器的过程中，必然会形成一定的演奏姿势，一定的演奏手法，并且会逐步对乐器提出越来越高的音乐音响性能方面的要求。对于编钟来说，工匠在设计和造作编钟的时候，也必须要根据其使用的方法、演奏的姿势和发声的原理，甚至还有其他一些因素，来考虑其外观造型、相应纹饰，以及与其音律有关的特殊构造。这些造型设计有一个从形成、发展到成熟，最后到衰落的过程。在这个过程的每一个阶段，都会或多或少地留下一些历史的印记。这些历史的印记就是今天用来断代的依据。

以晋侯苏编钟为例，其体现了商铙的形制向甬钟形制演变

的全过程。晋侯苏编钟的Ⅰ式钟为空甬有旋的形式，可以植奏
而不便悬挂，基本上还是商代大铙的演奏方式；其Ⅱ式钟上保
留了空甬的尾巴，却出现了斡的设施，表明此时的钟可植可
悬，处于两可的过渡阶段；其Ⅲ式钟终于割去了商铙的空甬尾
巴，只能悬奏，从而彻底完成了甬钟的羽变。如果将这三种不
同形制的编钟，分别与已知年代的同类编钟相对照，即运用文
史界传统的形制纹饰这杆标尺，我们就可以找出它们产生的大
致年代。同时，对解决有关中国青铜乐钟发展史上的一个关键
问题：甬钟的起源问题，有着显而易见的学术意义。

②为实现乐器的音乐性能所采用的结构特征和音律调试手
法。编钟音梁与音乐音响性能相关，是其在编钟形制结构方面
的反映。音梁在编钟的断代上也很有意义。音梁的出现，大大
改善了乐钟的双音性能。近年音乐考古学的研究成果表明，从
商铙到西周的甬钟，均无音梁结构，其内腔是平整的。音梁的
雏形产生于春秋初期。到著名的曾侯乙编钟时，音梁演化为四
侧鼓内板块状的凸起，从而达到了这一技术的顶峰。单就乐钟
音梁的结构形态，已可以成为先秦乐钟断代的一条重要标准。
编钟的调音锉磨痕，也是这种乐器断代的重要依据。

③乐器的音乐性能（音列音阶结构）。编钟是乐钟，是一
种旋律乐器。对编钟的音律音阶性能的测定，也具有一定的断
代参考意义。近年来的音乐考古学研究表明，最早的乐钟是商
代的编铙。殷商编铙一般三枚成编。目前所见编列最多的为妇
好墓出土，达五件成编。虽然殷商编铙腔体的造型已经是合瓦
形，但还没有证据能说明编铙是"双音"乐器。编铙的侧鼓音
是否被有意识地使用，不得而知。所以，单就一铙一音而论，
商铙三枚成编，只能演奏三声音列。妇好墓出土铙五件成编是

孤证，也只能演奏五声音阶。从这一角度而论，可能殷商编铙的旋律性能是有限的。

西周编钟出土的数量较多，保存完好的也不少，其音律情况已经比较清楚。研究表明，当时的编钟已经是双音钟。这可以由许多西周编钟的右侧鼓部铸有作为侧鼓音敲击标记的小鸟纹来证明。但西周编钟的音阶仅用宫、角、徵、羽四声，不用商声，成为"五音不全"的乐器，其旋律功能有着相当大的局限。

西周末期以后，对乐器的旋律性能提出了越来越高的要求，纽钟应运而生。纽钟五声自如，七音齐全，是演奏旋律的好乐器。春秋以往，"礼崩乐坏"，编钟不但出现了商音，而且音乐性能也越来越趋向完备。战国早期的曾侯乙编钟，由甬钟、纽钟和镈钟等，组成了空前庞大的编钟集群。这套编钟十二律齐全，在一定音域内基本上做到了十二旋宫。这是不平均律音乐时期乐器的顶峰之作。

通过以上叙述，已可大致看出编钟音阶发展的断代标尺。当然，这把标尺是比较粗略的，但它与编钟的音梁结构、调音手法的断代意义一样，往往是十分可信的。因为编钟音律音阶的设计和实施，是编钟铸造中的核心技术之一。这些十分专业的技术，即便在先秦，也只有极少数的工匠掌握，此后一直失传了二千余年。可以相信，很难有人造假。

音乐学的断代方法，一般只能帮助判断相对年代。对于绝对年代的确定，还是要借助科技手段，如碳十四测定和树轮校正等方法，或借助于和纪年有关的文字资料。另外在断代的实践之中，也不是孤立地运用某一种方法，而往往是多种方法综合使用，才能得到较好的效果。

### 3. 音乐测音法

古代乐器所留存的音乐音响，是音乐学研究中的主要内容。对古乐器音乐音响进行的度量，是作音乐学研究时常常要接触到的先期工作，这就是古乐器的测音研究[7]。

所谓"测音"，是指借助测量仪器有目的的对音乐音响进行声学的度量，物理学上一般称作"声学测量"。最常见的测音内容，是测定乐音的音高。所以，一般提到测音而没有特指的时候，可以理解为是指对音高的测量。实际上，测音还应该包括对乐音音响的强度（音量）、长短（时值）、频谱（音色）等多方面的测定。不同的测音内容，可以用来解决音乐学研究中不同的问题。比如，在借助测音手段对音乐进行旋律、律制和调式等方面的研究时，测音的内容是测量乐音的音高。当进行乐器的改革，需要对改革前后的乐器进行音色方面的分析对比时，测音主要测的是乐音的频谱；需要对改革前后的乐器进行音量方面的分析对比时，测音主要测的是在相同条件下乐音的强度。

音乐测音手段可以为音乐学研究提供具体的数理依据，为纯主观的音乐学研究提供一些可以量化的标准，从而更明确、更形象地表述音乐艺术的一些规律和特质，为音乐的创作、欣赏、表演、传承和研究，提供指导和帮助。

（1）测音研究的方法和设备

音乐考古学中的测音研究，多数用于研究定音古乐器的音律、音阶问题，所以测音的主要目的是音高。但在目前一些古乐器的复制工作中，乐器的音色、音量和余音问题都已经成为检验产品质量的重要指标。所以在乐器的测音研究中，频谱分析已是不可或缺，此外，乐器发音的音强和延时等方面也受到了充分的关注。

①近现代音乐考古学的测音研究。音乐考古学的先驱者刘复已开始测音研究，从他的《天坛所藏编钟编磬音律之鉴定》一文中可以得知他当年测音研究的详情。他采用了中国最传统的用律准进行音律研究的方法，以音叉为定律的标准器，以三张"审音小准"为测音工具，测定了康熙、朝隆年间所造编钟、编磬各一套。他的手法是，先取审音小准上各音音高的弦长值，换算成频率数；再算出三准数据的平均数，进而换算成音分数，并将这些数据列表与国际通行的十二平均律、中国传统的三分损益律作了比较；最后又将测音结果与上述两种律制绘成图像。之后，音乐史学家杨荫浏在测音研究方面又有了新的进展。前文已提及。

②现代常用的测音仪器和方法分析。闪光音准仪（stroboconn）是一种专为音乐研究设计的测音仪器，它对音频的感受是极为粗略的：当输入一个乐音信号时，它所显示的只是构成这个乐音的无数频率中最强的一个或数个，其余的均被筛选掉。它的这种特性，与人脑对乐音的分析模式十分相近。人脑在分析听到的某个乐音时，会根据构成这个乐音的无数频率中最强的一个，作出对音高的定性判断：确定它的音阶属性。其余无数个频率已经综合成为"音色"的感觉。所以闪光音准仪是一种最具"人情味"的音乐测音仪器。

闪光音准仪表盘上有十二个"窗户"，代表十二平均律的十二个半音，每个窗户内有七层环形黑白格，代表七个八度。这些环形黑白格在不停地旋转。当输入乐音的主要频率与某个窗户内的某一环形黑白格所代表频率相近时，这一环形黑白格会停止旋转。由于从乐音信号的输入，到某一环形黑白格停止旋转，需要一定的作用时间，所以闪光音准仪比较擅长测定一些时值较长、音高比较稳定的乐音。同时，由于有一些乐音包含数个强度相近的频率，会同时使数个环形黑白格停止旋转。此时仪器的操作者必须凭借经验，或借助乐器比勘，从数个出现"定格"的窗户里选出那个真正具有这个乐音音级本质属性的频率来。

（2）测音研究的基本操作规程

音乐考古学中的测音研究，必须按照严格的规范进行操作。测音数据的学术价值大小，与此有着密切的关系。在骨笛和陶埙这类乐器的测音中，可以要求吹奏者尽量吹得"平稳"一些。但是任何一个吹奏者都无法做到口风的绝对"平稳"。所以不难理解，对于同一素材的测音，何以每次都会得到不同的结果。因此，具有较高学术价值的测音研究结果，必须是在一定的操作规范之下得出的。

通常测音工作有两种模式：一是现场实测，一是采录测音标本后进实验室测定。前者只是比后者少一道录音采样的工序。以后者为例，测音工作应包括测音标本的采录（录音采样）、测音标本的前期处理、测音报告的编制、测音数据的音乐学分析等几个主要的步骤。

测音报告中提供的原始数据，是对出土古乐器作进一步音乐学研究的重要基础。自1978年湖北随县曾侯乙墓大批乐器出土以后，国际国内的许多历史学家都把注意力转到古乐器的研究上来，并把测音分析作为古乐器研究中的重要手段。由于古代的音乐音响本质上的不可保存性，对古乐器的测音结果，成为了解古代音律问题的唯一的直接依据。与测音研究在其他方面的应用相比，音乐考古学研究中的测音分析，有其显而易见的特殊性。所以，在对有关古乐器的测音数据作音乐学分析的时候，必须要注意如下一些问题：

①要注意出土古乐器的残损情况。在地下埋藏了几百乃至几千年的古乐器，几乎不可避免地会有不同程度的残损。而任何残损，都有可能影响到乐器的音响性能。这种影响的大小，不仅在于发音体的残损程度，还在于发音体的部位和性质。在测音过程中如何对待和补救这种影响，往往取决于研究者的经验和认识水平。比如，在测音对象的选择上，要充分注意到乐器的残损情况。对于那些残损部位和程度已经可以肯定影响到发音的乐器，一般不宜再作测音。对于那些轻度残损，对发音略有影响的乐器，一般应作必要的情况说明。说明应包括残损的程度、部位和性质，提供给研究者分析时参考。对于那些保存基本完好、发音基本可靠的乐器，一般也应说明情况。总之，乐器的保存情况，直接关系到测音结果的可信度。

②要注意古乐器测音过程中的音频变化。与今天仍在使用着的乐器一样，古乐器在发音的过程中，也会因一些不可避免的因素，引起音频的变化。如骨笛、陶埙等吹奏乐器的口风影响。借助口风的力度和角度，可使陶埙在同一种指法上的音作一个纯四度的变化（不算超吹）。即便像编钟、编磬这样音高较为稳定的乐器，其起振到衰减的过程，以及敲击的部位不同，敲击的力度改变，都会在一定程度上引起音频的变化。

③要注意古乐器的测音结果和当时音乐实践之间的距离。对绝大多数的古乐器来说，今天已经无法知道当时的实际使用情形。辉县琉璃阁区出土的两个商代晚期的小陶埙，测音结果基本相同，均可得出三十二种按孔方法和十一个不同高度的乐音：$a^1$ $\#c^2$ $e^2$ $\#f^2$ $g^2$ $\#g^2$ $a^2$ $\#a^2$ $b^2$ $c^3$ $\#c^3$（最后

四个音比较难以奏出)。但这不能说明,古人的音乐就是由这十一个乐音构成的。也许,他们只是使用了其中的部分乐音。

为从根本上解决音乐测音数据的可信度问题,乐律学家韩宝强认为,最有效的办法是制定出适合音乐研究领域所使用的测音标准[8]。只有测音工作形成标准化,研究者彼此之间的测音数据及分析结果才具备了可以相互沟通的基础,否则将永远是各执一词、莫衷一是的局面。

**4. 音乐文物命名法**

人类为了交流信息和思想创造了语言。为了语言的表达,人们必须给一切事物以语言的符号,这就是命名。命名有一些基本的原则。一般来说,最主要为如下三大原则:

①合理性。这要求某事物的名称能恰如其分地体现该事物的基本特质,即名称的科学性、客观性。如"甘肃玉门火烧沟鱼形陶埙",从这一名称,人们一看就明白:出土在甘肃玉门火烧沟的埙,鱼形造型,陶质。这些描述与所命名实物的内涵一致。

②简洁性。一件事物有着许许多多的特征和内涵,一般只能在名称中体现三至四个要素。如"甘肃玉门火烧沟鱼形陶埙",已经体现了这件文物的出土地、基本造型、材质和乐器名称等四方面的内容,还有如"新石器时代"、"彩绘"或"素面"、"残破"或"完好"以及大小轻重、粗精厚薄等等内容,是不可能全部包含到名称中去的,那样既不易记忆,也不易流传使用。

③唯一性。文物命名的三大原则中,唯一性是相对的,只能"力求"避免重名,而不是"必须"。在文物特指的场合,即文物名称必须具有唯一性的场合,往往需要借助文物编号,

而不是单纯地依靠文物的名称。如"上海博物馆藏冷水冲型铜鼓（藏号 38236）"。

音乐文物的命名是一个极其复杂的系统，需要在实践中不断摸索，不断完善。在编撰音乐考古学基础性文献《中国音乐文物大系》的过程中，笔者摸索出一套有关音乐文物命名的具体规范——"四级优先制"，即已有旧名，优先沿用旧名；无则优先退用自铭或器主名；再无则优先退用出土地命名；最后退用文物自身特征命名。文物编号作为文物命名的重要辅助手段。实践表明，这套命名规范行之有效。

## 注　释

［1］王子初《刘半农的清宫古乐器测音研究与中国音乐考古学》，《音乐艺术》1992 年第 1 期。
［2］杨荫浏《中国音乐史纲》，万叶书店 1952 年版。
［3］李纯一《中国古代音乐史稿》第一分册，音乐出版社 1964 年（增订版）。
［4］黄翔鹏《新石器和青铜时代的已知音响资料与我国音阶发展史问题》，《音乐论丛》1～3，人民音乐出版社 1978、1980 年版。
［5］杨荫浏《中国古代音乐史稿》，人民音乐出版社 1980 年版。
［6］王子初《中国音乐考古学》，福建教育出版社 2002 年版。
［7］同［6］。
［8］韩宝强《测音数据的可信度及其标准化》，中国艺术研究院音乐研究所《音乐学文集》，山东友谊出版社 1994 年版。

二 音乐考古的重大发现

## （一）舞阳贾湖骨笛

**1. 贾湖遗址和舞阳骨笛**

20 世纪 80 年代在河南舞阳贾湖遗址中发现了一批新石器时代骨笛，为五孔、六孔、七孔和八孔等多种形制，并能分别吹奏出四声、五声、六声和七声音阶。其中可吹奏七声音阶的七音孔骨笛为这批骨笛的主体。这无疑是音乐考古的一次重大发现。

关于这些骨笛的定名，曾有一些学者提出过不同意见。音乐学家黄翔鹏认为，许慎《说文》释"笛"字曰"七孔筒也"，与郑玄异。段玉裁说："大郑云五孔……然则汉时长笛五孔甚明。云七孔者，礼家说古笛也。"这段话实是指竖吹之笛而言的。笔者以为这支古笛，如求文献之证，考定器名，以最自然、最简单的命名称"笛"即可，不必旁求"篪"、"龠"等先秦古籍中所见之名，更不必就它的吹奏方法，易以后世"箫"等乐器之名[1]。

（1）舞阳骨笛的出土

贾湖遗址位于舞阳县北舞渡镇、南距县城 22 公里的贾湖村东。1986 年 5 月初，发掘者首先在 M78 中清理出二支基本完整的七孔骨笛，继而在 M73 和 M121 中也各发现了一支残碎的笛子。1986 年秋，又在 M253、M263、M233、M270 等墓中发现多支骨笛。1987 年 5 月 14 日，在 M282 再次发现了完整的七孔骨笛。1987 年度的发掘还在 M343、M411 等墓中发现多支骨笛。这批骨笛出土时均呈土黄色，系鹤类肢骨截去两端骨关节形成中间稍细两端稍粗的骨管，再钻音孔而成。出土骨笛总计达二十五件。其中保存基本完整的有十七件，残破的有六件，半成品二件。十七件基本完整的骨笛中，因埋藏情况不佳、过于破碎而难以复原的有六件，完整、基本完整或可以得到复原的有十一件。二十五件骨笛中，有二十二件是作为随葬品被置于墓葬之中的。一件半成品骨笛出土于窖藏，二件残骨笛被弃置于地层中。

作为随葬品的二十二件骨笛，涉及十五座墓葬。有十四件分置于七座墓葬中，每墓二件，余均一墓一件。这十五座墓葬中，一次葬和二次葬的合葬墓有三座，单人一次葬的有十座，单人二次葬的有二座。骨笛在墓葬中多置于墓主人股骨或胫骨两侧。

随葬骨笛墓葬的墓主，主要为成年男子[2]。由此可以推测，这些墓主人生前可能都有着一定的特殊地位。他们既可能是部落或氏族中的首领，也可能是部落或氏族中能沟通天地、人神的巫师。他们是骨笛的主人，或许也是骨笛的制作者与使用者。

除去二件半成品骨笛外，其余二十三支骨笛，可根据骨笛的形制分为三种类型，它与贾湖文化遗存的三大发展阶段基本相符。骨笛的三个类型和分期为：

①早期，公元前 7000～6600 年左右，骨笛上开有五孔、六孔，能奏出四声音阶和完备的五声音阶，其骨笛的编号为：

M341∶1（五孔）、M341∶2（六孔）。

②中期，公元前 6600～6200 年左右，骨笛上开有七孔，能奏出六声和七声音阶，其骨笛的编号为：M344∶4（七孔）、M344∶5（七孔）、M387∶13（残）、M282∶20（七孔）、M282∶21（七孔）、M233∶3（七孔）、M233∶4（七孔）、M270∶2（七孔）、M270∶3（七孔）、M411∶14（七孔）、M121∶8（七孔）、M78∶1（七孔）、M78∶2（七孔）、M73∶6（残存四孔）。

③晚期，公元前 6200～5800 年左右，能奏出完整的七声音阶以及七声音阶以外的一些变化音，骨笛编号是：M263∶14（七孔）、M253∶4（八孔）、M253∶9（七孔）、T18∶16（残）、T61∶1（残）、M90∶4（残）、M91∶1（残）[3]。

贾湖遗址中出土的中期骨笛，都是管开七孔，它们不但能吹奏出完备的五声音阶，而且已经能够吹奏出六声音阶和七声音阶。中期骨笛与初期比较，已进入成熟期。其中最具代表性的是在 M282 出土的 M282∶20 和 M282∶21 号二支骨笛，是贾湖遗址中的精品，代表着贾湖音乐文化的最高水平。考古学家们对舞阳贾湖遗址的木炭、泥炭作了碳十四测定，又经树轮校正，得知骨笛距今有九千年（公元前 7000～5800 年）的历史[4]。由此导出的"中国九千年前即已有了七声音阶"的结论，震惊了整个音乐史学界。

（2）骨笛的制作

出土的二十五件骨笛中，大多数为七音孔骨笛，达十四件，其余五音孔、六音孔和八音孔骨笛仅各有一件。可以看出，七音孔是贾湖骨笛的基本规范。十四件七音孔骨笛中，有七件保存基本完整。长度在 21.3～24.6 厘米之间，直径 1.1 厘米左右。经考察，这些骨笛形制固定，制作规范，通体光滑，可以看出经过长期使用。骨笛的一侧有规整的圆形钻孔。经电子显微镜对标本 M344：5 号骨笛音孔的孔壁碎片观察，其孔径由外及内，大小相近，孔壁陡直，孔壁上呈现的折纹非螺旋形，而是重叠的。可知当时的钻孔方法，是用一种直径大小一致的钻头来回磨擦而成。

笛子是一种发音嘹亮、效果极佳的旋律乐器。在制作骨笛的过程中，当骨管截成之后，设计孔位成为决定音高音准的关键。贾湖出土的骨笛中，有不少笛子保存了开孔前的刻记痕迹：这些刻记痕迹并不等分，而制成的笛子却基本合乎音律规范。这可以说明，当时的人们对这类笛子的使用和制作已经相当熟练，并对笛子的音高音准有着相当成熟的观念和具体规范。刻记有划道和圆点两种，可能是工具不同所致，但所起的作用应该是一样的，即用来标记将要开凿的音孔位置。可以这样设想，如果以较长的划道标记孔位，开孔以后，划道的两端或一端还会有部分遗留，这就是今天从骨笛上还能见到的划道痕迹。如果划道较短或以圆点标记孔位，那么开孔以后划道或圆点就被一并钻去，不再留下痕迹。这就是有些标本上见不到标记遗痕的原因，而并非这些骨笛在开孔时未经设计。当时人们设计骨笛孔位的具体计算方法和标准已经难以考知，但在制作骨笛设计音孔的过程中，贾湖的先民遵循着某种经验或理论规范这一点，则是可以确定的。制作这些笛子，是经过比较精确的度量和计算的。此外，有的骨笛在制作过程中还有修改设计、重新刻记的遗迹。骨笛制成后，往往可能音调不够准确，这就需要采取某些补救措施。个别笛子在主孔旁还钻有调音用的小孔，很可能就是这种补救措施的遗迹。如标本编号为 M282：20 的一支，通体呈浅棕色，油亮光滑，做工精致，为出土骨笛中最为完好的一支。笛全长 22.7、口径 1.1～1.7 厘米。在一面钻有七个音孔，孔径 0.36、孔距 1.5～1.9 厘米，制作精细，保存完好。在第六到七孔之间靠近第七孔处加钻一调音小孔，孔径约为大孔的三分之一。又如标本 M73：6 号骨笛，在其五、六孔之间仅第六孔处有一个明显偏小、位置稍偏的音孔。从孔位上看，它绝非一个独立的音孔，与其他音孔也不是用相同规格的钻头钻出来的，而是在制成后或吹奏过程中为调音而补钻的。显然，制作者已有着十分明确的音律观念，因为在笛子开孔后，初试时觉得音不够准确时，才有必要进行调整[5]。

标本编号为 M282：21 的一支，通体棕色，把握光滑，两端均留有部分骨关节，似为照顾一定长度所致。全长 23.6、口径 1.1～2.1 厘米。七孔，孔距 1.7～2.1、孔径 0.35 厘米。出土时断为三节，经缀合成为一体。在两接口处发现分别有三组六个、四组八个缀合小孔，孔径很小，直径仅 0.1 厘米。在笛身中部有音孔的一段布满缠裹痕，表明当时曾断开，后经缀合为保证音质所致。在骨笛的第六、第七音孔之间有一刻痕，显然是为制作设计而刻下的[6]。

（3）骨笛的测音及结果分析

1987 年 11 月 3 日，音乐学家黄翔鹏、童忠良等一行五人，携带 Stroboconn 闪光频谱测音仪，在河南省文物研究所对舞阳县贾湖骨笛进行了音乐学的考察，并选取检测对象作了测音研究，其后发表了题为《舞阳贾湖骨笛的测音研究》的文章[7]。

测音结果如下：

**表一**

| 编号 1 | ↑行 | ↓行 |
|---|---|---|
| 一孔 | $^\sharp A_6 - 42$ | $^\sharp A_6 - 42$ |
| 二孔 | $G_6 - 40$ | $G_6 - 50$ |
| 三孔 | $E_6 + 16$ | $E_6 + 21$ |
| 四孔 | $D_6 + 16$ | $D_6 + 14$ |
| 五孔 | $C_6 + 24$ | $C_6 + 22$ |
| 六孔 | $B_5 - 25$ | $B_5 - 39$ |
| 七孔 | $A_5 + 8$ | $A_5 + 13$ |
| 筒音 | $^\sharp F_5 + 44$ | $^\sharp F_5 + 52$ |
| 注：七孔表示该孔的大小孔同时开放 | | |

**表二**

| 编号 2 | ↑行 | ↓行 |
|---|---|---|
| 一孔 | $^\sharp A_6 - 15$ | $^\sharp A_6 - 63$ |
| 二孔 | $G_6 - 36$ | $G_6 - 63$ |
| 三孔 | $E_6 + 22$ | $E_6 + 0$ |
| 四孔 | $D_6 - 1$ | $D_6 - 1$ |
| 五孔 | $C_6 + 15$ | $C_6 + 0$ |
| 六孔 | $^\sharp A_5 + 49$ | $^\sharp A_5 + 43$ |
| 七孔 | $A_5 - 20$ | $A_5 - 10$ |
| 筒音 | $^\sharp F_5 - 30$ | $^\sharp F_5 + 29$ |
| 注：七孔表示该孔的大小孔同时开放 | | |

**表三**

| 编号 3 | ↑行 | ↓行 |
|---|---|---|
| 一孔 | $A_6 + 36$ | $^\sharp A_6 + 14$ |
| 二孔 | $G_6 - 45$ | $G_6 - 74$ |
| 三孔 | $E_6 - 4$ | $E_6 - 15$ |
| 四孔 | $C_6 + 1$ | $D_6 - 8$ |
| 五孔 | $C_6 - 12$ | $C_6 + 5$ |
| 六孔 | $B_6 - 49$ | $B_6 - 40$ |
| 七孔 | $A_5 + 9$ | $A_5 + 10$ |
| 筒音 | $G_5 + 28$ | $^\sharp F_5 + 32$ |
| 注：七孔表示该孔的大小孔同时开放 | | |

表四

| 编号 4 | ↑行 | ↓行 |
|---|---|---|
| 一孔 | $A_6 - 36$ | $A_6 - 47$ |
| 二孔 | $^{\#}F_6 + 3$ | $^{\#}F_6 + 36$ |
| 三孔 | $E_6 - 44$ | $E_6 - 20$ |
| 四孔 | $D_6 - 51$ | $D_6 - 20$ |
| 五孔 | $C_6 - 37$ | $C_6 + 0$ |
| 六孔 | $B_5 - 60$ | $B_5 - 47$ |
| （小）七孔 | $A_5 - 14$ | $A_5 - 12$ |
| （大）七孔 | $^{\#}G_5 + 16$ | $^{\#}G_5 - 18$ |
| 筒音 | $^{\#}F_5 + 16$ | $^{\#}F_5 + 18$ |

说明：以上为同一支骨笛由两人吹奏的测音结果，由中国艺术研究院音乐研究所音响实验室提供。

　　由于仪器的读数标准来自现代乐器制造工艺中的标准音 $A_4$，即以每秒四百四十次复振动作为音高基准的平均率参考系，故难以与远古的实际标准相合。如表一的一孔，按表中读数 $^{\#}A_6 - 42$ 看似乎在全部音列中是一个不入列的怪音，但此音原可折合 $A_6 + 58$。如以五孔 $C_6 + 24$ 为出发律的标准，即使仍按平均律看，它也是一个并不太奇怪的、只在高音区中偏高 30 音分左右的大六度音。

　　试就全部数据作综合分析，第一步可确定三孔至七孔（小）的各音音程关系：$E_6$，$D_6$，$C_6$，$B_5$，$A_5$。它们无论从音乐的感性判断或从数据表面值的合理程度判断，均无疑义。又从吹奏实践中知道此笛最高两孔与筒音全闭时发音较难，试奏中出现的差异也较大。所以对这三个音所形成的各个音程关系必须作全面分析。

　　四次测试按上、下行计算有关各孔间音程的音分值，各得八个数据；再按其平均值，可以判断其应有的音程性质，如表：

| 音程位置 | 平均值 | 音程性质 |
|---|---|---|
| 一孔与二孔间 | 284音分 | 小三度 |
| 二孔与三孔间 | 244音分 | 小二度略大 |
| 七孔与筒音间 | 260音分 | 小三度略小或小二度略大 |

按音程性质的判断，补足 $E_6$、$D_6$、$C_6$、$B_5$、$A_5$ 以外即第三孔以上、第七孔以下各音，应是：第一孔为 $A_6$，第二孔为 $^\#F_6$，筒音为 $G_5$ 或 $^\#F_5$。

以现有测音数据与上述判断相比较，矛盾较大的只有表二第一孔的 $^\#A_6-15$、简音的 $^\#F_5-30$，它们各占八个数据之一，可以说是因吹奏困难造成的误差。

至于表四，第七孔位的大孔所发音为 $^\#G_5$，应系钻孔过低再打小孔进行校正的。从指法上说也不应该是音阶中的另一音级。

自筒音起，由低到高作音阶排列，并按工尺谱与宫商阶名标明两种可能性的音阶结构，即如下表：

| 简音 $^\#F_5$ 或 $G_5$ | 七孔 $A_5$ | 六孔 $B_5$ | 五孔 $C_6$ | 四孔 $D_6$ | 三孔 $E_6$ | 二孔 $^\#F_6$ | 一孔 $A_6$ | 结论 |
|---|---|---|---|---|---|---|---|---|
| 工角 | / | 六微 | 五羽 | 下乙闰 | 上宫 | 尺商 | 工角 | 清商音阶六声 |
| 合宫 | 四商 | 乙角 | 上和 | 尺徵 | 工羽 | 凡变宫 | 五商 | 下徵调音阶七声 |

黄翔鹏认为，关于第一种清商六声音阶，暗合于西晋荀勖笛律。荀勖在讨论制作竖笛一类的笛律时说过："角声在笛体中，古之制也。"[8]略有疑问之处在于荀勖所指为古音阶之角。如果古制是只以筒音论角声而不论音阶，这支骨笛的音阶结构得以成立，那么反过来则将成为清商音阶渊源极为古老的一个重大证据。第二种下徵调七声音阶是出土文物中已经证明先秦即有的音阶。文献记录中最早提及工尺谱的早期形式，即燕乐

半字谱，陈旸《乐书》称之为"唐来半字谱"。这种半字谱用在竖吹的管乐器上，据《辽史·乐志》说："大乐声各调之中度曲协音，其声凡十：五、凡、工、尺、上、一、四、六、勾、合。"其中，自"五"字至"四"字即自上而下、从一孔至七孔的七音；"六"、"勾"两声为背面开孔；"合"字即筒音，正是指竖管各孔全都按实之意，所以为"合"。这支骨笛比起后世的竖吹之管，只是少了背面"六"、"勾"二音，正应是竖吹管乐器的祖制。

以上两种可能性的抉择，将取决于筒音的高低。这只有期望于完整骨笛在这一墓群中能再次发现，以便进行音阶结构的比较。如从中国古代竖吹管乐器音阶排列方法的传统样式中取证，恰好以上两种排列皆有根据，再无第三种可能的样式足以被认作为最古的传统，两者必居其一。因此，最后的结论是这支骨笛的音阶结构至少是六声音阶，或是七声齐备的、古老的下徵调音阶[9]。

中国艺术研究院音乐研究所和武汉音乐学院组成的测音小组于1987年11月初进行的测音，是有关舞阳骨笛的一次至关重要的研究工作。他们不仅对保存最为完整的标本20号骨笛作了测音研究，还当场用骨笛演奏了河北民歌《小白菜》。测试实践表明：贾湖骨笛至今仍能吹奏旋律，音质较好。由于骨笛不设吹口，吹奏时要将笛斜持，才能成声。骨笛能吹奏以G为宫的下徵调七声音阶或是以D为宫的六声（或七声）清商音阶。此外，该研究所对同时出土的其余十五支骨笛也进行了系统的鉴定，得出了明确的结论：客观上舞阳贾湖骨笛已经具备了七声音阶结构，而且发音相当准确，音质均较好，此外，还存在着多宫演奏的可能性，可以吹奏较为复杂的旋律。显然，这些骨笛是迄今为止我国发现的年代最早的乐器，也是世界范围内考古发现的文明程度最高的古老乐器。

**2. 舞阳骨笛的学术意义**

在舞阳骨笛发现以前，音乐史学家对我们祖先所用的音阶是怎样的一种认识水平呢？

相当一部分学者曾认为，根据古代文献的记载，中国先秦时期的音乐，主要是西周以来的礼乐，所用的音阶是五声音阶，即仅用宫、商、角、徵、羽五个音（相当于现代的 Do、Re、Mi、Sol、La）来构成曲调。这也是"正史"中一贯宣扬的"五正声"的正统思想。其实，全面考察先秦文献，事实也并非完全如此。《战国策·燕策三》的记载，使这些史学家们感到迷惑不解。书中说，公元前 227 年，燕国的太子丹为荆轲送行，在易水河边，荆轲引吭高歌，曲调为"变徵之声"，在场的人们感动得痛哭流涕。接着荆轲又唱起了"风萧萧兮易水寒，壮士一去兮不复还"，用的是十分悲壮的"慷慨羽声"，送行的人个个怒发冲冠，义愤填膺。

所谓的"变徵"，位置在徵音之前而比徵音低半音，相当于今天升高半音的"Fa"。显然，"变徵之声"完全突破五正声的规范。这对于认为中国古代只有五声音阶的史学家来说，是难以理解的。所以，郭沫若等人曾提出，荆轲所用的"变徵之声"是不是从两河流域，即西南亚的美索不达米亚平原一带传来的？这种疑问在今天看来不解自破，但在 20 世纪 60、70 年代的中国，它确实曾是大史学家们探讨的学术论题。

（1）骨笛类乐器的考古发现

除舞阳骨笛之外，史前人类使用骨笛的考古发现非止一例。1973～1974 年浙江余姚河姆渡遗址出土的骨笛（一称骨

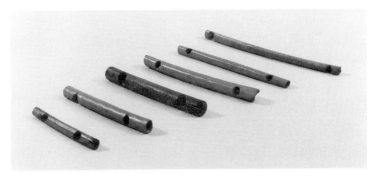

图二　浙江余姚河姆渡新石器时代骨笛

哨），具有一定的代表性[10]。骨笛出自河姆渡遗址第四文化层，同出有四十五件之多，是距今约六七千年的新石器时代遗物。骨哨用禽类的肢骨中段制成，长 6.1～11.8 厘米不等。中空，呈细长圆管状，横断面为不规整圆形。器表光滑，器身略弧曲，在凸弧一侧，两端各钻一圆形或椭圆形音孔（图二）。骨笛在当时可能是狩猎时用来吹出声响诱捕禽兽的工具。

河南长葛石固骨笛和汝州中山寨骨笛同舞阳骨笛一样，均是裴李岗文化时代的遗物。

长葛石固骨笛 1979 年 12 月出土于河南省长葛县石固新石器时代遗址第 54 号墓葬内，共二件[11]。墓主为男性，随葬器物较多，除骨笛之外，还有罐、石斧、石铲、石锛、蚌镰等十余件。骨笛置于人骨左膝盖之上及其外侧。根据该墓碳十四测定，年代为距今八千一百年左右。器一较完整，长 6.8、外径 1.2～1.3、内径 1.1～1.2 厘米。横断面近半圆形，一侧近平，中部镂出一扁圆形孔。器二出土时已残，复原后长 8、外径 2.1、内径 1.9 厘米。横断面亦呈半圆形，一侧近平，在中间部位磨出一长椭圆形孔。骨笛系鸟类肢骨截去两端骨关节成管状，然后钻孔。从两件骨笛孔的形状分析，器二的孔为利器刻削而成，孔壁上有刻削痕；器一的孔为砺石砥磨而成，孔壁表面平，有细横磨线。骨笛呈棕色，油光发亮，显系经常把握使用所致。个别地方有黑褐色斑点，或许制作时经过轻度烧烤。其形状和制作方法与浙江河姆渡文化的单孔骨笛基本一致，唯一不同的是石固骨笛的吹孔为竖刻或磨砺而成，因而竖长，河姆渡骨笛是横刻，所以横长。石固骨笛的发现，对我们全面认识裴李岗文化时期的音乐状况和水平，具有一定的参考价值。

汝州中山寨骨笛 1986 年出土于河南省汝州市中山寨新石器时代遗址下层[12]。该层有两个碳十四测年数据，为距今六千九百五十五至七千七百九十年（未校正），属中原地区新石器时代中期偏早阶段的裴李岗文化。骨笛残长 15.6、直径 1.1～1.3 厘米。表面光滑，制作精细。出土时笛身已残，一端尚残存一点制作时的截取面，应为原端面。音孔残存九个，分为交错的两排。现以五个孔的为第一排，四个孔的为第二排。从该器骨壁及形状观察，其与舞阳贾湖骨笛一样，也可能是鹤类肢骨截去两端骨关节钻孔而成。从孔与孔之间间距较密、手指难以并列按孔的情况来分析，其吹奏方法可能有别于舞阳贾湖骨笛。此器经中国艺术研究院音乐研究所学者对该骨笛吹口部位复原并作了测音研究，认为可能是当时用作定音的标准音管。其确切的乐器性质和使用方法还有待于进一步研究。

此外，骨笛的考古发现还有 1959 年江苏吴江梅堰遗址[13]、1959 年甘肃永靖县莲花台黑嘴头遗址[14]、1980 年山东茌平县郝集乡南陈庄遗址[15]和 1984 年济南大辛庄遗址[16]。梅堰骨笛约为马家浜文化晚期，莲花台骨笛为辛店文化时期遗物，茌平南陈庄骨哨和大辛庄骨笛的时代稍晚，约商代晚期。

（2）舞阳骨笛的学术意义

显然，在有关有骨笛的考古发现中，舞阳骨笛所蕴涵的学术意义尤其重大。无论是浙江余姚河姆渡遗址骨哨、河南长葛石固骨笛还是河南汝州中山寨骨笛，均难以与其相提并论。

首先，舞阳骨笛在乐器性质的可靠性方面，是长葛石固骨笛、余姚河姆渡骨笛、汝州中山寨骨笛所难以比拟的。舞阳骨笛为一根两头洞通、开有一系列侧孔的骨管，与今天仍在中国一些地区流传使用的竖吹单管按孔乐器，在乐器性能和演奏方法上均有着惊人的相似，认定其为乐器是毫无疑义的。测音和实际的吹奏研究也已表明，它确确实实可以作为乐器使用。在同一遗址出土的同类器物达十六件，这完全可以排除其在制作和使用，甚至音乐性能方面的偶然性。

其次，舞阳骨笛在乐器时代的可靠性方面，是无可辩驳的。值得指出的是，舞阳骨笛是经科学考古发掘的出土物，拥有大量的考古资料。骨笛的年代，是用遗址中同时出土的含碳物质标本，在专门的实验室中进行多次碳十四年代测定后确认的。骨笛为"距今约在九千至七千八百年"的结论也是不容置疑的。在贾湖文化延续的一千多年中，骨笛的音阶已有四声、五声、六声及七声多种类型，它由简到繁，说明中国音乐发展的渐进性符合音乐发展的基本规律。

最后，舞阳骨笛在乐器性能的进步性方面，也是遥遥领先的。河南长葛石固骨笛、浙江余姚河姆渡骨笛均为单音孔，尽管吹奏者运用口风控制和较高的技艺，也可吹出一些复杂的音调来，但相对来说，单孔乐器所发的音列结构较为简单。汝州中山寨骨笛虽然音孔较多，但因音孔的间距过小而无法容指，其乐器的性质和使用方法均有待于进一步研究。而舞阳骨笛的形制基本一致，开有七个音孔。这些骨笛即便单纯地用平吹，至少也能够吹出八个音（七个按音，一个筒音）。实际的演奏试验表明，这些音已包括了六声音阶或七声音阶，并且可以吹奏出较为复杂的曲调。

总而言之，对贾湖骨笛的深入研究，使人们对中华民族的古代音乐文化和文明史有了新的认识。舞阳骨笛从根本上推翻了以往学术界对中国音乐发展史、尤其是中国音阶发展史的认识和估价。从二千多年前的战国末期有无五声音阶以外的偏音"变徵之声"的争论，到中国九千年以前就使用了七声音阶的结论，无异于是天壤之别。通观世界上人类最古老的文明之源，无论是古代的欧洲，印度，还是美索不达米亚，迄今发现的一切音乐文物所体现出来的可靠性和进步性，都无法与舞阳骨笛媲美。中华民族的音乐文化在史前时期就已经走在了世界的前列。

## （二）曾侯乙墓音乐文物[17]

### 1. 曾侯乙墓的发掘

20 世纪中国音乐考古学的发展，似乎得到了机遇的特别眷顾。连续不断的划时代的音乐考古发现，不仅吸引了几乎全部音乐学家的学术目光，也引起了大量文史界和科技界学者们的深切关注。中国古代灿烂辉煌的音乐艺术，是一片尚未开垦的处女地，埋藏着无尽的艺术和科学宝藏。一个曾侯乙墓的发掘，就彻底改写了全部的中国先秦音乐史；河南舞阳贾湖骨笛的出土，导致对中华音乐文明源头的重新认识；山东洛庄汉墓乐器坑珍宝的闪光，拨开了学者们眼前有关汉代音乐制度的重重历史尘雾。大半个世纪以来的用传统的、以文献为基础的治史方法所得到的大量音乐史学成果，在这些划时代的音乐考古学发现面前，显得过于苍白无力，有时几乎是不堪一击！音乐考古学的重大的科学意义，得到了学术界的共识。

中国音乐考古学发展史上的第一次历史性飞跃，是以曾侯乙墓的发现和发掘为契机的。有意思的是，音乐学家黄翔鹏有关先秦编钟的"双音钟"的理论刚刚问世、且正遭遇非议的时候，上苍有意让人们找到了曾侯乙墓和曾侯乙编钟，编钟上熠熠闪光的错金双音铭文，消除了人们对祖先伟大发明的疑虑。

曾侯乙墓位于湖北随县（现随州市），又称擂鼓墩1号墓。在曾侯乙死去二千四百年后，人们发现了他的墓葬，这是本世纪以来最重大的音乐考古发现之一，令世人瞩目。墓中出土了大量的青铜礼器、容器、杂器、兵器、车马器、木竹用具、金玉服饰及小器皿。其中包含大量的乐器，计有钟、磬、鼓、瑟、琴、均钟、笙、排箫、篪等。这样一套举世罕见的乐器群，构成了一个庞大的古乐队。这是中国古代文明与智慧的结晶。在地下沉睡了千年的曾侯乙墓地下音乐厅，再现于世人面前。

（1）出土的音乐文物

1977年9月，在随县城郊擂鼓墩附近的东团坡，发现一座古墓：湖北随县擂鼓墩1号墓。后来人们根据墓中出土文物上的大量铭文，确定该墓名称为"曾侯乙墓"。

曾侯乙墓中大量乐器的出土，是中国音乐考古史上的一次空前大发现。墓中所出乐器有九种，编钟、编磬、鼓、琴、瑟、均钟（律准）、笙、排箫、篪，共计一百二十五件，还相伴出有与部分乐器配用的击奏工具（如钟槌、鼓槌等）十件和各种附件（如钟架、磬架、磬匣、瑟柱）等。

　　乐器大部分出自墓中室，计有编钟一架六十五件，编磬一架三十二件，鼓三件，瑟七件，笙四件，排箫二件，篪二件，共十五件。出土时，它们基本保持着下葬时的位置和状态，编钟靠西壁和南壁立架陈列，多数钟依旧悬挂在钟架上，两根彩绘撞钟棒斜靠在钟架上。编磬靠北壁立架，多数磬体保持着原来的悬挂形式和排列关系。建鼓树立在该室南部东壁旁，靠近编钟东端。瑟、笙、箫、篪和二件小鼓因椁室内积水有所漂移。一些丝竹乐器及小型鼓在当时被陈列于钟、磬、建鼓所构成的长方形空间之内。三面悬金石，其间并陈丝竹，应是战国初诸侯宫廷乐队的基本建制及其演奏时的大体布局。乐队正对该室沿东壁陈放的镂铸精工的尊盘，以及蔚为壮观的鉴缶、联禁壶等礼器和东室的主棺，俨然是一座二千多年前规模宏大的地下音乐厅。

　　墓葬东室出土的乐器有瑟五件，琴一件，均钟一件，笙二件，鼓一件，共十件。应为当时诸侯常用的另一种乐队——寝宫乐队的建制。虽也因墓内积水而漂离了原来位置，但多数仍集中在主棺东侧，可看出当年的大致布局。钟、磬、鼓所用的击奏工具，多散乱漂移在所属各器附近。显然，当年下葬时，是有意识地按当时实际奏乐的情形安排的。中室和东室还各有一件竹笥，其中盛满备用的瑟柱。北室出土有供收藏石磬用的三件磬匣。

　　（2）墓主、下葬年代及历史背景

　　曾侯乙墓被发现后，引起了国内外史学界的广泛关注。出土的六十四件编钟（不包括楚王镈）中，除十九件纽钟外，四十五件甬钟的钲部均有"曾侯乙乍時（或作'寺'）"的铭文。

总计墓中出土的器物上，"曾侯乙"三字出现二百零八处。在考古发掘中，同一人名如此之多地出现于一座墓葬中的器物上，而且作为物主出现，是没有先例的，曾侯乙应该就是这个墓的墓主。

出土的铜镈文有铭文"王五十又六"，前人已考证为楚惠王五十六年，即公元前433年。曾侯乙墓的入葬时间，当在这一年或稍晚（公元前400年之前）。

东周时期，今湖北境内列国林立。《左传·僖公二十八年》记，至春秋中期，已是"汉阳诸姬，楚实尽之"，江汉一带的姬姓诸国，先后为楚国所并吞。曾侯乙墓的资料表明，曾、楚的关系极为密切，曾国在政治上已成为楚之附庸。据墓内出土的竹简记载，曾侯乙死后赗赠车马的，有很多是楚国的王公贵族。更值得注意的是，曾侯乙墓中置于曲尺形钟架长边正中（下层）有一件十分显眼的镈钟，恰为楚王所赠。从音律上分析，这里原来挂的应是一件甬钟，为了悬挂镈钟，将它挪动了位置，因而挤掉了钟架短边下层外端一件最大的甬钟，未能下葬。对楚王的赠品如此敬重，体现了曾、楚之间某种程度上的从属关系。

**2.曾侯乙编钟**

墓中出土的曾侯乙编钟，是最引人注目的文物。全套编钟由钟架二副，钟六十五件，挂钟构件六十五副，演奏工具八件组成，气势恢宏，是一套举世罕见的青铜乐器群，被国际学者称为"世界第八大奇迹"。编钟有着构造为三层八组的宏大规模，重量超过2500公斤，加上钟架和挂钟构件，总用铜量达4421.48公斤。编钟制作精美，花纹繁缛，每钟的正、侧鼓部分别可击发出相距大三度或小三度的二音。尤为可贵的是，钟体及钟架和挂钟构件上刻有错金铭文三千七百余字，用来标明各钟的发音属于何律（调）的阶名，以及这种阶名与楚、周、晋、齐、申等国各律（调）的对应关系。曾侯乙编钟铭文实为一部不朽的先秦乐律学典籍，其与保存完好的编钟音响相互印证，堪称世界上最早的"有声读物"。与其同时出土的带有七百零八字的编磬铭文意思相通，又可相互补充，更增加了这部不朽典籍的光辉。编钟发音相当准确，音域为 $c \sim d^4$ 达五个八度之广，基本为七声音阶，中部音区十二律齐备，可以旋宫转调，可以演奏较复杂的中外乐曲。

（1）编钟的结构和形制

据湖北省博物馆考古学家对曾侯乙编钟的结构和形制所作的甚为细致的考察，曾侯乙编钟出土时，沿中室的南壁和西壁呈曲尺形立架陈放。钟架由长、短不同的两堵立面垂直相交，呈曲尺形，铜木结构。七根彩绘木梁，两端以蟠龙纹铜套加固，由六个佩剑武士形铜人柱和八件圆柱承托。六十五件青铜钟，有纽钟、甬钟、镈钟三种，分上、中、下三层八组悬挂于架上，显出规律和秩序：上层为三组纽钟，中层为三组甬钟，下层为二组大型甬钟，另加镈一件，依大小次第排列。

镈钟一件。腔体扁椭，铣边无棱，上略窄下稍宽，口平。舞部以"十"字素带界隔，满饰浅浮雕蟠龙纹。正中立蟠龙形复式纽，饰龙形共二对：下一对回首卷尾，上一对引颈对衔，龙体复阴刻鳞纹、绳纹、涡纹。钲部以圆梗界隔出钲中及其两侧，两侧以浅浮雕龙纹为衬地，缀五枚圆泡形饰，每面二组，两面共四组二十枚，均为浮雕龙躯构成。钲部周缘以浅浮雕蟠龙纹带环绕。钲中梯形，一面光素。一面铭文三行，计三十一字。鼓部亦饰浮雕龙纹，龙均侧身盘卧，其上复饰阳线三角雷

图三　湖北战国曾侯乙墓出土楚王镈

纹、圆圈纹，龙形较抽象。钟壁厚度不匀，由口沿向腔内伸延
有四条纵向凸带。表面未施纹处及内腔均被磨砺得较为滑润。
其通高 92.5 厘米，重达 134.8 千克（图三）。

甬钟四十五件。合瓦体，上窄下宽，铣边有棱，于部上收
成弧形。舞平，上有长甬，甬下部有旋、斡。甬中空，内嵌泥
芯，但不与内腔相通。甬、舞、篆、鼓均饰蟠龙纹。钲中和鼓
部多有铭文。形制大同小异，体态大小不一。中层的三组钟，
依钟枚的有无和长短可分短枚、无枚、长枚三式。下层甬钟属
大型长枚式。短枚钟十一件，无枚钟十二件，长枚钟十件，大
型长枚钟十二件（图四）。

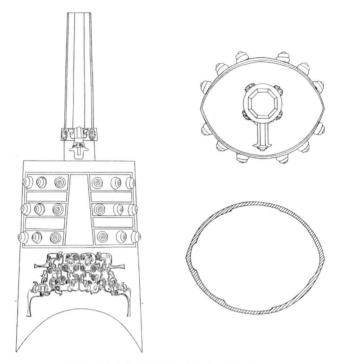

图四　湖北战国曾侯乙墓出土甬钟线描图

纽钟即上层的三组钟，共十九件。形制相同，大小各异。钟均为合瓦体，上窄下宽，铣边有棱，于部上收成弧形，亦如甬钟腔体。舞平，上有长方形单纽。除二、三组各钟纽部饰绳纹外，均通体素面无纹无枚，色呈灰黑，纽和个别钟之局部可见暗黄色，表面均经磨砺，犹有光泽，均有铭文。沿纽、舞部至铣边有一道经过磨砺清理的范痕。腔内相对侧鼓部，亦有一条纵向凸带从钟口延至中部。铿中内面和腔顶正中共有三个长方形凹槽，深浅不等，部分已透穿。纽钟最小的通高20.2厘米，重2.4千克；最大的通高39.9厘米，重14.4千克。

（2）编钟的音响

曾侯乙编钟不仅反映了高超的青铜冶铸水平，更体现出当时人们在音乐学、音响学方面所取得的非凡成就。

全套钟音色优美，音域宽广，音列充实。绕各钟的鼓部敲击，在正鼓部、左鼓部、右鼓部等六个敲击点可激发出最佳的音响，共分为二个基频：两面正鼓部所发的音响共二个，频率一致，为第一基频，称作正鼓音；两面左、右鼓部发的音响共四个，频率一致，为第二基频，称作侧鼓音。击发点准确时，所产生的音响清晰纯正，同体的另一基频一般不鸣响。击发点偏离时，同体的另一基频会伴之发出，影响被激发的基频的清晰度。正鼓音音量稍大，音色最优，余音略长，频率较低。一般情况下，击发正鼓音时，不容易受侧鼓音的影响；而击侧鼓音时，则容易受到正鼓音的影响（有限影响）。为品评钟声音色和测定频率正式取样，甬钟取有斡面（即敲击面）的正、侧鼓音；纽钟则以有标音铭文的一面的正、侧鼓音为主。下层大钟的声音低沉浑厚，音量大，余音特长；中层里较大的钟声音圆润明亮，音量较大，余音较长，而较小的钟声音清脆，音量较小，余音稍短；上层纽钟声音透明纯净，音量较小，余音稍长。相对而言，钟体大者发音比较迟缓，钟体小者发音比较灵敏。下层钟以下·二·5、下·二·1两钟音色特优，镈钟因与甬钟在形体上的区别，音色显得更加浑厚。中层钟以中层二组的整体音色最佳，其中尤以中·二·2、中·二·3两钟最为突出。

钟的频率测量，共有三次：

第一次测音，由文化部文学艺术研究院音乐研究所考察小组，于1978年7月3日至4日在随县文化馆内进行。测试使用闪光音准仪（即 Stroboconn），先测出乐音的音高及其正负补正音分数（补正幅度为 ± 50 音分），然后换算成频率数[18]。测音之前，使用音乐标准音叉对测音仪器进行频率校准（德国制音乐标准音叉，最大误差为 ± 1 音分）。测音时工作室的温度为 30~32℃。

第二次测音，由上海博物馆青铜器研究组和复旦大学物理系的联合小组，于 1979 年 1 月在湖北省博物馆陈列室进行。测试的仪器及方法是：用微音器接收钟声，将声音讯号送入示波器与 PB—2 频率仪发出的标准信号比较，观察示波器显示的利萨如图形，声音频率直接由频率仪读数显示出来，然后再换算成相应的音名及音分数。其所用仪器的最小误差率为 1.5‰，最大误差率为 3‰（合 5 音分略强）。测音时的工作室温度为 10℃ 左右[19]。

这两次测音，都是以橡皮头小槌击奏纽钟和中层甬钟（以避免用木头钟槌的撞击噪音对仪器的干扰），用复制的撞钟木撞击下层大钟。

第三次测音，由哈尔滨科学技术大学二系，于 1980 年 10 月在湖北省博物馆进行。测试的仪器及方法是：用正弦电信号激励钟体共振，使其进行简谐振动，分别发出不同的音响，将声音讯号输入示波器，与 PB—2 型频率仪和 XFD—7A 型低频讯号发生器所发出的标准信号比较，观察示波器显示的利萨如图形，由频率仪显示出频率。测得的频率，不仅包括各钟的二个基频，还有几个主要分频。测音的同时，还采用了国产（上海）ST—5 型氦—氖激光器，利用激光的干涉原理，采用时间平均法对作简谐振动的钟体进行全息照相，记录和测定其振动模式，确定其振幅和节线位置。测音时的工作室温度为 28℃。所测的频率结果，后经换算成相应的音名及音分数。

测音结果表明，编钟的频率范围，自 64.8 至 232.1 之间，共有五个八度音程又一大二度。最低音是 C（发自下·一 1 正鼓部），最高音是 d⁴（发自上·一 1 侧鼓部）。编钟的中、上层各钟的双音间距多为三度，清浊分明，且与标音铭文所体现的音程相合。如：中·三·5，正鼓音频率是 427.7 赫兹，标音为"羽"；侧鼓音频率是 516.0 赫兹，标音为"宫"；两音分别相当于现今 $a^1-49$ 和 $c^2-24$，相距小三度音程，同"羽"与"宫"的音程关系一致。有少部分钟，双音音响与标音铭文的实值均为三度，但双音标音铭文间呈现的是增、减音程。如：中·一·10，正鼓音为 $e^1-45$，侧鼓音为 $^{\#}g^1$ 或 $^{\flat}a^1-42$；两音分别标为"宫角"、"宫曾"，即呈"mi"与"降 la"间的减四度音程。还有极少数钟双音实值与铭文标示的音程不合。如：上·一·1，双音分别是 $b^3+5$、$d^4-15$，为小三度；而标音却是"羽曾"、"羽"，为大三度音程。这些差错可能为调音不善或铸字失误造成。

所有双音的击发点多数位于标音铭文所示的位置，钟体较大或较小者，侧鼓音的击发点则有所偏移。如中·一·1、中·二·1均为所在组最小者，侧鼓音击发点已偏移到侧鼓上方的钲部。纽钟中较小的几件，侧鼓音击发点亦向上偏移。又如中·三·10 为中、上层中最大者，其侧鼓音击发点偏移到鼓部花纹的边缘，且音量比正鼓音弱得多。下层甬钟虽然均有标示双音的铭文（均铸在不易击奏的背面，不在敲击面），但侧鼓音多不如中、上层钟那样明显。其中以下·一·1、下·一·3、下·二·9、下·二·10 等四件最大的钟较为突出，以至于闪光音准仪无法判断其音高。

六十四件钟的双音结构，以小三度居多，计四十一个；余为大三度，计二十三个（其中中·二·10，虽标音为"宫角"、

"徵"，系小三度，但该钟乐律铭文论述侧鼓音时，又称"姑洗之宫曾"，参照频率，知二音相当于现今 $e^1-70$、$^\#g^1-55$，是大三度音程结构）。各种的双音结构可归纳为十六种。其中最多见的有：商（re）～羽曾（fa）、角（mi）～徵（sol）、羽（la）～宫（do）；较多见的有：宫（do）～徵曾（降 mi）、徵（sol）～徵角（si）、宫角（mi）～宫曾（降 la）、羽（la）～羽角（升 do）、商角（升 fa）～商曾（降 si）；较少见的有：徵角（si）～徵曾（降 mi）、羽曾（fa）～羽（la）、徵曾（降 mi）～徵（sol）、羽角（升 do）～羽曾（fa）、宫曾（降 la）～宫（do）、商曾（降 si）～羽角（升 do）、宫曾（降 la）～徵角（si），商角（升 fa）～羽（la）。

（3）编钟的音律体系

湖北省博物馆冯光生领导的古代音乐研究室的研究结果表明，全套曾侯乙编钟包容着不同的定音基准、不同的标音体系，以及钟组间彼此重叠的结构。编钟的音列比较复杂，不像现代许多定音乐器那样线条单一。略述如下：

楚王镈除在音色上与相邻的大型甬钟区别较大外，其音高为 $^\#F-60$（正鼓音）～$^bA—45$（侧鼓音），虽未标示音名，但与大型甬钟相近的音高相比（如下·二·10 侧鼓音 $^\#F—19$、下·二·7 正鼓音 $^bA-10$），可知其间定律基准有所不同。

高居上层的纽钟与中、下层甬钟既不同"宫"，也不同律。三组纽钟之间，也存在差异。如上·三·7，正鼓音为"宫"，并铭"无铎之宫"，而所有的甬钟标音为"宫"者，均属"姑洗"之宫。铭为"姑洗之宫"的上·二·5，正鼓音为 $^\#c^2-42$，与中·二·7 的姑洗之宫 $c^2-43$ 相比，要整整高出一律。又如上·一·6，侧鼓音"宫"为 $^be^2-19$，与上·三·7 正鼓音"宫"为 $^bg^1-$

37，显然不合。各组纽钟的音列均五音不全。仅从铭文看：第一组缺"商"、"角"；第二组缺"宫"、"角"、"徵"；第3组缺"羽"。若单以音响跨组编排，可在 $^bg^1$ – 37 至 $d^4$ – 15 的音域内基本构成半音序列。种种迹象表明，上层二、三二组之间有着密切的关系：各种的纽部均有绚纹，铭文均错金，双音音程均为小三度，更重要的是，它们是同一个标音体系，所标音名均为无铎均。它们原本应为一个音组，有钟十四件。按体量和重量顺序合编，其音列便呈出规律。这是 $^bG$ 宫调音阶（即无铎均）的十二半音音列，音域跨二个八度，具备演奏乐曲的条件。由此推想，上层一组也有可能属于另一个完全钟组的分支，音列属浊文王均。它的原貌及拆散的原因，和还有几件未入编这套钟等问题，尚需研究。

中、下层甬钟以姑洗律为基调的标音体系，恰与现代以 C 大调为标准的标音体系相吻合。音域自 C（下·一·1 正鼓音）至 $c^4$（中·一·1、中·二·1 侧鼓音），内含高、中、低音响色彩区。中层钟为中音区和高音区，音域自 g（中·三·10 正鼓音）至 $c^4$。下层钟为低音区，音域自 C 至 b（下·二·1 侧鼓音）。中层的三个编组是同音区的三个重叠声部。各组的变化音结构不同，互为补充，可以在 $c^1$ 至 $g^2$ 的范围内具备半音阶序列。与这段半音列上、下行衔接的高、中音部分，变化音被精简，而显露出骨干：中音区自徵音起，以各种的正鼓音呈徵、羽、宫、商、角排列，为五声徵调式音阶。半音列以上的高音区，除五声之外，仅剩一个半音——羽曾（Fa），而呈宫、商、角、羽曾、徵、羽、宫的六声音阶。下层钟虽有侧鼓音不明显的实际情况，但仅以各钟正鼓音排列，已可构成七声音阶。与现行的 $a^1$ = 440 赫兹为标准的十二平均律相较，全套甬钟的平均音分值（百分值）为负 35 音分，相当于以中·二·8 正鼓音 $c^1$ – 35 为姑洗宫标准音。该音频率为 256.4 赫兹，和现用三大乐音标准中 C4＝256 赫兹（常温 16°C），较为接近。编钟十二半音中，$^b$B 音偏高，B 音偏低；F 音偏高，$^\sharp$F 音偏低。但是，试奏的结果表明它的旋宫能力可达六宫以上[20]。

甬钟的相同音较多，其在微音分上的同异是考察其音调精确度或同音异律的重要资料。中·三·1 与中·一·4 的正鼓音均为"姑洗之少羽"——$a^2$ – 32，分毫不差。中·二·8，中·三·5 的正鼓音均为"姑洗之羽"，音高分别为 $a^1$ – 50、$a^1$ – 49，仅差 1 音分。此外，仅差 3 音分的同音有：中·一·9 与中·二·9 正鼓音，中·一·5 与中·二·5 正鼓音。相差 5 音分的同音有：中·一·11 与中·三·7 正鼓音，中·二·12 与中·三·7 正鼓音，中·一·11 与中·三·7 侧鼓音，中·一·3 与中·二·3 侧鼓音。近半数的共同音微音分值距离在 15 音分之内，余多数距离在 20 音分左右。音分值相差最远的有二例：其一，中·一·1 与中·二·1 侧鼓音，分别是 $c^1$＋28、$c^2$ – 33，相差 61 音分。其二，下·一·2 与下·二·10 正鼓音，均"姑洗之浊商"，但音高却为 D – 18、D＋60，相差 78 音分。相差最远的共同音基本上属甬钟音列的最高和最低音。各同音组相比，以中层钟的平均差值较小，下层钟平均差值较大。

（4）编钟的铭文

冯光生等人对曾侯乙编钟的钟体、钟架和挂钟构件上刻有的三千七百五十五字的铭文，也作了细致的研究统计。每件编钟均有铭文，少者三字，多者九十字。有的字体纤秀，运笔细匀流畅，比较规整。有的宛如笔势规范、刻画精致的美术字。字形随钟体大小有异，款式亦因此经精心布局。字随钟体铸就，绝大多数加以错金。钟体的铭文铸于钟体的钲中、正鼓和左、右侧鼓，计二千八百二十八字。铭文可分铭记、标音、乐律关系三部分。

铭记见于中层钟的正面和下层甬钟的背面、钲中均有"曾侯乙乍時"五字，表示该钟为曾侯乙所制作和享用。镈钟的一面钲中有三十一字，记载着楚王酓章为曾侯乙作宗彝一事。

标音见于中层钟的正面、下层甬钟的背面以及纽钟的一面，正鼓、左或右鼓部标有所铭处乐音的名称，即阶名和变化音名。如中·一·1正面，正鼓铭"羽反"，右鼓铭"宫反"。甬钟的阶名和变化音名即各音在姑洗均中的称谓。纽钟标音情况比较复杂，其阶名属无铎（上层二、三组）、浊文王（上层一组）二均。

反映乐律关系的铭文见于有九件纽钟（上·二·3～6；上·三·3～7）的钲中至正鼓，均直书着乐律名称，如"黄钟之宫"、"穆音之宫"、"大族之宫"、"无铎之宫"、"妥宾之宫"等。中层钟的背面和下层甬钟的正面所铸可以连读的文字，均论及乐律间的关系（中·一·1、2仅有阶名，系例外）。这些论述，均以各钟正鼓、侧鼓音为议题。论及正鼓音的内容铭在钲中和正鼓（钲中能容纳所述内容时，正鼓便不铸铭），论及侧鼓音的内容铭在右鼓和左鼓。由于同音的存在，述及该音的文字也整段地出现在两、三件钟体上。有的完全相同，一字不误。有的虽有字句差异，但意思依然一致。

乐律关系论述的内容，主要有律名对应说明、阶名对应说明和八度音对应说明。

律名对应说明，主要是就曾国的某律与其他国家或地区的律名进行对应联系。有十四件钟的乐律铭文全部或部分属于这一内容。其中涉及到楚、齐、周、晋、申五国（地）的律名。

阶名对应说明，主要是以姑洗均中某音为核心，阐述其在其他均中的音级及名称。有三十九件钟的全部或部分乐律铭文属于这一内容范围。十二半音的基本称谓系列之外，在同一音位里，往往还有一至十三个异名，连同钟架、挂钟构件铭文中的阶名及其异名共六十六个之多。所有阶名及其异名，可分单音词、双音词和多音词。其中双音词最多。单音词阶名计十一个。最多见的是传统的徵、羽、宫、商、角五声。除"商"之外，其他四声还各有单音词异名一至二个。五声中的"角"音，单音词阶名仅在乐律关系论述中有所使用，标音铭文中均用双音阶名。五声之外，钟铭里还有一个单音词阶名即"和"，表示宫音上方的纯四度音。这一阶名的发现，对我国乐律学史的研究具有重大的意义。双音词阶名计四十四个。其中四十二个是在单音词阶名前后加缀而构成。另外二个是"中镈"和"鄭镈"，与镈关系密切，音级位置分别与"角"和"徵"相当，被用于低音组。四十二个由单音词阶名加缀词而成的双音词阶名中，有三十个阶名与所含的单音词阶名相比，在音阶中所表示的音级未变。这六十六个含义不同、构成方法有异的阶名所构成的称谓体系，反映出不同称谓方式被交叉使用，并且趋向融合、统一、由繁到简的过程。

八度音对应说明，主要是将音级相同而音区或所在八度组不同的乐音的名称进行对应联系。其中有些以律名对应，有些以阶名对应。这部分内容虽然并未作为中心议题，但从律名、阶名对应说明中，从各钟的标音与实际音响的结合上已有充分体现。

钟架刻文共一百八十七字。中、下层横梁绝大多数挂钟处，随钟口的朝向多直书一行字，四至五字不等。字系镌刻。字体不甚规整，笔划亦不如钟体铭文那样细匀流畅，刻工不考究，显得拙朴。字均填髹朱漆，在黑地上显得醒目。挂钟构件铭文七百四十字。甬钟挂钩上均有直书文字，字数不等。字系镌刻。字体不甚规则，笔划深浅粗细不匀，一些曲折勾点均被简单的横直代替，显得笨拙。这些铭文是各构件与相应钟配套关系的标记。其内容取所悬钟正鼓音在某均中的称谓，以某律之某音的句式刻在各主要零件上，少数零件上尚有编号。

综观曾侯乙编钟的铭文内容，是以当时的乐律学理论为主体的。它完全可称之为一部先秦的乐律学理论专著。其学术意义非同寻常。

（5）曾侯乙编钟的艺术和科学成就

曾侯乙编钟是先秦时代科学与艺术高度结合的顶峰之作。从曾侯乙编钟冶铸、工艺、结构设计等方面看，均不失为一项空前巨大的科学成果。其钟架自重1665.58千克，其上还承负着重达2577千克的钟体及挂钟构件，历时二千四百年之久，依然伫立如故，可见其结构设计的合理性和科学性。六十五件钟、镈放置有序，条理分明，给演奏者以适宜演奏的便利，充分体现了当时乐师构思的巧妙和严谨。

曾侯乙编钟完好地保存着原有的音响。将其测音结果和钟铭的标音相对照，对其时存在精确的绝对音高这一点已无疑义。因研究需要运用该钟所作的实际演奏表明，它音色丰富优美，音域宽广，音律较准确。其音响构成倍低、低、中、高四个色彩区；其音域自大字组的C至小字四组的d，共五个八度又一个大二度。各层钟的基本骨干音可以构成七声音阶。这一事实表明，人们在战国初期，早已广泛应用了七声音阶。而且

各组甬钟的变化音互为补充，可在小字组的 g 至小字三组的 c
之间，构成基本完整的半音阶序列，能演奏采用和声、复调及
转调手法写成的现代乐曲。公元前 5 世纪的乐器，已具备如此
高的水平和性能，不能不说是中国历史上的奇迹。

　　大量有关曾侯乙编钟的研究表明，当时的乐师和工匠们在
音乐声学和乐器制造方面已掌握了大量的科学知识和高度的工
艺技能。"一钟二音"构想的实施和应用，便是最重要的例证。
"一钟二音"不是偶然现象，而是古代乐师一项辉煌的科学发
明，是其最显赫的科学成就。这一现象，黄翔鹏等音乐学家在
前几年考察西周钟时已经发现，然而唯有曾侯乙编钟出土后，
以其明确无误的标音铭文为印证，才得到学术界的普遍承认。

　　曾侯乙钟铭是一部失传了的中国乐律学史。钟铭的发现，
使得人们对中国先秦乐律学水平的认识彻底改变。如钟铭关于
某音在不同调中称谓的对应记叙，真实地反映了当时旋宫转调
应用的实际情形，而后世对此已经全然不知。又如通过对钟铭
的研究还可发现，现代欧洲体系的乐理中大、小、增、减等各
种音程概念和八度音组概念，在曾侯乙编钟的标音铭文中应有
尽有，而且完全是中华民族独有的表达方法。钟铭中"变宫"
一名的出现，弥补了先秦史料关于七声音阶的失载。"和"字
作为宫音上方纯四度音的单音节辞的专名出现，也为新音阶
（下徵音阶）的早已存在提供了确凿的证据。由此还解决了一
个历史悬案：湖北安陆在宋代出土了二件"楚王酓章钟"，其
一铭文"卜罕反宫反"，始终不得确解。现在比照曾侯乙钟铭，
顿时真相大白。"卜"为"少"字的减笔之形，为某个音名的
前缀术语，意为该音的高八度；"反"亦为当时的音乐术语，
是表示高八度的后缀专用辞，铭文的含义一清二楚。

再如《国语·周语》中最早完整地记载了中国古代十二律的律名，即黄钟、大吕、太簇、夹钟、姑洗、仲吕、蕤宾、林钟、夷则、南吕、无射、应钟。这些律名沿用后世，成为今天仅知的一套传统律名，而曾侯乙钟铭中则出现了十二律及其异名达二十八个之多，其中大多数早已失传。不言而喻，最晚到春秋前后，十二律在各国之间还不同程度地存在着各自的体系。频繁的艺术交流，使诸国在不断克服乐律称谓和排列不同所引起的困难中，积累了丰富的经验，并已形成体系化的音律理论。传统的十二律，是经历了长期的发展、交流和融合的结果。钟铭也从侧面反映出当时音乐艺术的繁华及百家争鸣的气息。同时，曾侯乙钟铭中的十二律体系，无疑在春秋前后已产生。那种认为中国音乐史上由三分损益法产生的十二律，是战国末年由希腊传入而稍稍汉化了的乐理观点，已不攻自破。

总之，曾侯乙编钟无愧于"世界第八大奇迹"之誉。它的发现，是促使中国音乐考古学学科产生历史性飞跃的原动力。

### 3. 曾侯乙墓编磬及其他乐器

除曾侯乙编钟之外，曾侯乙墓中还出土了其他一些乐器并首次发现了一些久已失传的或形制最早的古乐器。有些乐器仅能从一些早期的文献，如《诗经》、《楚辞》中略窥一二，于其确切形制，已是不甚了了，有的甚至连其名称都早已淹没于历史的长河之中了。墓中出土的十弦琴、均钟、排箫和篪，即是这方面的生动实例。

### （1）编磬

曾侯乙墓编磬是墓中仅次于编钟的大型乐器。编磬出土时，沿中室北壁呈单面双层结构立架陈放，面南，西邻编钟长架之北端，北距椁墙80厘米。全套编磬计有：磬架一副，磬三十二块，挂钩三十二副，磬槌二件。另外在北室发现了装磬的木匣三件。

三十二件石磬在出土时，分为上下两层。每层均十六件，各分两组：一组六件，中一组十件，皆自东向西大小相次排列。磬体用石灰石磨制，表面经过磨砺，可见很细的擦痕。石质多呈深灰色。这些磬的造形相同，大小各异。均上呈倨句，下作微弧上收。鼓、股相交处有一圆形的孔，可用于穿绳悬挂。各部位间厚薄略异，多为鼓博一端稍厚。鼓部的一面和首、尾、上、下端面大多有文字，字为阴刻或墨书，共七百零八字。刻文是在磬块磨成后再雕刻，并填饰朱漆。文字布局不甚讲究，笔画拙朴。内容为编号、标音、乐律关系三类（图五）。

因编磬保存情况较差，考古工作者结合标音及乐律铭文，参考钟铭及编钟频率，理出原编号与磬音的关系，进行了编磬

图五　湖北战国曾侯乙墓出土编磬

音高的推定及磬的复原[21]。音高的推定，系依据原件的几何
尺寸、刻文及与之相关的资料。磬音清浊由形体决定。大而
薄，音就浊；小而厚，音则清。按磬、槽的形体及原编号以由
大到小的顺序编列磬块，磬块由此序列而显出的音列便是由低
到高。依原编号递进，磬块标音呈半音级进关系。磬的复原，
利用了原始资料和理论推断结果，并经过了选料、打坯、磨
砺、调音四个过程。结果表明，编磬的原有音响优美动听，其
制作工艺及成品都体现出对音响的追求：光平的磬面提高了磬
音的灵敏度和鲜明性，也延长了音的时程；磬穿的大小适当，
会减轻穿钉悬磬时对磬体振动的抑制作用；磬块多面受磨，则
是细致调音的遗痕。

　　据《周礼·考工记》郑司农注："股，磬之上大者。鼓，其
下小者。所当击者也。"说明磬的受击部位是鼓部。曾侯乙墓
编磬出土时坐北朝南，各磬之鼓部在北，股部在南，演奏者当
席北面南而击。这与磬架怪兽立柱正身的朝向，和整个中室乐
器的布局吻合。在鼓部，若敲击点不同，其基音和泛音的清晰
度、时程的长短都会有所不同。最佳敲击部位是磬旁鼓上角，
运槌不能上下起落，而应呈一定斜度。槌与磬的接触时间应尽
可能的短促，否则会影响其余音。接触面要小，否则会产生较
大的撞击噪音，影响音质。运槌力度亦需适中。双槌可以单
击、双击、轮击，也可能由小磬向大磬刮奏，将槌放在两磬之
间左右摇击，还能得到颤音效果。磬音铿锵、清越、明亮、穿
透力强。以复原磬与编钟试奏，金石和鸣，相映生辉，确如古
人所述"钟之与磬也，近之则钟音充，远之则磬音彰"。

　　(2) 其他乐器

　　①琴（十弦琴）一件，同出琴轸四枚。琴木质。近长方

体，弧面，平底，首宽厚，尾狭薄而翘。全器由琴身和一活动
底板构成，可分音箱和尾板两部分。琴身下面垫放的活动底
板，形制大小基本与音箱底面吻合。琴通髹黑漆，出土时仍光
泽柔润。琴在西周已是十分流行，《诗·关雎》即有"琴瑟友
之"之类辞句。曾侯乙墓发掘之前所见最早的琴，是出自长沙
马王堆 3 号西汉墓的七弦琴。而此墓所出的十弦琴，则是另一
形制，它多出三根弦，这将涉及到演奏手法、音乐风格、音阶
韵律、琴的音响性能等一系列问题，很值得进一步研究。

②均钟（五弦琴）一件，木质，形若长棒，首段近方，尾

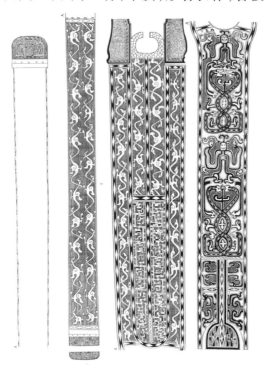

图六　湖北战国曾侯乙墓出土均钟纹饰线描图

段近圆。表面平直狭长，首端立一蘑菇状柱。器身通以黑漆为地，彩绘精美纹饰。它形如棒槌，器身狭长，岳山低矮，共鸣箱小到使乐器无法实际演奏。均钟最初无人识得。后经音乐学家黄翔鹏先生研究，发现它就是《国语》中所载"度律均钟"中的"均钟"，一种古代的正律器，也可以说是一件周代的律准，而并非是一种用于实际演奏的乐器。它身上多处彩绘十二只一组的凤鸟，正是十二律的象征。其颈背所绘珥蛇乘龙怪人，应该就是《山海经》中从天上把音乐取来人间的夏后开（启）（图六）。琴面的黑漆素面部分，为取音之处，其正好占有效弦长的一半，以其五弦计，于此处恰可获取曾侯乙编钟律学体系的全部音律。它在中国乐律学史上的重要性不言而喻。

③排箫二件，形如单翼片状，上沿齐平，下沿参差不齐。其中一支排箫刚出土时，在没有脱水的情况下有八个箫管尚能吹奏出乐音。从中可知，它们不是按十二律及其顺序编列，由之构成的音列至少是六声音阶结构。

楚辞《九歌·湘君》"吹参差兮谁思"中的"参差"，即是指排箫。曾侯乙墓出土的二件实物是由十三根参差不齐的小竹管并列缠缚而成。中国古代的成套律管，应是同径管还是异径管？自秦火之后，历代纷争不已，成为乐律学史上的一大疑案。其实这类管乐器有其自身的音响学规律：当管长与管径呈最佳比值时，其发音效果最理想。曾侯乙墓排箫的制作，则是当时乐师早已掌握这一科学原理的典范！其十三根箫管由短而长排列，随着管长增加的同时，管径逐渐加大，这是一套地地道道的"异径管"。它不仅显示了先秦乐器高度的科学水平，也为上述律管应为异径管一说，提供了有力的佐证。

④篪二件，这种乐器仅见于古书记载，《诗·何人斯》有

"仲氏吹篪"之句。它的形制可见于《尔雅·释乐》郭璞注：
"篪，以竹为之，长尺四寸，围三寸。一孔上出……横吹之。"
又见于宋陈旸《乐书》："篪，有底之笛也，横吹之。"篪在历
史上的消失，使得人们在很长的时间里，知笛而不知篪，或知
篪之名而不知其形。在曾侯乙墓中，篪终于又与世人重逢。通
过它的形制结构，可以了解到它独特的性能和演奏方法。由于
开闭管的不同，篪与竹笛的音乐、音响性能，如发音原理、音
色、音阶结构等均有着较大的区别。

⑤笙六件，造形与现今葫芦笙近似。结构为：簧嵌于笙苗
底部，笙苗底部透穿笙斗。表面髹漆彩绘。笙的起源极早，一
直流传至今。墓中的五件笙，是其较早期的形态。可贵的是，
墓中还保存了带有调节音高的点簧物的竹制簧片。其舌与框的
缝隙间，连发丝都难以插入，合乎科学的发音原理。

⑥木腔双面皮鼓四件，但形制有别，可分为有柄小鼓、小
扁鼓、悬鼓和建鼓。其中建鼓是首次发现的珍贵乐器。鼓面径
达0.8米，用一根长木杆穿透鼓身，将其高高支于青铜座上。
鼓座由数十条镶嵌无数绿松石的龙穿插盘绕而成，不愧为古代
青铜冶铸史上的又一奇迹。有柄鼓、扁鼓、悬鼓各一件。这些
鼓的发现，使人们加深了对这类不仅在中国，而且在世界范围
内使用最为广泛的乐器的认识。

⑦瑟十二件，这种久已失传的古乐器虽非首次发现，但墓
中所出的瑟在年代上是较早的，且数量达十二件之多，大多保
存完好，这在考古史上是空前的。瑟用料为榉木、梓木等。按
其共鸣箱的制作方法，可分三式。后文有详述。Ⅰ式是传统方
法，ⅡⅢ两式有所改进。其中Ⅲ式一直沿用至今，说明它是符
合科学原理的。三式产品同出一墓，是这类乐器制作史上值得

注意的现象。这些瑟的尾端浮雕穿插交错的大蟒和两条相对的龙，周身髹深朱红色漆，首端和两侧的小方格底纹上绘有飞鸟图像。其造型、制作及彩绘的精美，是以往出土古瑟中所罕见的。同墓瑟柱多达一千三百五十八枚，可分对称式、不对称式、弯钩式等各种式样。其不同的形制、尺寸、选材和用材方法，反映出当时人们精益求精的匠心。

⑧乐舞图鸳鸯盒一件，它虽不是乐器，但却是墓中所出土的十分重要的文物。鸳鸯盒形若鸳鸯，木胎，雕琢而成。足部绘若龙体，并着鳞纹。在盒身两面醒目的位置分别彩绘鼓舞图和撞钟图一幅：鼓舞图绘于鸳鸯右腹中部，撞钟图绘于鸳鸯左腹中部。二图是当时音乐活动中重要场面的缩影，是研究古代音乐活动极为珍贵的形象资料。同时，其在绘画史和美学方面的价值，亦值得重视。

### 4. 曾侯乙墓音乐文物的学术意义

曾侯乙墓展现了足令世界惊叹的大批音乐文物，为研究中国音乐及历史考古，提供了丰富的素材。曾侯乙墓乐器的出土，首先使人们对周代的礼乐制度有了一个形象的认识。"乐悬"实指钟、磬类大型编悬乐器的配置，是周代礼乐制度中体现等级的重要内容。曾侯乙钟架两面，磬架一面，其布局正是《周礼》所说的"三面，其形曲"的"轩悬"。而曾侯乙国君身份肯定，享用"轩悬"之制于礼制极合，这就证实了文献记载的可靠性，对于研究周代礼乐制度，提供了一个不可多得的实例。

渊源极古的"八音"乐器分类法，早广泛应用于先秦。曾侯乙墓中所出一百二十五件乐器，已具"八音"中之"六音"。即除土、木两类缺项外，金（编钟）、石（编磬）、革（建鼓等)、丝(琴、瑟等)、匏(笙)、竹(箫、篪)"六音"俱备。它较之历次出土的乐器,是数量最多、品种最全的一批。

先秦的音乐艺术是否已具备七声音阶的表现形态?是否使用了旋宫转调的手法?甚至是否具有绝对音高的观念?多年来中外学者争论不休,许多人持怀疑态度。曾侯乙墓乐器一出土,这一系列问题迎刃而解。二件排箫在未脱水的情况下,有七、八根箫管仍能发音,已可吹出六声音阶。在篪的复制件上,按一般指法可奏出五声音阶加一变化音,按叉口指法竟可吹出十个半音!经过复原的编磬可演奏七声音阶的乐曲。

曾侯乙墓乐器的发现,震撼了世界。它对中国音乐考古学的推动和发展,起到了重大的作用。它吸引了国内外几乎所有中国音乐史学研究者的注意。编钟的铭文,使人们深深地感觉到,数十年来逐步完善起来的整部中国音乐史,有了重新认识和估价的必要。有关曾侯乙墓的乐器,尤其是编钟的研究,涉及到音律音响、乐悬制度、历史背景、文化地域、冶金制造、工艺美术等许许多多方面。它给音乐史家的震动是难以形容的。它的出现,推翻了许多专家以毕生心血换来的结论。曾侯乙墓的发掘和研究,集合了全国各学科专家协同作战,进行现场检测,尽可能多取得可靠的第一手资料,尽可能及时地解决出现的各种难题。这无疑给音乐考古工作者提供了一个千载难逢的良机,他们终于参加到田野考古发掘的第一线,这在以往是可望而不可及的。中国艺术研究院音乐研究所的音乐学家黄翔鹏、王湘等人长驻发掘工地,对所出各类乐器进行了音乐学方面的研究,从中得到了更多的古代音乐艺术活动的信息。同时,他们还对编钟作了音响和音乐性能的测定。随着研究的深入,音乐考古学在史学研究中的独特意义得到了人们的进一步认识。

## （三）洛庄汉墓乐器

### 1. 洛庄汉墓乐器的出土

洛庄汉墓位于山东省济南章丘市枣园镇洛庄村村北。2000年2月至今，济南市考古研究所已发掘了三十四个大型祭祀陪葬坑，出土各种珍贵文物二千余件。主墓室面积达1295平方米，尚未发掘。

（1）罕见的乐器陪葬坑

在洛庄汉墓已经发掘的三十四个祭祀陪葬坑中，值得注意的是第14号坑，坑中出土的全部是乐器，是一个地地道道的乐器坑，这在以往的考古发掘中是比较罕见的。

先秦墓葬出土的礼乐器，多见于墓葬的墓室或边厢。如以出土乐器而闻名世界的湖北随州曾侯乙墓，其乐器主要放置在中室和东室。以往所见的专放乐器的陪葬坑，仅见于河南新郑郑韩故城东城西南部[22]。如金城路中段偏东一侧第2号窖藏坑，出土镈钟四件及两组纽钟共二十件。新郑中华路西段南侧的城市信用社第8号坑中，发现编钟三组二十四件。这些祭祀坑专门用来放置乐器的情况，与洛庄汉墓正相一致，但在时间上已相隔很远，前者属春秋中期，后者已是汉代。

洛庄汉墓第14号坑出土的乐器达一百四十九件之多，超过了曾侯乙墓。乐器的品种也十分丰富，有编钟、编磬、錞于、钲、铃、串铃、瑟、建鼓、小扁鼓、悬鼓和笙（未确定）等十余种，与曾侯乙墓相近。这不仅是出土汉代乐器最多的一次，也是整个音乐考古史上发现乐器数量最多的一次。

（2）一次出土编磬的数量最多

　　我国考古发现的编磬资料十分丰富，但绝大部分都是春秋战国时期的遗物。其中，出土数量较多的主要集中在湖北、河南、山东、山西等地[23]。如河南的淅川下寺 2 号墓编磬十三件、淅川下寺 10 号墓编磬十三件、洛阳解放路编磬二十三件等；山东的长清仙人台 5 号墓编磬十四件、滕州庄里西村编磬十三件、阳信城关编磬十三件、临淄于家庄编磬二件等；山西的曲村晋侯邦父墓编磬十八件、长治分水岭 127 号墓编磬二十件、襄汾赵康 2 号墓编磬十二件等。一次出土十件或十件以下的更是不可胜数。但一次出土编磬达二十五件以上的，主要还在湖北，即江陵出土的彩绘编磬二十五件和曾侯乙墓编磬三十二件。洛庄汉墓乐器坑中一次出土了六套、总计单体磬块达一百零七件，这不仅在以往出土的汉代编磬中前所未见，就是在整个先秦钟磬乐悬最为繁盛的时期，也是没有先例的。

　　编磬是一种石制乐器，常见的制作材料为石灰岩，也就是人们常说的"青石"。青石的主要成分为碳酸钙，是一种微溶于水的物质。虽说是"微溶"，如果长年累月浸泡于水中，它还是会溶解的。另外，编磬是乐器，由于发音的需要，其最佳造型为一种较薄的倨句形石板状。这种造型难以耐受地下长期的压力。所以，迄今出土的编磬大多数破碎不堪，有的甚至已经溶蚀成膏泥或粉末。1970 年 3 月出土于江陵纪南城附近的彩绘编磬，也用青灰石制成，属保存较好的一套，但也有少数残损。湖北曾侯乙墓早年曾遭盗掘，编磬的保存极差，多数磬块受损并因积水浸泡而溶蚀，甚者几近粉末，几件完整的磬，也有不同程度的腐蚀。所幸全架仍保持着原来的结合形式，磬块的悬挂方式和排列关系依旧，溶蚀严重者也仍遗有较完整的形迹，使得编磬的原貌得以恢复。

图七　山东章丘洛庄汉墓出土编磬

相比之下，洛庄编磬大多数完整无缺，只有少数断裂而无缺失，经过粘合修复后，基本上都能得到整体振动的效果，从而使原有的音高得以恢复（图七）。通过对这些编磬在全套音列中位置的校对，可以初步确定，其恢复的音高基本可以信赖。当然，这些编磬毕竟在地下埋藏了二千一百年，难免有极少数磬块因地下水溶蚀发音欠佳，音高也有所偏移。总的来说，如此大批的编磬出土于一个陪葬坑中且保存较好，这在中国考古历史上是绝无仅有的。

（3）编磬音列构成完整的七声音阶

以往发掘出土的大量编磬，无论是先秦的还是汉代的，保存有完整音列音阶的较为罕见。山东长清仙人台 5 号墓和 6 号墓出土的编磬，是目前所知保存音列最为完整的例证。5 号墓出土的编磬自大至小构成徵、羽、宫、商、角、徵、羽、宫、商、角、中、徵、羽、宫音列，在两个半八度内构成完整的五声（或六声）音阶，音质较好。6 号墓编磬自大至小构成羽、宫、商、角、徵、徵、羽、宫、商、和音列，在一个半八度内构成完整的五声（或六声）音阶，发音较准确，音质较好。这在至今出土的先秦编磬中仅见，极为难得。

修复后的洛庄编磬大多数发音良好，音高基本准确，音质清脆悦耳。洛庄出土的六套编磬中，有四套在不同的调高上，均构成完整的七声音阶，音域达二个八度以上，这是前所未有的。耳测其中的第三套编磬（二十件），在两个八度内构成完整的正声音阶，即宫、商、角、商角、徵、羽、变宫、宫。耳测第四套编磬（二十件），其音高和调高与同墓出土的编钟几乎完全相同：在两个八度内构成完整的下徵音阶，即宫、商、角、和↑、徵、羽、变宫、宫。也就是说，这套编磬可以和编钟进行齐奏或合奏，实践证明，洛庄编钟、编磬虽然在地下经过了二千多年岁月的洗礼，仍然能单独演奏《苏武牧羊》等古代乐曲以及《茉莉化》等现代流行的民间乐曲，再加上镈于、钲、铃等乐器的配合，钟磬和鸣，相得益彰，再现了两千多年前的西汉宫廷雅乐风韵。

（4）首见乐器串铃

在洛庄乐器坑的一个角落里，还发现了一组铜铃九件。这些铜铃呈圆球状，如乒乓球大小，与常见的马铃相似。出土时，用一根红色带子穿成一串，故笔者称之为"串铃"。九件铃中，除了一件残破外，余八件完好无损。铜铃通体绿锈，一侧开缝，内含铜珠，摇振之晃晃作响。洛庄乐器坑所出均为乐器，串铃没有被放置在车马坑内，而是与其他十余种乐器一起被放置在 14 号陪葬坑内，不可能是马铃，显然是将其作为乐器看待的。乐队中使用串铃，这还是首次发现。这种乐器的出现，为研究汉代宫廷乐队的编制提供了新的资料，提出了新的课题。至于串铃的使用方式，值得进一步考察。

（5）首见铜铃和錞于、钲同出

在洛庄乐器坑的挖掘过程中，一个非常奇特的现象很值得注意，二件军乐器錞于和钲与一件铜铃放置在一起。这是在我国考古发掘中首次见到的情形。出土的錞于、钲和铃均为青铜铸造，体表被绿锈覆盖，保存基本完好。依照出土时陪葬坑内器物架的遗留痕迹及器物摆放位置复原后发现，它们当悬挂于同一木架之上。这三件青铜乐器形体大小相差甚远，其中錞于

图八　山东章丘洛庄
汉墓出土錞于

是该墓出土的最大的一件青铜乐器，高约 70 厘米，圜首无盘，属我国中原地区较常见的类型。其腔体还饰有由一笔绘成的鹰形图案，栩栩如生（图八）。其次是钲，钲是一种握在手中用小锤敲击演奏的乐器。钲腔面除饰有与编钟相似的较宽的素带纹外，无其他纹饰。最小的一件是铃，通高仅约 10 厘米，形制较小，合瓦形腔体，顶部铸环纽，亦素面。铃腔内杵状铃舌尚存，摇晃之叮铛有声。

錞于和钲同出一处，于文献、实物均有所证。《国语·吴语》载："（吴）王乃秉枹，亲就鸣钟、鼓、丁宁、錞于，振铎，勇怯尽应，三军皆哗，釦以振旅，其声动天地。"1984年，江苏镇江市丹徒县的大港北山顶春秋晚期吴国贵族墓葬，与錞于同出乐器有编纽钟一套七件，编镈一套五件，丁宁一件及悬鼓环、石桴头各一件。錞于三件编组，同出一穴，亦属少见。北山顶錞于和编钟、丁宁、悬鼓、鼓桴同出，正与《国语》中吴王所用一套军乐器相符，使历史文献得到印证。1984年 4 月，同在丹徒县的谏壁镇东南王家山一座东周墓，同时出土了錞于、句鑃等乐器[24]。所谓丁宁和句鑃，实际上就是类似铜钲的军乐器，国别地域不同，造型和名称有异，这也是目前学术界常常混淆的几个概念。但墓中均未见有铜铃。

錞于和钲同墓共存，这在以往巴文化的考古发掘中也多有所见。1972 年涪陵小田溪战国土坑墓群 2 号墓出土了有巴蜀图符的铜钲、虎纽錞于和扁钟各一件[25]。1981 年 1 月 7 日，秭归县城归州镇天登堡一战国墓中，同出乐器有虎纽錞于、钲和虎头甬扁钟各一件。1985 年 5 月 27 日，同在秭归县城归州镇天登堡的另一座战国墓中，出土了虎纽錞于、钲和扁钟各一件。可以看出，以往铜钲和虎纽錞于同出，主要在古代巴人生活的地域（以鄂西清江流域为核心的鄂西、川东和湘西北），并且都与作为典型巴器的扁钟（一种腔体特别扁薄的不定音乐器）相伴出土。这里也没有铜铃共出。

洛庄汉墓中，铜铃与錞于和钲共同出现，是考古发掘中首次见到的现象。它的出现，究竟是一种偶然现象呢？还是当时军乐器的一种组合规范？显然后者的可能性更大。以上发掘资料表明，春秋战国时期，地处蛮荒的吴和巴的军乐器錞于、铜钲相配，已是当时的一种组合规范。洛庄位于古之齐鲁，为文明礼仪之邦，洋洋大国所在，当然也不会例外。与錞于、铜钲相配的，或是扁钟，或是铜铃，很可能只是一种地域文化上的差异。洛庄汉墓将錞于、钲与一件铜铃悬挂于一架，说明汉初仍是在断承着先秦的传统。洛庄汉墓的铜钲、錞于与铜铃共出，加深了人们对古代军乐器的编配及使用方法上的认识。

根据以上情况分析，洛庄出土的錞于和钲、铃三件乐器，应均属于专用于军中号令的军乐器。但它们与编钟、编磬同出于一个陪葬坑，是否暗示着，这三件青铜乐器不仅在军队中使用，也可能是与钟、磬合奏的乐器。令人惊奇的是，经仔细测听，发现錞于和钲这两件乐器发音和谐，竟然可以奏出协和的小三度音程。当然，这不排除是一种偶然的巧合，但如果结合以上情况，是否更可以说明，它们已经不仅仅是没有固定音高的军中响器，也不仅仅是一种专用于战争或集体活动，用来节制进退的号令之具，而是一种与音乐活动有着直接关系的，有一定乐音性能的乐器？可以对洛庄乐器进行全面的测音研究后，再作出进一步的判断。

（6）洛庄錞于及"一笔鹰"

经初步统计，迄今为止出土的錞于已超过一百一十件。这些錞于分布地域较广，主要集中在湖北、湖南、四川、江苏一带。其中湖北省有三十四件，湖南省有二十六件，四川省有十四件，北京有十件，江苏省有九件，山东省现存五件，上海博物馆有四件，其余江西、河南、陕西、天津、甘肃等省各有一至二件[26]。这些錞于所属时代从春秋到东汉，其中大多数为虎纽錞于。

除了巴族的虎纽錞于之外，其他錞于大致可分为两种：一种是有盘桥纽（或兽纽）錞于，一种是无盘圜首的环纽錞于。这两种錞于主要流行于吴国、齐国及其周围地区。有盘桥纽（或兽纽）錞于，包括上文已经提及的江苏丹徒北山顶錞于、安徽寿县蔡侯墓中的蔡国錞于及安徽宿县芦古城子出土的一件许国錞于。山东临沂的后明坡錞于，肩部外鼓，肩以下圆曲内收，束腰，底口微外扩。肩上有盘，盘沿极低微，盘中置圈形纽。器表腰部刻有云纹和蟠龙纹，余部素面无纹。通高 32 厘米。

洛庄出土的是无盘圜首的环纽錞于。这种錞于，以往见于江苏丹徒王家山。山东地区主要出土于古齐国及其周围地区。山东沂水刘家店子 1 号墓中出土的二件莒国錞于值得注意。这二件錞于造型基本一致，腔体为长筒形，横断面为椭圆形，圜首，无盘，束腰，于口稍外扩。顶部无盘，有绹索状环纽。通体素面无纹。通高 49 厘米。造型与洛庄汉墓所出完全一致[27]。另外，1978 年临淄大武乡窝托村汉初齐王墓三号随葬器物坑出土的錞于横断面为椭圆形，圜首，束腰筒形，上大下小，于口稍外扩。顶部无盘，饰半环形纽。通体素面无纹。通高为 50 厘米[28]。

严格地说，江苏丹徒王家山所出的三件吴国錞于，虽然也

是无盘圜首的环纽镈于，但它们的腔体向一侧弯倾，而且腰间
也有纽。故其在使用时，应该是顶纽和腰纽同时使用，斜向悬
挂的。而洛庄乐器坑出土的镈于腔体正直，仅有顶纽。故其使
用时，仅用顶纽，是垂直悬挂的。两者之间应有着重要的区
别。同时，两种镈于地望有别，吴与齐的文化属性也相距甚
远。洛庄镈于与沂水刘家店子1号墓、临淄齐王墓所出镈于，
造型相同，应该是当地所出，体现的是齐地风格。

洛庄镈于的腰、足间，还刻画了一只用一笔勾画出来的
"一笔鹰"。其构思奇巧，外形凶悍威猛，有很浓重的图案意
味。这种后世在中原地区少见的艺术造型，在当时的济南国出
现，值得深思。有人认为，这很可能是当时东西文化广泛交流
的一种遗存，一种标志。但也可能是当时当地崇鹰的一种时
尚，需作进一步的研究。

### 2. 洛庄乐器的学术意义

秦末战乱之后，以青铜时代的高技术、高文化为基础的先
秦宫廷钟磬乐悬已基本丧失殆尽。《汉书·礼乐志》所载汉初的
"制氏"，作为精通宫廷雅乐、并世代在太乐供职的乐官世家，
其于宫廷雅乐"但能纪其铿锵鼓舞，而不能言其义。"高祖时
的叔孙通，借助于一些幸存的秦宫旧乐人，才重新制定了汉朝
的宗庙乐。不过，叔孙通重制礼乐的工作因其去世而并未彻底
完成："汉兴，拨乱反正，日不暇给，犹命叔孙通制礼仪，以
正君臣之位。高祖悦而叹曰：'吾乃今日知天子之贵也！'以通
为奉常，遂定仪法，未尽备而通终。"叔孙通所定的这套宗庙
礼乐皆载在《汉书·礼乐志》中。这大概是正史中难得一见的
有关汉代音乐制度的文献资料。

在考古发掘方面，有关汉代早期的音乐资料也是十分匮乏

的，仅有徐州北洞山楚王墓等极少例证。遗憾的是，北洞山所出乐器仅有十四件编磬和三件编钟。这些乐器大多数保存情况极差，破碎不堪。所出编磬虽为长期使用的实用演奏乐器，但部分编磬已粉碎，难以拼复，基本完整的仅五块。三件编钟均为明器[29]。

（1）西汉初期宫廷乐队编制规模最大、最完整的实例

洛庄出土编钟一套十九件，其中甬钟五件，纽钟十四件，根据同出的钟架及其钟体在墓坑中的位置判断，这是一套完整的西汉编钟，分上下两层悬挂，上层纽钟十四件，下层甬钟五件，均自大到小依次排列。编磬六套，计一百零七件，其中有四套是音阶完整、七声齐全的。军乐器锌于、钲、铜铃各一件，以及串铃九件、瑟七件、笙一件（未确定），这些琳琅满目的乐器实物，展现出一幅汉初宫廷乐队乐器配置的生动图画。由于竹木制乐器难以保存，仅留下四个鎏金瑟枘，为考古发掘中首见，其保存之完好、工艺之精湛，足令世人惊叹！

洛庄靠近齐都故城临淄，其出土的乐器，是研究古齐音乐文化的物证。古之齐鲁，曾是保存西周礼乐最为完备的诸侯国。《左传》、《史记》均载吴公子季札亲赴鲁国观看周代礼乐一事，孔子也有"于齐闻《韶》三月不知肉味"的轶事流芳青史。齐的音乐文化传统，在先秦有着特殊的地位。古代文献中的种种记载表明，春秋战国时期的齐国，上自宫廷下至民间，音乐活动十分繁盛。如公元前500年，孔子和齐景公在夹谷会见，齐国表演"四方之乐"和"宫中之乐"。公元前496年，鲁大夫季桓子接受齐国所馈赠的女乐，三天不理朝政，使深感失望的孔子离开鲁国。滥竽充数的故事是大家熟知的，齐宣王可以用三百名竽手这样庞大的阵容进行合奏，使南郭先生有机

可乘。韩娥歌艺超绝，曾在齐国雍门卖唱求食。传她去后三日，歌声余音犹在。"余音绕梁，三日不绝"典即出于此。雍门一带的人因韩娥之故，善吟善哭。春秋时齐国歌者绵驹"处于高唐，而齐右善歌"[30]。战国时齐国琴家兼政治家邹忌，在为相期间常以弹琴劝谏威王，极力强调音乐对治国的作用。他曾说："琴调而天下治，夫治国家而弭人民者，无若于五音者"[31]，力劝威王虚以纳谏。齐国因此国力渐强，一时燕、赵、韩、魏诸国皆朝于齐。相传齐国的雍门周为最早的琴谱发明者，他曾为齐孟尝君说词鼓琴，先以说词使孟尝君"泫然泣"，然后鼓琴使之"立若破国亡邑之人"[32]。

（2）洛庄乐器资料的可靠性

洛庄部分编磬的磬底刻有许多铭文，内容多为序号和方位。如"上宫"、"左一"、"右八"等，其中也有"息"、"鲁"等字样，表明此套编磬为多个国家制作，这对研究西汉时期各国的音律制度和音乐交流情况具有较大的学术意义。汉代编磬有铭文者，唯有珠海郭氏藏西汉宗庙编磬十四件，其上曾发现刻有较多的铭文，内容较洛庄编磬丰富[33]，但郭氏藏西汉宗庙编磬为收购而得，缺少相关的考古学资料。

（3）"西汉第一编钟"

洛庄编钟出土以后，曾有人推测，以双音技术为核心的先秦编钟铸造技术在秦汉之际已经失传，而洛庄编钟却体现出优良的双音性能，因此这套编钟可能是由先秦传世而来，而不是汉初的作品。根据洛庄编钟反映出来的种种迹象来看，其所体现的西汉初期的特征，是明白无误的。首先，编钟的纹饰为完全图案化的方格几何纹，方格内为三角雷纹构成的米字纹。这种纹饰为先秦所罕见，体现出典型的汉代风格。其次，是钟体的造型。就钟的腔体来说，仍保留了先秦编钟的合瓦形，但这种合瓦形的"瓦"，弧曲明显加大，使编钟的腔体显得特别浑圆，其两铣也呈现明显的弧曲，敛舞敛于，中部凸起，与先秦编钟不相一致。这些情形于战国末期已在当地出现先兆，如1988年出土于临淄水泥厂工地的编钟。不过，临淄水泥厂编钟的鼓、篆、钲、舞间所饰为十分精致的蟠螭纹，弧曲程度也与洛庄编钟有所区别。这些都是表面的内容。有些特征属于深层次的，即其三，与音乐音响性能直接相关的编钟内部的音梁，其造型正视为长方形，侧视为楔形，而先秦编钟上常见的是圆首长条形和平缓隆起的板块形。其四，是编钟的调音手法。在洛庄编钟于口内的音梁首端两侧，可清楚地见到许多似用窄首平头凿刻凿的痕迹，这种刻凿痕无疑是在编钟铸成以后，钟匠作最后调音时留下来的。这种调音手法，与先秦编钟上常见的锉磨法明显不同。此外，刻凿或锉磨的部位也不相同。先秦编钟调音锉磨的主要部位在于口内侧两正鼓、两铣角、四侧鼓等八个位置，而洛庄编钟调音的刻凿部位基本集中在音梁首端的两侧，其余部位的刻凿痕很少（图九）。这种调音方法所隐含的声学原理，值得进一步研究。

洛庄编钟的制作时间是在汉代初期，这个结论应无疑义。洛庄编钟每个钟的正、侧鼓音，均可以发出构成大三度或小三度音程的两个音，音程相当准确，双音各自的独立性也很好。全套编钟的正、侧鼓音组成的音阶准确齐全，音域较宽，音色优美，可以演奏速度较慢的古今名曲。洛庄编钟可以证明，以双音技术为核心的先秦编钟铸造技术在秦汉之际已经失传的观点，要重新加以审定：首先是失传的时间。它至少应该放到洛庄汉墓以后，即公元前186年的西汉早期以后。其次是失传的

图九　山东章丘洛庄汉墓出土"西汉第一编钟"

方式。洛庄编钟以无可辩驳的事实证明，以双音技术为核心的先秦编钟铸造技术在汉初得到了一定程度的继承。但是这种继承，在技术上已与先秦有别。特别是洛庄编钟的音梁造型设计和特有的调音手法，究竟是汉初的一种创新发展，还是青铜时代没落的回光返照？需要作进一步的研究分析。

洛庄编钟出土以前，我们已经发现了一些汉代编钟，其造型纹饰等特征与洛庄编钟相吻合，可以作为洛庄编钟在造型和音乐性能方面时代特征的旁证。如 1966 年咸阳汉元帝渭陵汉代建筑遗址出土甬钟二件，束腰竹节形，两铣弧曲外鼓，总体造型与洛庄甬钟明显相似[34]。1979 年西安市北郊红庙坡西汉墓出土的陶甬钟四件、1991 年西安北郊范南村西北医疗设备厂福利区基建工地 92 号汉墓出土的甬钟五件等，无不具有鲜明的汉初编钟的造型特征。又如 1983 年 9 月，淄博市临淄区稷山一西汉石墓中，出土了一套鎏金编钟。虽然其形制很小，不是实用器，但造型风格与洛庄编钟基本一致。北京故宫博物院所藏三件汉代的云纹编钟，虽无任何相关的考古学资料，但编钟汉代初期的特征还是很鲜明的。洛庄编钟是可靠的断代标准器，可以作为标尺，来衡量以往一些编钟的时代。如 1981 年陕西眉县金渠乡河底村出土的五件纽钟，曾被断代为春秋时期。这些钟的两铣也呈现明显的弧曲，敛舞敛于，腔体浑圆，纹饰为完全图案化的方格几何纹，方格内为三角雷纹构成的米字形等等。这些形制和纹饰上的特征几乎与洛庄编钟完全一致，其时代应为西汉初期。上海博物馆和湖南省博物馆也各收藏有几件具有汉代特征的编钟，这些编钟均是收购的散件，故原来的断代有一定困难，以往都被看作是战国时期的器物。现在问题迎刃而解，其断代也应更正为西汉初期。

　　洛庄汉墓的乐器坑，是跨世纪最重大的音乐考古发现。"乐悬"制度建立于周初，但无疑有着一个酝酿发展的过程。同样，"乐悬"制度衰萎于战国末期，也可能有着一个渐变或回潮的反复过程。看来，汉初的统治者是曾作过这方面努力的。对洛庄汉墓钟磬类乐器的考古发掘研究，正是今天了解汉代音乐制度的重要手段。洛庄汉墓出土的乐器，将给我们留下不少待解的疑团，也给我们提出了研究古代音乐的新课题。

**注　释**

[1] 黄翔鹏《舞阳贾湖骨笛的测音研究》，《文物》1989 年第 1 期；黄翔鹏《中国人的音乐和音乐学》，山东文艺出版社 1997 年版。

[2] 河南省文物考古研究所《舞阳贾湖》，科学出版社 1999 年版。

[3] 河南省文物考古研究所《舞阳贾湖·骨笛研究》，科学出版社 1999 年版；张

居中《考古新发现——贾湖骨笛》,《音乐研究》1988 年第 4 期。

[4] 河南省文物考古研究所《舞阳贾湖·序》,科学出版社 1999 年版。

[5] 同 [2]。

[6] 同 [2]。

[7] 同 [1]。

[8] 《晋书·律历志》,中华书局 1974 年版。

[9] 同 [1]。

[10] 浙江省文物管理委员会、浙江省博物馆《河姆渡遗址第一期发掘报告》,《考古学报》1978 年第 1 期。

[11] 河南省文物研究所《长葛石固遗址发掘报告》,《华夏考古》1987 年第 1 期;陈嘉祥《对石固遗址出土的管形骨器的探讨》,《史前研究》1987 年第 3 期。

[12] 中国社会科学院考古所河南一队《河南汝州中山寨遗址》,《考古学报》1991 年第 1 期。

[13] 江苏省文物工作队《江苏吴江梅堰新石器时代遗址》,《考古》1963 年第 6 期。

[14] 中国科学院考古研究所甘肃工作队《甘肃永靖大何庄遗址发掘报告》,《考古学报》1974 年第 2 期。

[15] 山东大学历史系考古专业等《山东茌平县南陈庄遗址发掘简报》,《考古》1985 年第 4 期。

[16] 山东大学历史系考古专业、山东省文物考古研究所、济南市博物馆《1984 年秋济南大辛庄遗址试掘述要》,《文物》1995 年第 6 期。

[17] 王子初、冯光生《中国音乐文物大系·湖北卷·曾侯乙墓专辑》,大象出版社 1996 年版。

[18] 根据北京乐器研究所《十二平均律音分频率对照表》换算。

[19] 第二次测音结果曾由上海博物馆青铜器研究组发表于《上海博物馆》(1982) 集刊。汇入本表时,对其频率换算成相应的音名及音分数中的错误之处作了更正。

[20] 黄翔鹏《先秦音乐文化的光辉创造》,《文物》1979 年第 7 期。

[21] 湖北省博物馆、中国科学院武汉物理所《战国曾侯乙编磬的复制及相关问题的研究》,"中国古代科学文化国际交流·曾侯乙编钟专题活动"1988 年 11 月·中国湖北。

[22] 蔡全法、马俊才《新郑郑韩故城金城路考古取得重大成果》,《中国文物报》1994 年 1 月 2 日。

[23] 王子初《中国音乐大系·湖北卷》，大象出版社 1996 年版；赵世纲《中国音乐文物大系·河南卷》，大象出版社 1996 年版；周昌富、温增源《中国音乐文物大系·山东卷》，大象出版社 2001 年版；项阳、陶正刚《中国音乐文物大系·山西卷》，大象出版社 2000 年版。

[24] 王子初《中国音乐文物大系·江苏卷》，大象出版社 1996 年版。

[25] 严福昌、肖宗弟《中国音乐文物大系·四川卷》，大象出版社 1996 年版。

[26] 王子初《中国音乐大系·湖北卷》，大象出版社 1996 年版；高至喜、熊传新《中国音乐文物大系·湖南卷》，大象出版社待出；袁荃猷《中国音乐文物大系·北京卷》，大象出版社 1996 年版；马承源《中国音乐文物大系·上海卷》，大象出版社 1996 年版；彭适凡《中国音乐文物大系·江西卷》，大象出版社待出版；方建军《中国音乐文物大系·陕西卷》，大象出版社 1996 年版；黄崇文《中国音乐文物大系·天津卷》，大象出版社 1996 年版；郑汝中、董玉祥《中国音乐文物大系·甘肃卷》，大象出版社 1996 年版。

[27] 山东省文物考古研究所、沂水县文管站《山东沂水刘家店子春秋墓发掘简报》，《文物》1984 年第 9 期；罗勋章《刘家店子春秋墓琐考》，《文物》1984 年第 9 期。

[28] 山东省淄博市博物馆《西汉齐王墓随葬器物坑》，《考古学报》1985 年第 2 期。

[29] 徐州市博物馆、南京大学历史系考古专业《徐州北洞山西汉墓发掘简报》，《文物》1988 年第 2 期。

[30] 《孟子·告子下》，中华书局 1983 年版。

[31] 《史记·田敬仲完世家》，中华书局 1972 年版。

[32] 《说苑·善说》，上海古籍出版社 1981 年版。

[33] 王子初《珠海郭氏藏西汉宗庙编磬研究》，《文物》1997 年第 5 期。

[34] 李宏涛等《汉元帝渭陵调查记》，《考古与文物》1980 年第 1 期；方建军《中国音乐文物大系·陕西卷》，大象出版社 1996 年版。

三　出土乐器的分类研究

# （一）陶制、石制乐器

## 1. 史前乐器概述

中国有着世界上最为丰富的音乐文物。20 世纪以来，发现的古代音乐文物种类繁多，包括各种乐器、乐俑、与音乐艺术活动有关的器物铭文，各种器皿饰绘、堆塑、砖雕石刻、洞窟壁画以及涉及音乐内容的图书、乐谱等等。它们从不同侧面保存了大量古代音乐艺术活动的信息。这些文物从形态上可分为器物和图像二大类。器物类中最主要的是乐器，

人类从幼年时期开始，就表现出对生活中产生的某些特定音响的注意和爱好，并逐渐利用手边的器具去摹仿类似的音响。随着社会的进步，人们学会了制造能产生这些音响的器具。这些器具，无论其制作上是如何粗糙，或其音响性能是如何低劣，都应该算作是人类最早的乐器。《吕氏春秋·古乐篇》说古人"以麋辂置缶而鼓之"。麋辂即麋鹿的皮，缶是瓦罐。用生湿的鹿皮蒙在瓦罐的口上，等皮干燥后绷紧，就成了一面很好的鼓，因瓦罐是用泥土烧制而成的，所以又可称之为土鼓。《礼记·明堂位》载："土鼓、蒉桴、苇籥，伊耆氏之乐也。"伊耆氏部落所用的土鼓，应该就是用这种方法制作的。山东泰安大汶口文化晚期 10 号大型墓葬坑内东端的两角，各出土了一件陶壶和一

堆鳄鱼骨板。音乐考古学家认为,这两件陶壶很可能就是远古传说中提到的土鼓,这两堆鳄鱼骨板应为蒙在壶口上的鳄鱼皮朽腐后遗留下来的残存物。鳄鱼在古代被称作鼍,古书中有关鼍鼓的记载很多。目前考古发现的鼍鼓非止一例。据研究,在中国新石器时代,华北黄淮平原确有扬子鳄自然分布[1],这些地方在五千多年前已具备产生鼍鼓的物质条件。

可以这样设想,利用手边的生活用具或生产工具直接发出音响,是人类学会制造乐器的第一步。这方面我们今天难以直接通过考古发现加以论证,但借助一些乐器与某些生产生活工具在外形和构造上明显的亲缘关系,可以得到这样的推论。例如流行极为广泛的乐器石磬,就和一些石犁、石刀在许多地方有着一脉相承的特点。通过改造生活、生产用具去获得人们所需要的音响,是人类制造乐器的第二步。《吕氏春秋·古乐篇》所说的麋鞈置缶而鼓,以及山东泰安大汶口文化晚期 10 号大型墓葬坑出土的土鼓,应是第二阶段的写照。当人们有目的地去制造专用的发音器具的时候,应是人类学会制造乐器的第三步:真正的乐器制造业诞生了。山西襄汾陶寺遗址 3015 号早期大墓出土的木鼍鼓,可说已踏入了"专门"乐器的行列。

真正的乐器诞生之后,还有一个由简单到复杂、低级到高级、不定音到定音、音列单纯到音列繁复的发展过程。定音定律、构成一定音律体系的编组乐器的出现,应该是乐器发展到高级阶段的标志。气势恢宏的曾侯乙编钟所体现出来的高文化、高艺术和高科技表明,不平均律音乐时期的乐器制造业已在二千四百年前达到了人类历史上的顶峰。

**2. 陶制乐器**

陶制乐器是相当古老的乐器。陶埙、陶角、陶响器等等,均出现于新石器时代。而在新石器时代的考古发现中，所能见到的乐器主要也是陶制乐器。竹木以及革类器物极难见到的原因在于，它们在自然条件下不易保存。所以陶制乐器的确源远流长，但某些竹木以及革类乐器的产生可能会更早。

陶制乐器主要包括陶埙、陶角、摇响器、陶铃、陶钟、陶鼓等。

（1）陶埙

古传陶埙为庖牺氏所发明[2]，其说难以考据。不过，陶埙在新石器时代已经出现。中国发掘出土的陶埙数量极多。在舞阳骨笛出土以前，陶埙曾经是音乐史学家推测古人音阶发展水平的主要参考。早期的陶埙大多呈蛋形，底稍平，顶上设吹孔，腹部开按音孔，音孔从一至七个不等。也有少量的异型陶埙，如甘肃玉门火烧沟出土的鱼形埙。后期的陶埙中，出现了许多人头埙、鬼脸埙、兽头埙和动物埙。一般说来，陶埙的音孔越多，吹出的音列越复杂。但也不绝对，因为陶埙的音高很大程度上取决于口风的控制，演奏者的技巧起着很大的作用。

较早的陶埙出土物属新石器时代，分布地域较广，主要有陕西、山西、甘肃、河南等地。

陕西出土的陶埙大多为仰韶文化遗物。如 1976 年临潼姜寨遗址出土的埙器形比较完整，仅吹口略残缺。细泥质，红色不纯正，有灰斑，捏塑成型。埙略呈蒜头形，中空，表面饰不规则绳纹。上端尖，圆鼓腹，底部略平。埙的顶端有一吹孔，中腹以上有左右两个高低不等的按孔。通高 5 厘米。此埙经贴额吹奏，可发四个音，其测音结果为：按孔全闭 $a^2 + 15$、开左指孔 $b^2 + 40$、开右指孔 $b^2 + 40$、按孔全开 $d^3 + 40$ 音分[3]。

山西出土的陶埙大多属仰韶文化遗物。如 1984 年中国历史博物馆垣曲考古队在垣曲县古城东关遗址发掘出土的陶埙为一音孔，夹砂灰陶，素面。体呈倒梨形，圆形小平底，顶部外弧，内空，壁略厚。顶部正中有一吹孔，旁侧有一音孔。通高 4.7 厘米[4]。

1976 年甘肃玉门市清泉乡火烧沟遗址出土的二十余件陶埙，是音乐史学家向来特别关注的史前音阶研究的物证[5]。这些埙形体不大。均呈扁平鱼形，鱼嘴部为吹孔，两肩各有一个按音孔，鱼腹下部一按音孔。通体彩绘纹样。开闭音孔，可组成六种不同的指法，吹出四声、五声音阶。有些埙甚至还能吹奏现代的乐曲。

1960 年河南偃师二里头遗址出土陶埙的年代，上限晚于龙山文化，下限早于郑州二里岗商代文化。埙泥质，灰色，轮制，中空。通高 6.5 厘米。形似橄榄，肩部有轮制的弦纹痕迹，底部有二次修整时的刀削痕。尖顶有吹口，腹部一侧有一音孔，音孔似在作坯时用直棒戳出，故孔周沿隆起。经测音，可发出两个乐音：$c^2 - 47$、$^\#a^1 - 40$ 音分[6]。

其他如山东、江苏、湖北等地均见有少量新石器时代的陶埙出土。新石器时代的陶埙造型还带有一定的随意性，音孔也较少，所能吹奏的音列相对也简单一些。

商代陶埙有较大的发展。尤其到了商代晚期，埙的造型趋向规范，工艺成熟，一般做成平底卵形，吹口稍尖，音孔多见为五个，并且多作前三后二开设，可以吹奏十分复杂的音列音阶。河南安阳殷墟出土的陶埙最为集中，形制也最有典型性。如殷墟妇好墓的三件陶埙皆为泥质灰陶，器表磨光。其中两件较大，一件较小。埙体呈倒置的陀螺形，尖顶，小平底，中空。顶端正中有一圆形吹口，近底处一面有倒品字形音孔三

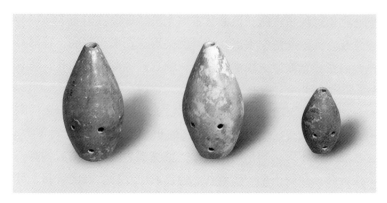

图一〇　河南安阳殷墟商代妇好墓出土陶埙

个，另一面有左右对称的音孔二个。M5：9 号埙高 9、M5：30
号埙高 9.2、M5：303 号埙高 5.2 厘米（图一〇）。经测音，可
知其音乐性能优良，可以吹奏较为复杂的曲调[7]。

　　陶埙在周代继续沿用，但再无多大发展。发现的也很少，
主要在河南境内。

　　秦汉以往，埙的构造趋于简单。至于唐宋，陶埙已经退化
至一二个音孔，只能吹奏简单的三音音列。加上其人头、鬼脸
和各类动物的造型，陶埙似乎走出了音乐的殿堂，成为儿童手
中的玩具。唐代三彩埙的出土物较为丰富，西安热电厂出土的
猴头埙、河南巩义市站街镇黄冶村唐三彩窑址内出土的三彩陶
埙均是。巩义的三件埙中，一件为人头埙，体呈圆球形，满头
披发状，凹鼻，闭口，无眼。头顶中部有一吹口，面颊上有二
个音孔。胎质为粉红色，头和面部施有黄、绿釉。余二件为猴
头埙二，体呈猴头状，满头长毛，头上饰有两道头箍，面颊深
凹，圆眼，高鼻，尖嘴。头顶部有一吹口，体腔中空，无音
孔。

明清时代，陶埙一直沿用。如清宫红漆描金云龙纹埙，形如秤锤，上锐下平，中空，顶上有一吹孔，前面四孔，后面二孔。通体髹红漆，上绘金云龙戏珠纹。吹时以手捧埙底，垂五彩流苏于指间。高 8.1、底径 4.3 厘米。为演奏中和韶乐所用乐器[8]。使用时分别置于殿檐前，东西两侧各一件。

（2）陶号角

有关号角的记载相当晚，但它的渊源至少可以上溯到远古的狩猎民族，对于他们来说，声响洪亮传远的号角无疑是十分有效的狩猎工具。号角的原材料丰富，加工也简单便利。但在史前时期的考古发现中，却仅见有一些陶制的号角，应是早期动物犄角做成的自然号角的一种仿制品。

陶角出土不多，仅有四例。其一为陕西华县井家堡陶角[9]。出土时，陶角置于人骨架左侧偏上部。陶角器形完整，泥质灰陶，陶质较粗，系以泥条盘筑法制成。器内壁印有泥条盘筑和手指按压痕，器表面有纵向的工具刮抹痕。全器分两段盘筑而成，然后在器上部弯曲处按压接合，此处胎壁较厚。陶

图一一　陕西华县井家堡新石器时代陶角

角的外形酷似去尖的牛角，呈弯曲的圆锥形。吹口外附加一匝泥片而成厚唇沿。器体胎壁厚薄不一。在出音口一侧有两个并列的圆形小穿孔，孔径 0.5 厘米。由出音口向上 6.5～7.7、13～14.5 厘米处各有一道阴弦纹，纹痕宽窄深浅不一。上下两道弦纹上下起伏，最上面一道弦纹的两端上下参差，不闭合。纹饰系刻画而成，具有一定随意性。通高（自出音孔至吹口）42、出音孔内径 7.4～7.6、外径 9、吹口内径 1.8、外径 3～3.2、壁厚 0.8～1 厘米。经吹奏，陶角的音量较大，传远性较强（图一一）。其二为河南禹州谷水河陶号角[10]。其三、四分别为莒县陵阳河陶角和莒县大朱村陶角。[11]

（3）摇响器

摇响器又叫做哗啷器，是新石器时代遗址常见出土的一种陶制有声器物。

摇响器在世界范围内也较多见。如在公元前二三千年时，两河流域美索不达米亚的亚述人使用的乐器中，就常见有动物造型的陶质哗啷器[12]。居住在尼罗河谷的史前人也知道使用这类乐器。在下埃及的梅里姆德等被称为史前文化的发掘地点，曾出土过哗啷器。这些响器用陶土做成鳄鱼蛋形或鸽蛋形。在上埃及的内加达 1 号发掘地点也发现了挂在魔法师腰带上的陶制哗啷器，还有被制成圆形而系在家畜颈项上的哗啷器[13]。

史前的哗啷器大多呈球形，其基本的特征是中空，内装陶丸或石子，摇振之沙沙作响。其外刺有篦点几何纹，钻有透孔。考古学上一般称之为陶响球。因这类器物有做成盒状、饼状、带把或不带把的，也有做成罐子的夹底，或短剑、匕首的空柄，故音乐考古学上将其统称为摇响器。

摇响器所能发出的声响并不是很大，故有人推测它们可能是古人乐舞时挂在身上、手上或脚上的响器。上埃及的内加达1号发掘地点发现的挂在魔法师腰带上的陶制哗啷器，可算是一个极为难得的例证。另外，甘肃临洮寺注一婴儿墓出土有陶响球，兰州土谷台一儿童墓葬也出土过同类器物，故有人认为陶响器也可能是一种小孩子的有声玩具。在人类文明的早期，玩具和乐器的界线不一定十分清楚。即便是今天，一些乐器如埙、鼗鼓（俗称拨浪鼓）之类，仍是小孩子手里常见的玩具。

考古发现的摇响器分布地域很广，甘肃、河南、山西、陕西、湖北、安徽、河北等地的新石器时代遗址中均有较多的发现。黄河中上游的各新石器时代晚期遗址，是摇响器分布较为集中的区域，陕西关中地区和甘肃中部及东南部出土尤多。这里发现摇响器的遗址，分属于多种文化类型，主要有马家窑类型、马厂类型，姜寨史家类型和齐家文化。

图一二 甘肃庆阳野林寺沟新石器时代陶响器

1981 年出土于甘肃庆阳野林寺沟的陶响器属仰韶文化时期遗物，为泥质灰陶，褐黄色。饼状，椭圆形，鼓腹、中空。无柄，无孔眼。器表磨光，一面刻方格纹，另一面刻菱形纹。长 13、宽 7.4 厘米。腔内置硬质颗粒状物，摇击时能发声（图一二）[14]。

1977 年出土于兰州土谷台马家窑文化半山—马厂期墓地第 58 号墓内的陶响器，泥质红陶，呈暗褐色。状若纺锤，略扁、中空。腰围两端各开一孔，通内腔。两侧扁平，上各有一孔穿透，可穿绳携挂。器表粗糙，多裂纹。上绘纹饰似三角纹，通长 11.2 厘米。体内置弹丸数粒，摇动时能发出声响。

长江中游的江汉平原，包括豫西南、川东等地出土的陶响器，主要为大溪文化中晚期、屈家岭文化时期的遗物。

1987 年出土于河南省舞阳贾湖新石器时代遗址的龟甲响器一批八件较为特殊，虽非陶土烧制，但性质与陶响器相仿，值得一提。贾湖遗址属于中原地区裴李岗文化贾湖类型，据碳同位素测定的年代，该遗址距今七千七百三十七至七千七百六十二年。龟甲响器出土有数十件，往往是六个或八个一组置于墓葬中，出土时多数是背甲与腹甲扣合在一起。上下甲的结合部位多钻有若干个缀合孔，甲内装有颜色、形状不一，数量不等的石子，摇动起来可发出声响。这些龟甲经鉴定为龟科闭壳龟属。第 363 号墓共出土八件，均堆在二次葬的人骨之上，内多装有石子。M363:13 号背甲长 15.5、宽 7～11、高 7.1 厘米，头尾及两侧各钻一孔。腹甲长 15.1、宽 7.8～9.2 厘米，头尾各钻一孔，两侧各二孔，另外腹甲正中又钻二孔。腹内装石子十二颗（图一三）。据研究，北美印第安人易洛魁部落至今仍将龟壳缀合成盒状，内装石子或玉米粒，头端锯齐插入木

图一三　河南舞阳贾湖新石器时代龟甲响器

柄，制成一手摇的龟甲响器。在举行宗教仪式的舞蹈时作为乐器使用，类似目前乐队中的沙锤。贾湖龟甲响器是迄今为止我国发现的年代最早的一批摇响乐器实物，它和贾湖骨笛一样，对探求我国音乐文明之源具有重要意义[15]。

　　长江下游的江淮平原出土的陶响器，主要属于薛家岗文化和马家浜文化时期遗物。重要的考古发现有 1981 年春和 1982 年秋发掘的安徽望江县汪洋庙遗址陶响球一批、1982 年发掘的安徽潜山县天宁寨遗址陶响球一批以及 1974 年江苏常州戚墅堰圩墩遗址出土的陶响球等。

　　（4）陶铃、陶钟（陶铙）

　　中国史前考古发现的乐器中，还有一种陶铃和陶钟（陶铙）。

　　陶铃主要特征为筒状铃体，铃体腔内挂有棒状铃舌。摇晃铃体，铃舌与铃体碰击发声。陶铃的铃体用泥土烧制，铃舌多

图一四 湖北天门石家河新石器时代陶铃

为陶质，也有石（玉）质。陶铃很可能与后来重要的青铜乐器编钟有一定的渊源关系。较典型的标本有湖北天门石家河遗址出土的陶铃，属新石器时代，相当于龙山文化时期的石家河文化遗物。陶铃保存完好。泥质橙红陶。器小型，器身为椭圆形，上小下大，斜壁呈梯形状，口微侈。通高5.4、口径7～9.8厘米，顶面上有并列两穿，可作穿绳吊挂之用。器身两面有刻画花纹，近似饕餮纹（图一四）。

1974～1985年郑州大河村遗址出土陶铃四件，均出自仰韶文化层内。其中，陶铃 1379 为细泥红陶，已残，可复原。陶胎较厚，体呈半球形，喇叭口，口径 6、通高 5.6 厘米。圆顶上有圆形穿孔二个。素面、手制，表面粗糙，凸凹不平[16]。

山西襄汾陶寺遗址陶铃六件，分别出于陶寺文化早、中、晚期居住址内。铃的横截面呈梭形、菱形和椭圆形，个别作半圆形（马蹄形），空腔，顶壁设吊铃舌用的小孔，下口齐平。铃舌均佚。依顶部形制又可分为平顶与凹顶两种，后者是将铃的顶壁下移至铃体上部，似乎形成上、下两个铃腔，除顶壁的竖向穿孔外，凹顶铃"上腔"的周壁还常见横向穿孔。其中，标本 H340：51，时代属陶寺文化早期。泥质陶，器表黑色，胎红褐色，手制。平顶，顶部俯视呈梭形，顺长轴穿有椭圆形透孔一对。铃壁较直，已残。顶长径 10.1、短径 4.2、顶厚 1.1、残高 2.2、复原高度 6 厘米。标本 IV 06 是居住址第 IV 发掘区的采集品。泥质灰陶，手制。平顶，顶部平面呈菱形，顺长对角线穿有竖向透孔一对。铃壁中部微外弧，近口处稍内敛，铃腔下部横截面近梭形，下口齐平。铃周壁表面饰并列的横向划纹五道和斜向弧线划纹若干道。出土时，残存大半铃体。经复原，顶部长对角线 8.6、短对角线 5、下口长径 9.9、短径 3.8、通高 5.4 厘米。值得注意的是，陶寺遗址还出土了一件铜铃，其造型与陶寺所出陶铃标本 H340：51、特别是和标本 IV 06 几乎完全一致。

陶钟为一种筒体带把的陶质乐器。使用时一手执钟把，另一手拿棒或槌敲击钟体发声。陶钟发现极少，目前仅知一例，1955 年出土于陕西长安斗门镇遗址。斗门镇遗址属陕西龙山文化，年代约为公元前 2300～2000 年。陶钟为泥质灰陶，体短而阔，呈长方形，横剖面近似椭圆形。腹中空，前后壁略

图一五　陕西长安斗门镇新石器时代陶钟

薄，两侧壁略厚，下口齐平。圆柱形实心甬，上粗下细，顶端呈圆形。舞平，甬与舞相接处，两侧各有一圆孔，可以悬系。通高 12.5、甬长 5.6、下口长 9.4、下口宽 5.3 厘米（图一五）。陶钟的造型已经十分接近商代大量出现的青铜乐器铙，所以有人又称之为陶铙。音乐考古学家认为，它与商铙应是一脉相承的关系[17]。

（5）鼍鼓、陶鼓（土鼓）（附：木鼓）

鼓是人类最早发明的一种乐器，这不仅在中国，可能在世界各原始民族中都是通例。鼓的使用源远流长，应用十分广泛，形制多样。仅在中国先秦文献的记载中，鼓的名称就多达好几十种。据一些民族学家研究，鼓到今天还是大部分狩猎民族唯一的乐器。相传帝舜的乐官叫做夔，《尚书》中说他能用麋鹿的皮蒙成土鼓，模仿山林溪谷中的声音，和石磬一起演奏，动人的音乐可引林中的百兽相率而来，频频踏舞。据一些文史专家分析，古书中所说的这种"夔"，实际上就是鳄鱼。

1980 年山西襄汾陶寺墓地的一座大型墓葬中，发掘者根据木质的鼍鼓和一件石磬放置在一起，以及和其他几座大型墓葬中出土的同类器物一样，鼓内散落鳄皮骨板，确定它就是古书中所说的灵鼍之鼓。因木质的器物极难保存，所以考古发现的数千年前的木鼓极为罕见。陶寺出土的木鼍鼓是所见最早的木鼓标本。陶寺土鼓与鼍鼓、特磬等重器配组，同出现于具有早期王者身份的大墓中，说明在距今四千五百年前后的龙山时代中叶，土鼓已由原始居民单纯的祭器，转变为标志统治者权力地位的礼乐器[18]。

所谓土鼓，就是用陶土烧制成鼓框，再蒙上动物的皮膜做成的陶鼓。主要分布在甘肃、青海、河南、山东等地的新石器时代遗址中。

甘肃永登乐山坪出土九件陶鼓，有泥质彩陶和夹砂红褐素陶两种，分大、中、小三种形制[19]。这些土鼓造型基本一致，分大头、中筒和小头三部分，中空。大头呈喇叭口状，外沿有犬牙状倒钩一周，用生湿的兽皮蒙在口上，周沿挂绷在倒钩上，干后皮膜紧绷，敲击时"嘣嘣"有声。小头呈罐状，束颈，口沿外翻，也可蒙皮。蒙皮的方式与大口有别，不用倒钩挂绷，而只需用皮条直接在口沿外侧扎紧即可。在土鼓的一侧有两个桥形环，可以穿绳悬挂在腰间，如今腰鼓状，大、小头轮击，高、低音互答。部分陶鼓上着彩绘，纹饰古朴别致。

文献记载远古时代的山东，是东夷部族聚居的地方。东夷先民有"性喜歌舞"的传统。1959 年山东大汶口遗址一座晚期大型墓葬 10 号墓内出土二件陶鼓分别位于墓坑东端的两角。器形为宽圆肩、粗短颈、敞口、小平底陶壶，高约 30、口径约 13 厘米。器 M10：40 口部有残，器 M10：43 已经破碎，都倒向一边，两堆鳄鱼骨板共八十四块，都位于壶口的正前方。据研究，这二个陶壶应该就是古书中记载的土鼓。原蒙置于壶口的鳄鱼皮腐朽后的残留物，即鳄鱼骨板，这是一种"灵鼍之鼓"的典型标本。近年来，有的学者提出，这两件宽肩陶壶，很可能是原始陶鼓[20]。《周礼·秋官·叙官》郑玄注："壶谓瓦鼓"。大汶口陶壶，应即郑玄所谓的"瓦鼓"或"以瓦为框"的土鼓，即原始陶鼓。另外，在山东邹县野店大汶口文化几座大墓中出土数件被称作"漏器"的陶器，根据其腹部和底部有小圆孔，口沿外饰有一圈高乳钉状泥凸，腹部饰有彩绘图案等特征推断，它们很可能也是原始陶鼓。《世本》曰："夷作鼓"。传统的解释是，有一个叫作"夷"的人发明了鼓这种乐器。夷，似乎不应是人名，很可能是指"夷人"，即东夷部族。大汶口陶鼓的年代距今约五千年左右，比山西襄汾木鼓约早一千年。居住在山东一带的东夷人是中国最早使用鼓的部族之一。

此外，较为重要的考古发现还有：青海民和阳山第 23 号墓、河南内乡县茨园朱岗、河南郑州市北郊大河村遗址、临汝大张新石器时代遗址和甘肃庄浪县南湖镇程家小河庄等处[21]。青海、河南出土的陶鼓，一头喇叭口稍小，另一头封闭。甘肃出土的鼓身基本呈长圆筒形，口沿外也有倒钩。土鼓作为礼器，一直延续到周代。

### 附：木鼓

考古所见到的最早的木鼓，为山西襄汾陶寺的木鼍鼓，其鼓框利用天然树干挖空制成，呈上小下大、略带锥度的圆筒形。体表施粉红或赭红底色，上施白、黄、黑、宝石蓝等色彩绘。可惜所绘图案已漫漶不清。鼓体中上部可辨宽约 22 厘米的图案，隐约可见回形纹。下部有一周宽约 4 厘米的带饰，其中可辨几何形和云纹。带饰上下有数道弦纹。出土时鼍鼓上口已残（图一六）。陶寺遗址鼍鼓的时代约为公元前 2500～1900年，后期已进入中国历史上最早的朝代——夏代。

图一六　山西襄汾陶寺新
　　　　石器时代木鼍鼓

其后有 1935 年出土于安阳殷墟侯家庄西北冈 1217 号大墓的蟒皮木腔大鼓。此鼓出土时仅存残迹，造型与今天的大鼓相近。鼓身横置，绘有对称的兽面纹和鳄鱼骨板纹。鼓两头蒙皮，所蒙也为鼍皮。时代已属殷墟三期[22]。

曾侯乙墓出土的建鼓，是目前唯一的出土实物，弥足珍贵[23]。前文已提及。

此外，曾侯乙墓还出土了几种小鼓，保存较好，均具典型意义[24]。

其一是有柄鼓。鼓形似桶，中部微鼓。体较小，长 23.8 厘米。腔中腰装一木柄，柄之一端穿透腔板，并用一竹钉由腔内插栓固定。木柄侧视若葫芦形，上刻弦纹。鼓腔两端周沿固定鼓皮，皮已不存，遗有两行竹钉。竹钉方锥体，平头，每行二十三个，钉位上下相间。除两端蒙皮处外，鼓腔和木柄均遍髹朱漆。出土时，腔体完整。

其二是扁鼓。扁鼓形圆体扁，中部微鼓。鼓腔外径 46 厘米。出土时，鼓腔已破为数块，经拼合，知其原由十二块腔板组成。腔板均外鼓内凹，两侧、两端各按一定角度里收，侧面均无接榫痕迹，仅表面的一端刻有一道小槽。疑鼓腔系粘合，腔端表面上的小槽系为拼合时加箍而置。腔板两端固定鼓皮处各布骨钉三行。各钉间距不等，均在 4～5 厘米之间。钉位上下相间呈梅花形。此鼓是在蒙皮后通施彩绘。由残存的漆皮得知，腔板两端皮面以朱漆为地，描黑色云纹。腔体腹面以黑漆为地，绘朱色"山"形纹。在腔板中，有二块的中部各入一方木榫，当与置放该鼓有关。

其三是悬鼓。悬鼓形圆体扁，中部微鼓。腹外径 42 厘米。出土时，鼓腔已解体为数块，经拼合复原。据研究者分析，墓中同出的鹿角立鹤很可能就是悬鼓的鼓架。

虎座鸟架鼓和小鹿鼓是两种特别的楚式鼓，多见于湖北江陵一带的大、中型楚墓中。虎座鸟架鼓较典型的标本，可推江陵天星观 1 号楚墓的出土物[25]。该墓的时代为战国中期。鼓通高达 139.5 厘米，由虎座、鸟架及一扁鼓组成，出土时已散乱，后复原。双虎背向踞伏为底座，虎背各立一鸟为架。鼓皮面无存，仅剩边框，框由十一段木头围接而成，两面边沿有固定皮膜的竹钉一周，又置铜质铺首衔环三个，左、右二环可用绳索吊挂于鸟冠，下环固定于鸟尾相接处，结构稳固合理。虎、鸟通体髹黑色，用红、黄、金三色彩绘虎斑纹和鸟羽纹。鼓框外侧亦用红、黄、金三色绘菱形纹一圈。同出鼓槌二件。

小鹿鼓很小，而且是用木头刻成的实心鼓。典型的标本可见江陵雨台山 363 号楚墓的出土物[26]。鹿鼓除鹿角残缺外，器形大致完整。长 35.2 厘米。鹿作卧伏状，木雕，由头、身榫卯而成，回首侧视，神态安详，臀后斜插一小木鼓。鹿鼓周身黑地，用红、黄、金三色绘斑点纹。另外，曾侯乙墓所出的漆木鹿很可能也是楚墓多见的鹿鼓。鹿的臀部凿有一方榫眼，此处当置一实体木鼓。全器以整木雕成。

秦以后的鼓类标本极少。河南沁阳张庄唐墓出土的细腰鼓较为罕见，鼓红陶质，大口细腰，中空。表面施红地，中有弦纹五周，两端口沿微向外凸，以便张缚鼓皮。通高 25.7、口径 10.4～10.5、腰径 5.4 厘米。

故宫博物院所藏一件黑釉蓝斑腰鼓，也是传自唐代的制品。唐代南卓在《羯鼓录》中提到腰鼓："不是青州石末，即是鲁山花瓷。……且用石末花瓷，固是腰鼓，掌下朋肯声，是以手拍，非羯鼓明矣。"1977 年故宫博物院依据这一记载，曾先后到河南鲁山段店及禹县下白峪唐代瓷窑遗址调查，都发现了类似黑釉蓝斑腰鼓的残片。1986年河南省文物研究所在发掘鲁山段店瓷窑时，也发现许多瓷腰鼓残片，经拼合后可大体看出腰鼓形状。均可证明此种鼓的产地应是河南鲁山段店及禹县下白峪，时代为唐。

### 3. 石制乐器

目前实际的音乐考古学研究是以新石器时代为起点的。中国的新石器时代大致是在公元前7000年到前2000年（即距今九千年到四千年）之间。新石器时代的人们过着定居生活，使用的工具以磨制石器为主，从事以农业和畜牧业为主的生产经济活动。人们在生活实践中，不难发现石片在碰击时会发出清脆悦耳的声音。从而逐渐有意识地去利用和制造能产生优美音响的石片，作为乐器的石磬就应运而生了。

（1）石磬

考古发现的石磬标本较为丰富，时代也很早。早期的石磬为打制而成，表面粗造，厚薄不均，形制不甚稳定，音高也不规则。山西襄汾陶寺遗址出土的石磬同鼍鼓相配，为中国后世出现的礼乐制度的先导。石磬这种贵族重器，已经崭露头角，体现出华夏文明中十分重要的内涵。陶寺遗址是迄今发现的史前石磬中年代最早且数量较多的地点，对于研究磬的起源、演变，都有重要意义[27]。从石质、制作工艺和形制的角度观察，陶寺的四件石磬中，有三件表现出较多的一致性。如 M3002:6 号和 M3015:17 号磬，同为角岩大石片打制成型，都是平底；M3002 磬仅经琢修，M3015 磬并用琢和磨二种修整手法；M3016:39 号磬的石质为火山角砾岩，其成型与修整工艺则与 M3015 磬相同，上述三件磬的平面都为不规则几何形，形状不规整，正、反两面凹凸不平，表现出一定的原始性。然而，其股、鼓已经分明，股短阔而较厚，鼓狭长而较薄，悬孔大多近顶边且偏向股部一侧。有的磬因穿孔位置不当又另穿一孔，则表明它们已经不是磬的初始形态，而是在经验积累的基础上，掌握了相对固定制作技术的产物。

河南偃师二里头文化三期中发现的特磬，造型较为古朴，可能是夏代的乐器。据碳十四年代测定为距今三千八百七十年左右。该坑位于早期商代宫殿遗址北面约 550 米，坑底铺朱砂。坑内出土的还有铜爵、铜戈、铜戚、圆形铜器以及各种玉器等。石磬出土时置于坑内的东北角，青石打制而成，虽经磨制，但所打制的凹面并未磨平。磬的鼓与股、各边角及倨句都比较明显。通长 58.5、通高 27 厘米，倨句一百三十二度。经测音，音高为 $g^2 + 39$ 音分[28]。

殷墟发现的商代石磬，大多数是商代晚期的遗物。晚期的磬特别注重制作的工艺，纹饰十分精美，还做成各种动物的形状。作为一种乐器，自有其符合声学原理的规范造型，即《周礼·考工记》中所记载的"股二鼓三"。商代石磬虽然制作精美，但造型各异，显然其乐器的形制尚未规范，音乐性能也未完善。1937 年在安阳小屯村北洹河南岸探方六西南隅出土的龙纹石磬较为典型，磬为灰色岩石制成。体呈不等边三角形，两面均刻龙纹，龙头作张口欲吞状，鱼形尾，前后肢之间刻蜷曲的蚕纹。磬上部有倨孔，为两面对钻而成，不圆。倨孔上方两侧有磨损痕迹，磬面上亦有敲击的痕迹。当是一件久经使用的乐器。通长 88、高 28 厘米。击之音调清越，音质可与武官村大墓出土的虎纹石磬相媲美[29]。

（2）编磬

商代晚期出现了编磬，反映出商人正逐步注意到磬的旋律性能。这是石磬作为乐器的重要进步。但商代编磬发现较少，仅有故宫博物院所藏的安阳石编磬三件，由黑色的沉积岩石制成。二件相似，一件略异。前者表面粗糙，未经细磨，凸凹不平，各边亦不规整。另一件则经过琢磨，表面及边沿均光平整齐。各磬铭文分别为"永敀"、"夭余"、"永余"（图一七）。杨荫浏先生 50 年代的测音结果为：永敀 $\uparrow{}^{b}b^2$，夭余 $c^3$，永余 $\uparrow{}^{b}e^{3[30]}$。

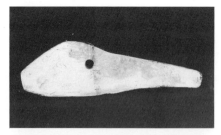

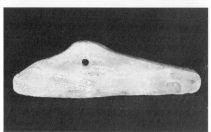

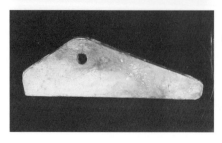

图一七　河南安阳殷墟一坑
　　　　出土商代编磬
　　　　（上：永敀石磬
　　　　　中：夭余石磬
　　　　　下：永余石磬）

　　较为可靠的西周磬出土较少。1980 年扶风县周原召陈乙
区西周建筑基址出土的编磬，时代属西周中晚期。经整理拼
对，可知有十五件以上的石磬，形制、纹饰基本相同，现仅复
原三件。残磬厚度不一，分素面和有纹饰的两种。青黑色石灰
岩磨制，呈凸五边形。鼓、股分明，倨背，底微凹。磬表面饰
阴刻夔纹，股、鼓上边刻阴线重环纹，底边刻阴线鳞纹，出土
时均内填朱砂[31]。周原召陈编磬表明，西周基本上已无特磬。
只是在目前尚未找到编列较为完整、音响性能保存较好的标
本，借以探知西周编磬发展阶段的全貌。

　　从大量的出土实物来看，春秋战国时期的编磬在制作上已
经完全成熟，造型规范合理，编列完整，音阶齐全，音色、音
准和制作工艺也达到了极高的水准，成为当时重要的旋律乐
器。东周编磬以河南、山东、山西、湖北为主要分布地。

　　山东出土的成套编磬较多，主要有 1995 年 3～6 月间出土
于长清县五峰山乡北黄崖村仙人台邿国墓地 5 号墓编磬十四件
和 6 号墓编磬十件、1978 年出土于滕州庄里西村的编磬十三
件、1979 年出土于临淄区大夫观村西的编磬二批二十件、
1988 年 10 月出土于阳信县城关镇西北村战国墓葬器物陪葬坑
的编磬十三件、1965 年出土的临淄于家庄编磬十二件、1990
年 6 月底出土于章丘市锈惠镇女郎山战国大墓的编磬七件、
1970 年春出土于诸城市臧家庄公孙朝子墓的编磬十三件、
1977 年冬出土于沂水县院东头乡刘家店子的编磬等。其中长
清仙人台 5 号墓编磬、6 号墓编磬及洛庄汉墓编磬的情况，如
上文所述。

　　广东珠海郭氏藏西汉编磬十四件为非考古发掘品，编磬制
工精致，造型规范，且形制极大，当为汉室宗庙之器。只是缺

少发掘资料，编磬本身也非原完整编列，为数组编磬的杂合物。编磬上的铭文是研究西汉前期宗庙音乐的重要资料[32]。1986 年北洞山西汉楚王墓出土的西汉前期的编磬保存较差，大多破碎，完好的仅五块。磬体造型别具一格，倨句角度稍大，底边弧曲偏深，磬体显得较宽阔。另有陶磬一块，与石磬风格相近。磬 119 保留了有关该磬制作和使用的珍贵资料：与磬底边弧曲相应，磬一面下部有一道弧形弯槽，此应为磬匠开料时错划的遗迹，说明当时使用了较为先进的专用工具。在倨孔上方，有两道较深的印痕，此为悬磬绳索长期磨损，又经地下水溶蚀所致，可证这套编磬应为长期用于演奏的乐器。116号磬测音结果：$^{\#}d^4 + 19$ 音分。余均破裂[33]。

东汉以往，历代帝王皆有功成作乐、效法三代之举。但考古发现的遗物极少。明清以往，所作编磬形陋可笑，音律宫商乖错，如清宫描金云龙纹玉编磬，看似金碧辉煌，实为礼器摆设。

# （二）青铜乐器

## 1. 青铜乐器概述

中国古代青铜乐器的种类十分丰富，有铃、编铙、大铙、镈、甬钟、纽钟、句鑃、钲、铎、铜鼓和錞于等。前九种的形状构造大体相近，一般统称为钟类乐器。其中的镈、甬钟和纽钟均为社会地位十分显赫的"乐悬"。

青铜乐器的兴盛是商代音乐文物的重要特征，铃、编铙、大铙和镈等乐器均出现于商代。其中的编铙和大铙，是礼仪重器。特别是在商代后期，这些礼乐重器的制造和使用相当普遍。

从文献中看，西周的乐器多达七十余种。这一时期最值得注意的是钟磬乐悬，其与西周初年统治者推行礼乐制度的政治运动有关。随着周王室的衰微，礼乐制度遭到破坏。各路诸侯纷纷崛起，他们无视周王室的权威，擅自享用超越自己爵位等级规定的"乐悬"规模，使得春秋战国时期的钟磬之乐急剧发展，登上了中国青铜乐器的历史巅峰。举世无双的曾侯乙编钟，无论在艺术上，还是在科学技术上，均达到空前的高度。各种青铜乐器琳琅满目，镈钟、甬钟、纽钟名目繁多，车铃、马铃、狗铃形制各异。同时，还出现了以前尚未见到的重要文物，如錞于、钲、句鑃、铎和铜鼓等青铜军乐器和宴享乐器。

秦汉以往，青铜乐器逐步走向衰落。

**2．早期的青铜乐器**

几种出现较早的青铜乐器，主要是指铜铃、编铙、大铙和镈。

（1）铜铃

铜铃至迟在龙山文化时期即已出现。陶寺晚期的铜铃是非常重要的发现，1983 年出土于陶寺文化晚期 3296 号墓[34]。出土时，位于男性墓主（五十岁上下）骨架左侧股骨与趾骨联合之间，推测入葬前可能是挂在死者腰部至下腹间。器表粘有麻布纹。铃舌已佚。铜铃为合范铸成，红铜质，金属纯度为97.86％。铃为平顶，顶部、底口及中腰的横截面均呈菱形或近似菱形，铃壁自上而下稍侈张，底口略大于顶。顶壁近短对角线一端钻有一圆孔。铃腔壁厚薄不太均匀，顶及一侧铃壁各有不规则透孔一处，系铸造缺陷所致。陶寺铜铃是迄今所见中国历史上第一件金属乐器，其在形制上是陶寺菱形陶铃的仿制品，二者同出一地，鲜明地展示了史前陶铃和铜铃乃至后世青铜乐钟之间的亲缘关系。河南偃师二里头 4 号墓铜铃出土时，铃体用数层丝麻纺物包裹，玉铃舌被置于铃腔内[35]。铃、舌金玉相配，可见在当时为极其珍贵的物品。铃体上窄下宽，略扁，横断面呈椭圆形。舞面中心有一横向条形铸孔，舞面设一环形桥纽。铃体一侧有扉棱，铃口饰一圆凸弦纹，通高 6.3、口径 8.8 厘米。铃舌玉质，色泽暗绿。圆柱状，顶略圆，底平，有一穿孔（图一八）。

图一八　河南偃师二里头 4 号夏代墓出土铜铃

自商周始，铜铃的应用十分广泛，造型也非常丰富。从考古发掘的情况来看，商代晚期的铜铃基本上都是狗铃。入周以后，出土的铜铃数量极多，绝大多数为狗铃和车马铃。这些铜铃形制多样，大小各异。另外还有一种编铃，出土不多，由数件大小成序的铜铃编列成组。但因多有严重锈蚀，发音质量低劣，音高实际上不成序列。考古发现的商周铜铃中，可以确定是直接用于乐舞活动的较为少见，也比较困难。

河南平顶山滍阳铜编铃九件，很可能用于乐舞活动，1988年出土于平顶山郊区薛庄乡北 CF70 村西的 95 号墓，为西周晚期应国贵族墓[36]。九件编铃形制相近，大小依次递减。有的有纹饰，有的素面，部分铃残。最大者 M95∶109 通高14.1、铣间 9.2 厘米。最小者 M95∶24 通高 6.3、铣间 4 厘米。M95∶89 铃的正背两面均饰对称的云纹，且每面纹饰上半部都有三个长方形的穿孔。铃内有槌形铃舌，以皮革系之。最大的铃舌呈圆槌形，其余铃舌则呈半圆槌形。

湖北当阳曹家岗 5 号墓出土铜铃四件，时代属春秋晚期。出土时，与木瑟等物同置于 2 号陪棺的东端盖上。该墓 1 号陪棺的棺盖上同样只置乐器：漆瑟一件，笙二件[37]。据此判断，曹家岗 5 号墓铃很可能也是直接用于乐舞活动的铜铃。铃保存较好，形近喇叭状，舞顶穿孔，形制大小略异，可分二式：Ⅰ式二件，器稍扁矮，表面光滑。大者高 4.1、口径 5.8 厘米，小者高 3.8、口径 4.8 厘米。Ⅱ式二件，较Ⅰ式窄高，外表粗糙，留有铸缝。大者高 4.8、口径 5.5 厘米，小者舞顶呈直口，通高 4.2、口径 5 厘米，四件铃均无纹饰。

铜铃在后世一直被广泛应用，形形色色的形制纹饰层出不穷。其分布地域较广，从汉族地区，到各个少数民族地区，均有各自风格独特的铃铛，这在不同历史时期的考古中常有发现。

（2）编铙

铙是商代晚期流行的王室重器，可分为南北方两大系统。出土于北方中原地区的铙，是古代最早出现的自成编列的定音乐器，一般称为"编铙"，基本上都是殷商遗物，出土地点也大多分布在今河南安阳，即殷墟及其周围地区。商代另有一种铙，主要出土于湖南、江西、江苏、浙江和福建，即南方系统的铙，一般称为"大铙"。编铙和大铙是两种不同文化和族属背景下的产物。

关于"铙"的名称，未发现一件带有自铭的。历史文献中也是互训含混。20世纪以来，学者众说纷纭：容庚称之为"钲"[38]，郭沫若定名为"铎"、"镯"[39]，陈梦家认为"其形制为后世钟所本"，名之为"执钟"[40]。近年音乐学家李纯一根据商代甲骨文中有关"庸"的记载，考证这种乐器应该定名为"庸"[41]。今考古界仍多采用罗振玉的说法，称之为"铙"[42]。

出土的商铙大都是大、中、小三件编列成组，故称为编铙，编铙由甬把和腔体组成。铙腔体呈合瓦形，圆柱形空甬与体腔相通，使用时铙口向上，将甬套植于木柱上，以槌击铙口发声，一般形体较小，小的不过数百克，大的也不过数千克。这类铙至今未发现单个使用。从音乐学的角度看，编铙的出现，说明商人在设计和制造铙的时候，已有了一定程度的旋律需要。

有关编铙较为重要的考古发现，主要在河南，有古铙[43]、舌铙、中铙[44]、高楼庄8号墓铙[45]、温县小南张铙[46]、大司空村51号墓铙[47]、殷墟西区765号墓铙[48]、亚奠止铙[49]、安阳大司空村 288 号墓铙、获嘉赵镜铙、爰铙[50]等。

1984 年安阳市殷墟小屯村戚家庄第 269 号墓出土的三件铜铙并排放置于椁内东北角，形制纹饰及铭文相同，大小依次递减。铙身呈合瓦形，铣间径略大于舞修，而两铣中部微向外弧。铣口下弧，内唇突出，舞部正中有管状甬，中空与铙腔相通。铙体两铣与甬相对之两侧有铸缝，应为两外范合铸而成。铙体外面均饰浮起的饕餮纹，锥鼻高起，圆眼突出，饕餮纹外有一周凸线纹。正鼓部外有一突起的方块，其一侧铸有"爰"字铭文，称之爰铙。发现时甬内有木柄，已朽。经测音，每铙可发出两个音。

编铙在山东等地也有少量发现。1976 年青州苏埠屯 8 号商代墓，出土三件铙，保存完好，制作较精。造型、纹饰相同，大小递减。铙体作合瓦形，于口弧曲，两铣角上叉。管状甬与内腔相通，正鼓部作方块状凸出鼓面，两面均饰饕餮纹。于口内无调音槽[51]。

1976 年河南安阳殷墟妇好墓出土编铙五件[52]。过去安阳

图一九　河南安阳殷墟商代妇好墓出土编铙

出土的编铙均为三件一组，五件一组的尚属仅见。五件铙形制、纹饰相同，大小相次。器身上大下小，口内凹呈弧形，横截面呈椭圆形。舞平，舞中部向下有管状柄，中空与体相通。器身两面饰回字形弦纹。各铙通体布满绿锈，其中最大二件内壁均有铭文"亚弜"二字。其余三件均因锈蚀太重，未见铭文（图一九）。各铙尺寸见下表：

单位：厘米　千克

| 出土号 | 通高 | 甬长 | 甬上径 | 甬下径 | 舞修 | 舞广 | 中长 | 铣长 | 鼓间 | 铣间 | 重量 |
|---|---|---|---|---|---|---|---|---|---|---|---|
| 839/1 | 14.5 | 5.7 | 2.7 | 3 | 8.2 | 6.1 | 7.6 | 8.5 | 8 | 10.5 | 0.55 |
| 839/2 | 11.6 | 4.3 | 2.5 | 2.8 | 7.1 | 5.5 | 6.6 | 7 | 6.7 | 9.1 | 0.35 |
| 839/3 | 12.7 | 4.5 | 2.3 | 2.8 | 6.6 | 5.1 | 6 | 6.9 | 6.5 | 8.7 | 0.3 |
| 839/4 | 9.5 | 3.8 | 9.3 | 2.4 | 6.1 | 4.6 |  | 5.5 | 5.9 | 8 | 0.2 |
| 839/5 | 8.1 | 3.5 | 1.8 | 2 | 4.1 | 3.3 | 3.8 | 4.2 | 4.4 | 5.3 | 0.1 |

测音结果如下表：

单位：音分

| 出土号 | 839/1 | 839/2 | 839/3 | 839/4 | 839/5 |
|---|---|---|---|---|---|
| 正鼓音 | $g^2 + 34$ | $c^3 - 34$ | $a^2 + 6$ | － | $d^4 + 4$ |
| 侧鼓音 | $a^2 + 50$ | $d^3 - 50$ | － | － | － |

说明：其中 839·3 铙因曾修补过，侧鼓音失音。839·4 铙因裂，未能测。839·5 铙因锈重，勉强测出正鼓音，仅供参考。

周时，编铙为甬编钟所取代。

编铙是中国最早出现的青铜定音乐器，也是商代除了石磬以外唯一能够比较客观地保存当时音响性能的乐器，通过对编铙音律的研究，来探知商代音律、音阶的发展水平，是中国音乐史学研究的重要手段。但是，编铙毕竟距今已有三千年的历史，保存完好的、特别是其音乐性能保存完好的寥寥无几，有关研究资料还有待积累，才能期望在这方面有所进展。在编铙的考古学研究中，已不再只着眼于形制纹饰的定性研究，而是逐步加入了一些定量分析研究的内容和方法。

（3）大铙

中国南方系统的大铙，主要出土于湖南、江西、江苏、浙江和福建等地，其中以湖南、江西出土最多。大铙的形体高大而厚重，形制较为规范，纹饰繁缛华丽，均为单件，不成编列。目前所见出土的大铙已有数十件之多，但绝大多数属于偶然发现，正式的考古发掘品十分罕见。所以，有些学者认为大铙是春秋以后出现的乐器。江西新干商代大墓发掘以后，不仅否定了以往考古界商文化不过长江的说法，也证明了大铙这种乐器出现的时代要早得多。新干大墓出土的三件大铙是目前所见最早的标本[53]。

1989年10月新干县大洋洲乡一商代墓葬出土青铜器四百七十五件。通过对部分青铜礼器的分析，再结合出土部分玉器、陶器与殷墟妇好墓和吴城文化比较，可以判定新干大墓的年代约在商代后期早段，即相当于殷墟中期。墓中发现大铙三件，均保存完好。其中器13921号通高41.6厘米。青铜合范铸制，工艺精良，铜胎厚实。通体绿锈。腔体自两铙部往后折，使腔体横断面呈六边形。无旋，长甬，中空与腹腔相通。正鼓部敲击处有一方加厚凸起的台面，于口内缘加厚一周为钝角三棱状内唇，并有二道凸弦纹。内腔平整。器表除钲部外均有纹样，钲两侧各为一长方形的纹样区，区中心以流畅的阳线卷云纹构成简体兽面纹，长方形的巨大凸目，隙间饰连珠纹，并以其框边。正鼓部凸起处为阴刻卷云纹，亦作类似兽面的对称状，线条随意自如，铙部折边处饰阴线斜角云纹带，舞部为疏朗简单的阴线卷云纹。重 18.1 千克。三铙均内腔平整，无音梁设施，未见调音锉磨痕迹。三器皆能发音，声音洪亮。耳测三铙音高，无逻辑上的联系。可以判断三铙各自单独使用。相比之下，三铙的侧鼓音均较含混，不如正鼓音清晰明亮。

江西全省发现的大铙达十九件，几乎全部出土于赣江以西或沿岸地区[54]。湖南是目前出土大铙最多的地区，主要集中于洞庭湖以东和湘江以东一带，正好与赣西北和赣西地区连成一片。这无疑透露了一个极为重要的信息：远在殷商时期，洞庭湖与鄱阳湖以及湘水与赣水之间是一古代文化区，在这一区域里生息繁衍的主人，应是古代百越之一的扬越民族，吴城文化即是这一民族商周时期青铜文化的代表。这些大铙，同湘江流域一样，大部分出土于山岭或丘陵冈阜，只有少数发现于江河或岸边，而且几乎都是单件出土。由于多数系群众无意中发现，所以出土时的状况基本上不清楚。但从已知的几件大铙出土时的摆放特点和其自身的构造特征来看，这种乐器在使用时应该是口朝上。大铙很有可能是用来祭祀日、月、星、云、风、雨、旱、雷、虹、雪等自然崇拜而留下的遗物。《礼记·表记》云："殷人尊神，率民以事神。"《国语·周语》云："昔我先王之有天下也，……以供上帝山川百神之祀。"在"祭百神"的诸多礼仪中，都必须以乐舞相伴，在日月星辰和风雨旱涝的祭礼中，同样必须奏乐击鼓，并伴之以舞，对此甲骨文中不乏其例。这种燎祭之礼一般都在野外山岗举行，要使用大量牺牲和礼乐重器。祭毕，礼乐重器则被埋藏起来。江西青铜乐器的出土情况，正与此相符。

迄今发现最大的大铙，1983 年出土于湖南宁乡月山铺小山岗上，通高 103.5 厘米，重达 221.5 千克[55]。此铙保存完好，呈灰褐色，微泛深绿色，甬部可见紫色铜。钲作合瓦形。主纹是由弧形粗细线条组成的兽面纹，四周饰云雷纹，正鼓饰侧面立象一对，象鼻上卷相对，象身布满云纹。甬作圆管状，与钲腔相通，甬部有旋，旋上饰卷尾的双身龙纹。舞部光素无纹。铙附近出土的陶器有大口缸、侈口釜形器及一些平底器物。出土陶片的纹饰有方格纹、重圈纹、篮纹、云雷纹、弦纹和附加堆纹、绳纹等，具有明显的商代文化特征，遗址中未见西周遗物。

湖南是出土大铙最多的地区，省博物馆的高至喜根据目前所见六十余件大铙形制和纹饰的不同，将其分为五大类型，每一类型又可分为若干式别：

A型是主纹由粗线条组成的兽面纹大铙。见于湘水流域的宁乡、湘潭、望城、岳阳等地。有的主纹上还饰云纹，如宁乡师古寨出土的象纹大铙。

B型是云纹铙。如宁乡三亩地出土的云纹大铙。这二类铙均是商代晚期的产品，近年江西新干大洋洲商代大墓出土的三件云纹铙，可得确证。

C型为乳钉铙，全身饰云纹，兽面已完全消失，钲部新出现有三十六个乳钉。如湘乡黄马塞所出铜铙。

D型为有枚铙，篆间、钲间已逐步形成，钲部已近方形或较瘦长。在湘水流域的宁乡、湘潭、株洲、衡阳、安仁、耒阳、资兴等地均有发现。后两型铙的年代在西周早期。

E型为一种特殊的铙，出土于湖南株洲县朱亭，上有齿纹、小龟和龙纹。时代在A、B型铙之间，或与B型铙同时。

高至喜认为上述各型铜铙的演变过程是：A型铙兽面纹简化，仅剩两只眼睛，而以云纹布满全身，则变成了B型铙。B

型铙的云纹消失，乳钉出现，便出现了 C 型铙。C 型铙乳钉的形状，应采自 A 型象纹大铙（宁乡师古寨出土）钲部四周的乳钉，乳钉的数量和排列，则应是受到云纹铙（如江西新干商墓所出）钲部云纹尾巴上翘的启发。这些乳钉周围的云纹不断减少而形成"篆间"，进而钲周围、钲中部两侧用圈点纹或乳钉纹框边，"钲间"出现，乳钉不断升高成尖锥状，或作双叠圆台状，进而作平头柱状，"篆间"也用圈点或乳钉框边，这样便形成了 D 型铙的多样式别。D 型铙除了甬部旋上无"旋虫"之外，其余已与甬钟没有任何区别。由此证明，西周出现的甬钟应是由南方大铙发展演变而来[56]。

南方铜铙的出土范围，除 A 型兽面纹大铙仅见于湘水流域之外，其余 B、C、D 型铙在湖南、江西、湖北东南部、安徽南部、江苏、浙江及福建、广东、广西等地都有发现，而且形制、纹饰基本相同，可见这是同一民族的乐器。这些地区在商周时期都是"百越"聚居之地，故铜铙也是越族人的主要乐器之一。

（4）镈

20 世纪有关商周青铜镈的研究，可分为前后两个阶段，其间的分界应为江西新干大洋洲商镈的出土。在前一阶段中，学术界有关的探讨较为热烈。初期意见纷纭。关于镈产生的时代，一般认为始于西周。郭沫若说："较钟后起者为镈。"[57]容庚推断一件虎饰镈的年代："约为西周前期。"[58]有关镈的起源，唐兰认为："镈的起源本自搏拊。郑康成《皋陶谟》曰：'搏拊以韦为之，袋之以糠，所以节乐'。"[59]郭沫若说似两可："以此镈音近搏拊，又以镈形于囊而推之，近是。然镈亦脱胎于钟，乃明白之事实。"[60]实际认为镈是由钟发展而来。

　　江西新干大洋洲商镈的出土，表明镈作为一种特殊的青铜钟类乐器，至晚在商代后期已经产生。新干镈所体现出来的较为精湛的冶金工艺和较为成熟的规范形制，说明这种乐器已经历了一个较长的发展过程，镈与商代的编铙和大铙很可能是并行的。商和西周的镈出土数量较少。根据已有的资料分析，镈应该是中国南方的产物，湘水流域及邻近地区很可能是其主要产地。至于南方铜镈的起源，很可能是受夏商铜铃的影响而形成的[61]。有关镈的起源及其相关问题，应该重新加以研究。

　　新干镈是考古发现的最早标本[62]。其形制近似商铃，小方环钮，椭圆形体腔，平舞平于，两侧有扉棱，舞的两侧各铸

图二〇　江西新干大洋州商代铜镈

一鸟与扉棱相接。器身遍饰三层花纹：以云雷纹衬地，中间部位以浮雕式双角虎面纹为主体，两侧及上部饰浮雕简体夔纹，浮雕之上再饰阴线雷纹。其时代相当于安阳殷墟的早、中期（图二○）。镈这种乐器的形制与商铙的差异很大，而从同为合瓦形腔体的形制上，不难看出它与夏商铜铃之间有一定的渊源关系。

西周时，镈仍被沿用，其装饰更为豪华。近年在湖北随州毛家冲西周中期墓葬出土一件与新干镈十分相似的镈钟。资料表明，中国南方尚未出现编镈，这些铜镈都是单独使用，还不是旋律乐器。在西周后期，中国北方出现了编镈，这一时期的编镈与同时期编钟（甬钟）相一致，同为三件成组。如陕西眉县杨家村西周窖藏出土的三件镈，已为编镈，时代属西周后期。又如有名的克镈，时代为西周后期后段的宣王之世。它自铭为"宝林钟"，应该也是编镈。

进入春秋以后，在中原及其周围地区特镈已经消失，出土的均为编镈。重要的考古发现地点有山西、江苏、河南、山东、陕西以及四川等地。

春秋时期，镈在中原地区的发展，主要朝着以下两个方向进行：一是追求形制巨大，二是追求更为完善的音乐性能，特别是出现了大量的编镈。

形制方面，追求豪华奢侈，实际上是为了强调它的礼仪功能，拥有者希望以此来显示他的地位和声望。1923 年秋河南新郑李家楼墓编镈的出土，是一次重要的考古发现[63]。镈为春秋中期器，四件一组，腔体作趋于椭圆的合瓦形，舞上有五条夔龙组成复式纽，腔面饰三十六个螺旋状枚，于口平直，舞、篆及正鼓部饰蟠螭纹。现分藏于三地：河南省博物馆的一

件通高为 93.5 厘米，重 105.8 公斤；北京故宫博物院的两件
通高分别为 86.5、108 厘米，重达 84.6、139 公斤！如此庞大
的乐器，其音乐性能并不太好，于口内也未见明显的调音锉磨
痕，但巨大的形制，加上极其低沉传远的声音，已足可让面南
而坐的王公贵族抖尽了威风；另一件藏台北市历史博物馆。

音响方面，更注重乐器的音乐性能，从而既能体现出王者
的威严，又可以更好的获得音乐给予人们的娱乐和享受。最典
型的例证当推出土于山西太原金胜村赵卿墓多达十九件一套的
编镈。这是迄今所知一组编镈中数量最多的记录，也是这种乐
器在历史上的顶峰之作。十九件编镈造型基本相同，大小相
次，腔体呈合瓦形，但带有浑圆的趋势，平于平舞，两铣略带
弧曲。和早期的编镈相比，除了在形制上仍保留华丽的纽之
外，此时的编镈已不再有繁复的脊和扉棱。测音结果表明，编
镈音域宽广，由三十八个高低不同的音构成四个半八度，其最
低音为大徵，相当于小字组的 g，最高音达小字五组的 c，并
在三个八度中重复了七声音阶。这在已知的编镈中是独一无二
的。这套编镈若与同类的甬钟相比，并非是成功的旋律乐器。
其腔体带有浑圆的趋向，铣棱不很突出，枚较短，加之镈本身
于口平齐的特点，比起甬钟来，具有明显的发音绵延悠长的特
点。若数镈连续击奏，易造成"混响"，即不同音频相互干扰，
故不适于演奏音符速度较快的乐曲。这实质上是钟类乐器自身
的缺点，在编镈上更为突出而已。"混响"问题解决得最好的
是甬钟，它的长枚、长甬、合瓦形的腔体及突出的铣棱等，均
有效地抑制了余音的绵延。在很大程度上，这也是甬钟何以会
在后来的钟类乐器之中独冠群芳的原因。春秋以后，礼乐重器
编钟的旋律性能被进一步加强，加之周室衰微，礼崩乐坏，各

国诸侯无视周室的权威，极力追求规模宏大的成套"乐悬"，于是金胜村编镈应运而生。然而，规模的扩大只是解决了音域和音阶方面的表层需要，随着大规模编钟的出现，尤其是用编镈演奏旋律的实践，使得"余音混响"的缺陷越来越明显，矛盾越来越突出，最终导致编镈从"赵卿墓"这一辉煌的顶峰上跌落下来[64]。自此之后，亦即从春秋晚期起，镈逐渐走向衰落。

不久以前，南京博物院在江苏邳州九女墩2号墩战国早期1号墓发掘出土的编镈，形制及工艺均较简陋，但在音乐学上却已显示出了很高的水平[65]。六件镈大小相次，构成序列，造型一致：镈体呈合瓦形，铣棱角度略柔和，于口平齐，但是通常镈繁缛的复式组却被又低又矮的单式小方环组所替代，形成一种介于纽钟与镈之间的奇特式样。如果从音乐学的角度考察，其所显示出的水平远非一般镈钟能比：这套编镈六件一组，测音结果表明，在排除已经完全破哑的5号镈的情况下，仅它们中五件镈的正、侧鼓音已可构成完整的七声音阶，其内腔四侧鼓部位，已有微微隆起的音梁雏形。

1992年3月出土于四川阿坝藏族自治州茂县牟托1号战国石棺墓的一组编镈，共三件[66]。大小相次，都是腔体修长，于口平齐，设有华丽繁复的多重悬纽和扉棱装饰，但纹饰并不完全一致。最大的一件，通高26.3厘米，设有二排六个长方形构成的圭形纽，两侧各突出六个鱼尾形扉棱，腔面饰夔龙纹、四瓣花纹、十字纹、星纹等；另一件通高23.4厘米，双鸟桥形四环纽，体两侧各饰四个鱼尾形扉棱，腔面饰以三层、各三个圆泡状枚；最小的一件，桥形双孔纽，腔体两侧各施六个鱼尾形扉棱，腔面设有三排、各九个乳头形枚，枚上有太阳、圆涡等纹饰。这三镈的造型及纹饰的基本风格一致，制作者根据三镈大小的不同，在设计其装饰时作了适当的调整和变化。牟托石棺墓被推测为战国蜀人墓，其地处西南边陲，远离中原，编镈的发现有着独特的地域意义。

秦汉以后，未见镈的典型标本。至北宋晚期，宋徽宗赵佶崇宁年间为重制新乐设"大晟府"，以当时出土的周代乐器宋公成钟为标本，制作大晟编钟，其造型实际上为编镈。当时所制的数量较多，留传下来的大晟编钟，除故宫博物院八件、中国艺术研究院音乐研究所一件之外，在上海、河北、辽宁、山东、安徽等地的博物馆中均有发现。见于著录及存世的已有二十余件。大晟编钟大多保存了原有的音响，是研究宋代大晟律、中国历代黄钟高度的重要参考[67]。

元、明、清各代，均有功成作乐之举。所作编钟多为镈的形制。如江苏常熟博物馆所藏完颜璹编钟、故宫博物院的清宫镀金云龙纹金编钟等。

### 3. 周代乐钟

西周初期制定的礼乐制度中，"乐悬"规定的乐器为编钟和编磬。其主体乐钟，包括三种不同的形制：甬钟、纽钟和前文已经论述过的镈。这三种乐钟在音乐和音响性能上各有特色。除了镈，甬钟是西周以后才产生的新型乐钟。纽钟则更晚，于西周末期才出现。

### (1) 甬钟

中国古代的钟类乐器（包括铃、铙、钲等）自夏商时代产生以来，就采取了独特的、钟体呈合瓦状的形制。近年来的研究表明，这是西周双音钟技术的基础。所谓"双音"，是指在同一青铜乐钟的正鼓部和侧鼓部击奏，可以分别得到两个不同高度的乐音。从物理声学的角度来说，即在一个钟上可以产生两个高度不同的基频。这是中国青铜时代科技和艺术含量最高的发明，是值得中国人自豪的重要文化遗产。

《国语·周语》载："钟不过以动声"、"金石以动之，丝竹以行之"，意为西周时期的编钟，并不用来演奏完整的曲调，主要是用来演奏旋律中的骨干音，以加强节奏，烘托气氛。演奏旋律的主体乐器，应是琴瑟笙管类乐器。考古发现的自殷商至西周穆王时期的钟类乐器多为三件一组。至西周中、晚期，编钟发展到诸如"柞钟"八个一套，甚至如晋侯苏编钟的十六个一套，其音列仍不出宫角徵羽四声。就是说，这些商周钟类乐器均为"五音不全"，很可能当时人们并没有用它们来演奏完整的五声至七声音阶的旋律。

20世纪出土的西周甬钟较为丰富，仅陕西一省发现的西周甬钟达三十九组（件、套），一百一十五件，均为自成编列的编钟，完整的有三至十六枚一套不等。这些编钟多数为偶然发现的窖藏物，缺乏系统的考古学资料。

西周甬编钟中较为重要的考古发现地区有陕西、河南、山西、湖北等省。

1980年5月宝鸡市南郊竹园沟西周強伯各墓出土的编钟三件，是目前经发掘出土的年代最早的一组西周编钟[68]。此墓共出土铜、玉等器四百余件（组）。其时代约当西周康昭之世。BZM7:12器形完整。甬中空与体相通，内壁光平。旋饰四乳钉，舞素面，钲篆四边以连缀小乳钉为界。篆、鼓均饰细阳线云纹；BZM7:11形制、纹饰同M7:12，惟甬稍长些；BZM7:10形制、纹饰与M7:12大体相同，惟钲篆四边无连缀小乳钉界隔，旋和篆间亦无纹饰。

晋侯苏编钟是近年考古学上的重大发现。其上铭文对西周共和元年以前的历史研究具有非常重要的学术意义。编钟自身所透射出来的与音乐有关的信息反映了一部甬钟的发展演变史，对西周甬钟起源和发展演变的研究，有着特殊的学术价值[69]。晋侯苏编钟是极其重要的音乐文物，从其形制上看，全套十六钟可分三式：

Ⅰ式钟的形制结构对中国青铜钟类乐器发展史的研究有着极为重要的意义，编钟的关键特征在于有旋而无斡。甬钟不设斡，说明其并未按吊挂演奏的方式设计。Ⅰ式钟重达20余千克，自然也无用手执奏的可能。所以，它肯定会像商代的大铙一样，把它按钟口朝上的方式，套植于柱架之上进行演奏，即所谓"植奏"。西周甬钟源自商铙，似为公论。但它究竟如何演变为甬钟，尚未有系统的材料可资论证。有人认为西周甬钟源自中国南方的大铙，而非中原地区的编铙，这个观点有较大的说明力。实际上，迄今考古发现的中原铙已不在少数，基本上都是殷商后期的遗物。与中原编铙相比，Ⅰ式钟在形制上有了明显的进步：一是体量的急剧增大，2号钟的重量均超过20千克，通高达50厘米以上。而商铙的重量，小的一般不足1千克，大的也不过数千克。二是出现了"枚"的设施，2号钟设有带锥度的二截圆柱形枚三十六个。枚布钟体两面，每面分左右二区，区三行，行三枚。这种形式的钟枚设置，一直保持到编钟的衰亡，再无大的改变。不过，Ⅰ式钟枚区宽疏，挤占了钟面的四分之三，致使鼓部显得比较狭窄，形成了早期乐钟的一种主要特征。而中原铙尚无枚的设置。三是甬的变化，不仅其锥度减小，还出现了"旋"的结构。Ⅰ式钟缩小了甬的锥度，并增加了旋的设旋，有利于改善编钟的音色。四是形制的进一步规范化，如于口弧曲的减小，铣棱斜直，钲、篆、枚、鼓、铣、甬、于、舞、衡各部的布局分明，钟体的合瓦形更加明确等等。

无论西周甬钟源自商代的中原铙还是南方的大铙，晋侯苏Ⅰ式钟已处于由商铙向甬钟转化的临界点上。

弶伯编钟的形制与晋侯苏Ⅰ式钟几乎完全相同：空甬，平舞，直铣棱，枚篆疏朗，狭鼓，于曲平缓，鼓部饰以左右对称的二组云雷纹等等。尽管仍保留着商铙的空甬结构，但甬上幹、旋具备的设计，清楚地表明了它已经可以算得上是名副其实的早期甬钟。既然弶国编钟已经从根本上完成了商铙向甬钟的过渡，那么尚处于这种变革过渡阶段的晋侯苏Ⅰ式编钟的年代，无疑应该早于（或稍早于）弶国编钟，至少应在康王之世以前的西周初期。

Ⅱ式钟的形制与Ⅰ式钟十分接近，唯一的区别是出现了幹。幹的出现，象征着这种青铜乐器的演奏方式由"植奏"向"悬奏"过渡的彻底完成。显然其年代应略晚于Ⅰ式钟，但离西周初期又不会太远。它的形制结构与弶国编钟完全一致，其时代定在康王之世前后，应是顺理成章的。

Ⅲ式钟与Ⅰ、Ⅱ式钟相比，其空甬的特征，已消失殆尽：不仅甬管中的泥芯仍旧留存，有些钟的甬底（即与舞部相接之处）几乎铸没。钟甬的锥度被作了相反设计，即甬基向甬端逐渐尖细。Ⅰ式钟钟甬锥度极微，甬端与甬基的外径之差为 0.4～0.7 厘米之间，Ⅱ式钟渐增到 0.9～1.3 厘米之间，而Ⅲ式钟又有了进一步加大的趋势。钟甬锥度的变化，扩大了甬基与舞面铸接的面积，从而使其结构更为牢固，同时，锥度的改变引起乐钟重心的相应改变，加强了乐钟悬挂时的稳定性，使其更适合于"悬奏"。Ⅲ式钟的总体造型较之Ⅰ、Ⅱ式钟，出现了明显的发展，其产生的年代应在其后，为西周中、晚期器。1974 年 3 月出土于陕西蓝田县红星村的应侯钟是西周恭王时期器，其特征与晋侯苏Ⅲ式钟几乎完全一致。根据目前掌握的资料，较早时期的西周编钟均为二至三件成套，后逐步发展到西周中期的多件成套。1976 年陕西扶风县法门庄白 1 窖藏的㽙钟，多达十四件同时出土。

晋侯苏编钟的调音锉磨情况很值得加以研究。Ⅰ、Ⅱ式钟的调音锉磨较为简单；Ⅲ式的 10 号钟较之Ⅰ、Ⅱ式钟，其调音手法要成熟得多。著名的曾侯乙编钟所反映出来的调音锉磨的基本规律是：两铣角内不似腔外有棱，成为光滑的凹槽；正鼓音也有凹槽，但比铣角处的槽浅；侧鼓部约从枚篆底缘鼓起，由上而下逐渐宽厚，直至钟口的圆凸带上，已不见坯状时的凸面，被磨成与钟腔适合的反凹状。这些已完全规范化的调音工艺，可从晋侯苏Ⅲ式钟上找到其滥觞。

对晋侯苏编钟所作的测音研究表明，这套编钟可以分为音列相同的二组，每组八枚。有人根据铭文文意也将编钟分为相同的二组，完全符合此套编钟的音列关系[70]。这说明，当年钟匠在刻铭时，没有打乱编钟原有的编列。这也是晋侯苏编钟的一大可贵之处。如文献所载，周钟不用商音。五声缺商，其音乐表现力无疑受到很大的限制。晋侯苏编钟的音域自小字组的 a 至小字四组的 c，从低到高跨越三个八度又一个小三度，这在当时是极为罕见的。

春秋战国时期的编甬钟，因各国文化、民族、经济实力背景的差异而形制各异，品质良莠不齐。但无论在艺术和科学等各个方面，所取得的成就均以曾侯乙编钟为最。有关曾侯乙编钟，上文已有专门论述。

战国末期，中国社会发生了剧烈的变革，作为先秦最有代表性的音乐形式"钟磬之乐"随之消亡，双音钟技术也逐渐失传，秦汉以后的人对此已经一无所知。编钟主要以纽钟一脉相承，甬钟衰落。

（2）纽钟

纽钟是西周末期、春秋初期出现的一种青铜钟类乐器。为健全编钟的音列，同时满足中小贵族的需要，纽钟应运而生。纽钟在形制上，为甬钟的钟体和铜铃的吊纽相结合而派生出来的新式钟。其与甬钟的主要区别是舞部置一环状吊纽代替甬把，使用时垂直吊挂，形体一般要比甬钟小得多。纽钟也是成编列铸造，有较好的旋律性能。

考古出土的西周纽编钟罕见，1978 年山西闻喜上郭村 210 号墓出土的编钟可能为西周末期的作品，九件一套。该墓葬为长方形土坑竖穴墓，早期被盗，出土遗物极少。编钟九件成列，位于墓室北部棺椁之间，形体纹饰相同，大小相次。纽钟有环形纽，体成合瓦形，弧形于。无枚，篆和鼓均饰夔龙纹，其他为素面。根据测音结果，可知其正、侧鼓音的音列大致构成七声音阶（有一钟破哑，音高难以确定），并且还有了一些变化音。它与西周甬钟五声中不用商音，仅用羽、宫、角、徵的规范完全不合。编钟在音列使用上出现了重大突破，甬钟侧重礼的功能，已经在向纽钟侧重乐的功能方向转变[71]。1956 年河南陕县虢太子元墓出土的编钟九件，为西周末期到春秋初期之交的标本。

纽钟出土的数量极多，绝大多数属于春秋战国时期。此时的纽钟形制基本一致，而且多见九件成套，构成序列，可奏较为完整的音阶。河南、山西、江苏和山东等省都有出土。

1995 年山东长清县五峰山乡北黄崖村仙人台邿国 6 号墓出土纽钟九件。同出乐器有甬钟一套十一件，编磬一套十件。纽钟保存基本完好，造型一致，大小有序，是为一组。器表有厚绿锈覆盖，但多数纽钟都留存有铅白色亮斑，为未锈蚀面，钟面似经镀铅。各钟置螺旋形枚二十四个，枚布两面，面二区，区三行，行二枚。最小的第 9 号钟（M6:18）腔内舞底中心尚存有凸起的圆形垫片。舞平，上置方环形纽，合瓦形腔体，铣棱微弧曲。于口弧曲较大。篆间可辨"S"夔龙纹，鼓部中心饰一圆圈纹，为正鼓部敲击点的标志。余各部素面。第 5（M6:22）、6（M6:21）号钟除了鼓中之外，右侧鼓部也有一圆圈纹标志，作为侧鼓音的敲击点标志，十分难得。于口有窄小内唇，四侧鼓内无音梁。内唇上多有调音锉磨痕一周，主要锉磨部位为两正鼓、两铣角内四处。四侧鼓部也有调音锉磨，很规范。耳测各钟的正、侧鼓音之间，构成的音程有小三度、大三度，九枚钟的正、侧鼓音构成的音列为徵、羽、变、宫、商、徵曾、角、和、徵、羽、宫、商、角、和、徵、羽、宫。

秦汉以往，编钟文化衰落，铸造和调音技术逐渐失传。此时甬钟已不为多见，出土文物中所见编钟多为纽钟，形制与先秦也有较大的改变。

秦乐府钟于 1976 年临潼秦始皇陵封土西北约 110 米处一地面建筑遗址出土。钟被置于断崖瓦砾中一件带三矮足的残破陶案内。钟器完整，长方形纽，泡形枚，内壁有音脊四个，前、后壁左、右侧鼓各一。舞饰纤细云纹，钲篆四边以双细阳线弦纹为界，篆饰错金云纹，钲、鼓饰错金蟠螭纹，两铣、顶篆、鼓下缘饰错银云纹，钟内侧饰纤细阳线云纹。纽上刻铭

"乐府"二字。通高 13.3 厘米。这件乐钟是纠正"（汉）武帝立乐府"的史传谬误的极其重要的物证[72]。

1983 年 9 月在山东淄博市临淄区稷山一石墓中出土的鎏金编纽钟九件和近年发掘出土的章丘洛庄汉墓编钟十九件，是汉初编钟的重要标本。后者前文已有介绍。

### 4. 军旅和宴享乐器

目前学术界对钲、句鑃、铮、铙、镯、铎和扁钟等乐器的名实问题尚存较大的争议，众说纷纭，莫衷一是。其根本原因是由于古文献语焉不详，含混互训及出土文物资料不足。同时，也由于中国地域广大，民族众多，历史上多有变迁，造成名称不一的现象可以想见。至于它们的功用，也有不同的说明。如关于钲，郭沫若认为它不仅用于军旅，平时也可用于祭祀宴享[73]。李纯一指出："就东周时期来说，郭说无疑是正确的，但对秦汉情况而言，就未必完全适用。""然而秦汉时期北系的例 7～9，从出土场所、共存的鼓、錞于等军乐器、铭文乃至光平的内壁等情况来看，它们都应是专用的军乐器[74]。"

（1）钲、句鑃

钲和句鑃主要盛行于春秋晚期到战国时期，是两种形制相近的乐器，有的文物专家认为句鑃就是钲的别称。通常把圆筒的腔体、棱柱柄、柄端设衡的称为钲；把合瓦形腔体、扁方柱柄、柄端无衡的称为句鑃。前者多见用于军旅，《国语》中记载吴王在打仗时亲自敲击的军乐器中就有钲；后者主要见用于宴享，如见于著录的姑冯句鑃有"以乐宾客，及我父兄"的铭文。

1987 年 7 月于湖北荆门市包山 2 号战国楚墓出土一件铜钲。同出乐器有漆木瑟、漆木鼓各一件。墓中所出"遣册"中记有"一铙"，疑即指此器。器保存完好，通体黑亮。圆柱形柄较长，柄端有箍。舞平。于口弧度较大，两铣角尖锐。纹饰精美：柄饰二组镂空连续勾连纹。舞面布满细密的四分相背对称的变形龙纹，龙三爪，龙身饰雷纹、鳞纹等。舞底面（钟腔内）纹饰类同。钲体两面以素边为框，中饰浅浮雕蟠龙纹。龙身饰有精细鳞纹、三角雷纹、菱形纹和涡纹。范缝清晰，可看出蟠龙纹为三范拼接的三组，各组纹饰大体相同。钲腔内壁铸有细致的四分相背对称龙纹。通高 27.2 厘米（图二一）[75]。

图二一　湖北荆门包山 2 号
战国墓出土铜钲

铜钲基本上出现于南方，时间为战国前后，沿用至两汉。应亦为军乐器之一种。湖北秭归天登堡和四川涪陵小田溪的铜钲与扁钟、錞于同出（参见下文"扁钟"）。这表明铜钲是与扁钟、虎纽錞于各一件配套使用的一种乐器，时代主要为战国。钲和其共存物的纹饰特点也说明，这一类钲与古代巴人有密切的关系。1972 年出土于涪陵小田溪战国土坑墓群的铜钲保存完好，直圆筒形，体狭长，两范合铸。两铣下垂，凹口。六棱柱形直甬。衡面饰圆心纹，圆心周围饰四个对称云雷纹。钲面饰横向 S 形三角雷纹图符、人字形和双王字形符号。器通高 28.4、口径 8.6～9.8、柄长 8.8、舞径 8.3、铣长 19.6 厘米[76]。

四川省博物馆所藏传为广汉出土的三星虎纹钲，器体作直圆筒形，两范合铸。两铣下垂。凹口。六棱柱形直甬，甬与舞面连通。钲体内有四条突棱。衡面饰圆心纹，圆心周围对称云雷纹四个。钲体一面饰图符五幅：虎纹、四瓣花纹、三星纹和常见于巴蜀青铜器物上的横向 S 形三角雷纹图符。这些符号应与古代巴人有关。

出土的句鑃中，有数件大小有序自成编列的，称为编句鑃。迄今所见编句鑃不多，经测音分析，其音高均不成序列。可能也是不设固定音律的乐器。使用时以柄插植于架上，乐人一手或双手执槌击奏。编句鑃目前所见二例较为完整。

1975 年出自高淳县顾陇乡松溪村的七件句鑃大小排列，扁甬，略带锥度，铣棱平直，于口弧曲下凹（口朝上为正），通体素面无纹饰（图二二）。1 号器紧靠舞下有三角形透孔二个，4～6 号器各有三角形透孔一个，4、5 号器于舞面上左右各有一个透孔，这些孔均为铸造时内外范间芯撑遗孔。

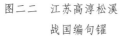

图二二 江苏高淳松溪
战国编句鑃

　　1958 年江苏武进淹城内城河出土七件句鑃，形制相同，大小递减。器体作扁筒状，横截面呈椭圆形，两侧起凸尖，两铣有凸尖，口曲内凹呈弧形。舞平，扁长形实心柄，分两截，上宽下窄，上端近舞处凸起方形，柄下端齐平。器身光滑无锈痕，素面无纹饰，内壁平整。这两例句鑃均锈蚀，音质较差，音高不成序列[77]。

　　另有 1978 年浙江绍兴城南狗头山南麓出土的二件配儿句鑃[78]、山东章丘明水镇小峨眉山出土的二十二件句鑃[79]、湖北广济鸭儿洲长江内出水的二件句鑃[80]和 1983 年广州象岗山南越王墓出土的一组八件句鑃[81]。

根据这些句鑃的出土地域，可以判断句鑃为吴、越之器。使用时间主要在春秋晚期到战国。由于配儿句鑃、姑冯句鑃等均有自铭，句鑃的名实可以大致确定。李纯一认为，句鑃实为吴越地区一种钟体击乐器的固有名称，是中原地区Ⅰ型钲传入吴越地区后所产生的一个变种，但钲为特器而句鑃成编[82]。根据姑冯句鑃铭文"以乐宾客，及我父兄"以及配儿句鑃铭文"以宴宾客，以乐我诸父"等语看，句鑃主要是吴越地区使用的宴享乐器。

（2）扁钟

扁钟是古代巴人所使用的特殊乐器，所以有人也称之为"巴钟"。这种乐器既不设固定的音律，也不成编列使用。其特征为：

①钟腔尤扁。即其鼓间径与铣间径，舞广与舞修比例悬殊，约为二分之一，甚至更小，而一般先秦乐钟则在四分之三左右。②钟胎较薄，基频极柔弱。大多声音嘈杂，如鸣铁皮桶，音高不明确，没有固定的音律。它与铜鼓、钲、铎类乐器一样，只是一种起信号作用的响器。③甬一般作上下同径中空圆柱状，无斡、旋，不封衡。甬端内有一小横杠。甬不与钟腔连通。④于口多作锐角内折成三棱状内唇。⑤枚区上缩，不及钟面的二分之一。枚式甚有规律，可分二式：Ⅰ式为四列枚式，多见于大型扁钟。枚布二面，面二组，组四列，列三枚，共四十八枚。枚为三层圆台形。Ⅱ式为三列枚式，仅枚比四列枚式少一列，共三十六枚。枚或作二、三层圆台形，或作二、三层乳头形短枚。短枚者多为小型扁钟，有些钟体介于钟、钲之间。三列枚式中，部分钟的四侧鼓处各有一枚状乳钉，加上前三十六枚，看似四十枚。此可视为三列枚式之变式。⑥一般

通体素面，仅用粗阳线框隔枚区而不施纹饰。⑦腔内无音梁之类设施。⑧合范线痕清楚，线痕由两铣直通甬端。钟为一次浑铸而成。

扁钟多出于古代巴人生息的中心地带——今鄂西清江流域。其周围的川东及湘西北等地也有发现。周慎靓王五年（公元前 316 年）秦灭巴，以其地建巴郡，扁钟仍有沿用，其末锋波及两汉，以后则少见[83]。扁钟数量很多，但大多为乡民田作时偶然发现，正式考古发掘出土的标本很少。四川涪陵小田溪战国土坑墓出土的扁钟，是其中年代最早的。因其出土于墓葬，有大量共存物同出，考古资料十分丰富和完整，故对扁钟的断代特别重要。湖北秭归天登堡发掘出土的扁钟，也是研究这种乐器历史渊源和音乐性能最重要的资料。扁钟与共存物的纹饰证明，扁钟的使用者确是古代的巴人。

1972 年涪陵小田溪战国土坑墓群 1 号墓出土错金编钟十四件，编钟穿钉十四件，虎头篡簴饰二对四件，铜钲一件。另有绳纹扁钟一件，有锈蚀。出土时甬已失，鼓部一侧残缺。鼓部有明显击痕。具三列枚式绳纹扁钟一般特征。残高 19.1 厘米。2 号墓出土巴蜀图符铜钲、虎纽錞于和扁钟各一件。扁钟保存完好，有锈蚀。钟体尤扁，狭长，两铣下垂，凹口。圆柱形甬，上下同径，与腔体不连通。甬中空，无斡、旋，不封衡，甬腔内有横梁，横梁中段有明显磨损痕迹。以粗阳线框隔四个枚区，枚区上缩，鼓部长于钲部。三列枚式，对称排列，共三十六枚。枚作二层圆台式，高约 1 厘米。于口内折成三棱状唇沿。钟体两侧铸缝从铣至甬连通，一次浑铸而成。无音梁、音槽。鼓正中靠钲部阴刻典型的巴蜀符号横向 S 形三角雷纹。器通高 34.5 厘米[84]。

1981年秭归天登堡建房工地发现墓葬，墓中除出土虎头甬扁钟一件外，尚有铜钲、镈于各一件，鼎、壶、敦、尊等仿铜陶礼器以及带钩、刻刀等铜器。墓葬年代为战国中期或战国晚期偏早。秭归古属夔国，公元前634年为楚所灭，其地成为巴、楚交往的咽喉地带。虎头甬扁钟的出土，对扁钟的断代有重要参考意义。巴人崇虎，该扁钟甬端作虎头形，不仅在迄今发现的数十件扁钟中独一无二，也为扁钟的族属提供了较为可靠的依据。此器基本完整，甬把齐舞断裂。甬端为虎头形，张口贴耳。甬把如龙颈，饰有龙鳞状纹。具三列枚式扁钟的一般特征。通高30.2厘米（图二三）。1985年相邻地点再次发现墓葬，出土扁钟、铜钲、镈于各一件。

图二三　湖北秭归天登堡

战国虎头甬扁钟

目前所见扁钟，以湖北、湖南、四川等省出土较多。出土的扁钟大多素面无纹。两例有纹饰的标本值得提及。一是藏武汉市文物商店的凤纹扁钟，二是上海博物馆所藏虎纹扁钟。扁钟正鼓部上方分别有一凤鸟纹或虎纹，均为巴族图语。古代巴人使用的器物，常常铭刻有表示特定意义的符号。历史学家们推测，这些符号可能是一种原始的文字符号。扁钟上所见的鸟纹及虎纹等图形及一些几何形符号，成为研究巴人图语的实物资料。

（3）铎

铎是除铜铃之外的另一种有舌青铜钟类乐器。据一些古书记载，铎主要是用于军旅和田猎的乐器。《国语·吴语》中提到吴王在打仗时亲自"振铎"和敲击钟鼓等乐器。铜铃设置铃纽，悬挂使用；铎则装有木把，手持摇振，使铎腔内的金属舌来回撞击铎体发声。个别铎直接铸有铜柄，似为一种执铃。考古学家认为，铎在形制和发音原理上与铜铃有许多相近的地方，其出现也在铜铃之后的春秋战国时期，故铎很可能是从铜铃派生出来的。一般来说，铎的形制较小，腔体呈合瓦形如钟，稍短阔。舞部中心置一矮方銎，方銎内装插木柄。木柄在腔内一端装一铎舌。

自铭为"铎"的较为著名的标本有容庚旧藏的□外卒铎和□郘率铎，前者1956年为故宫博物院收购。原有小环为舌，今已不存。据其形制与纹饰定为战国器。此铎截面呈梯形，断面呈椭圆形。两铣尖角外侈，口曲内凹呈弧形。短甬（方銎）中空，平面呈长方形，其间有一固定木柄的穿钉。前后两面鼓部均有细线兽面纹，前面正中铸有铭文"□外卒铎"四字，后面偏右上部有凿款"重金□"三字。通高10.9厘米。后者

1952 年为故宫博物院收购。此铎体较短，形制与纹饰具有战国特点，故也定为战国器。铎体断面呈椭圆形，截面为扁梯形。甬作方形，中空与体相通。两铣尖角，口曲内凹略呈弧形。舞面正中及两铣有一极短之凸棱，似合范铸痕。甬和体中部饰斜方格麻点纹，口部边缘上有卧向铭文"□郢率铎"四字，纹饰与铭文两面均相同。通高 6 厘米[85]。

铎的分布地域较广，陕西、河北、湖北、湖南、浙江、安徽、广东、江苏、山东均有发现，但大多见于南方。各地所见的标本显然与 1974 年陕西宝鸡市茹家庄出土的弜伯姞墓铎有别。弜伯姞墓铎是目前所知最早的标本，为西周早期器。同出甬钟三件，出土时铜铎与编钟置于一处。此铎柄与铎腔一体用青铜浇铸。细长柄中空与体腔相通，体内近柄处有一半圆形环吊挂棱形长舌。柄末及体部残破，体制为菱形，内壁光平。舞素面，体饰细阳线兽面纹。重 0.55 千克。通高 20.4 厘米[86]。

湖南、广东、湖北等地战国墓出土的铜铎，一般通高约 6、7 厘米。体扁阔，方形或长方形短銎，銎中空与体相通，其中留有朽木痕迹，有的留有残长达 20 厘米之木柄，可执而振之。考古发现的铎不多。

河北平山中山王𰯼墓铎也为战国器，是学术价值较大的发掘出土标本。四件铎均锈蚀严重。第 1、3 号铎銎口残裂，3 号铎一铣角残，4 号铎于口开裂。柄、舌均已不存。其中二件稍大，二件略小。平舞，上植矮方銎，方銎与铎腔洞通。銎口可辨有外箍，于口有外唇。腔体内外均有纹饰。因表面厚锈覆盖，纹饰不清。外似细密云纹、三角纹、雷纹构成的蟠螭纹，内似为龙纹变体构成的方形单元纹样。通高在 8～9 厘米之间[87]。

铎在汉代尚有沿用。上海福泉山出土的铎为西汉中期器，形制与先秦无大差异。

（4）铜鼓

铜制的鼓类乐器可分两大类：一类是用金属铜来仿制的木腔皮面大鼓，另一类即是上文已经提到的流行于西南少数民族地区的铜鼓。前者重要的标本有两件，一件流落日本，为双鸟饕餮纹铜鼓；一件藏湖北省博物馆，即著名的崇阳铜鼓。两件文物均为商代晚期遗物，极为珍贵。崇阳铜鼓于 1977 年 6 月出土于崇阳县东的白霓乡大市河边。鼓体青铜浑铸，通体精饰饕餮纹，体现了商代繁缛而狞厉的典型风格[88]。

中国南方古代铜鼓是一种西南少数民族常用的打击乐器。在历史上，铜鼓曾被用于战阵、祭祀、集会以至贮藏财货、作陪葬品和娱乐等。《太平御览》引晋裴渊《广州记》载："俚獠贵铜鼓，……风俗好杀，多构仇怨。欲相攻击，鸣此鼓集众，到者如云。有是鼓者，极为豪强。"铜鼓是南方民族中豪强掌握的、象征着权力并用于集众的重要乐器。在云南省西盟地区的佤族中，至今仍有鸣击铜鼓聚集人众的习俗。从本质上来说，铜鼓已不是一般乐器，而是掌握在少数贵族手中的重器。其与中原地区的钟磬乐悬等礼乐重器一样，起着明贵贱、别等级的作用。

从东汉以来，中国文献中有关铜鼓的记载十分丰富。《后汉书·马援传》载："（马援）于交趾得骆越铜鼓。"这是有关铜鼓较早的记载。《隋书·地理志》载："自岭以南二十余郡，诸蛮则勇敢自立，……皆重贿轻死，唯富为雄。……并铸铜为大鼓，初成，悬于庭中，置酒以招同类。"说明了这种铜鼓为中国南方一些少数民族所习用。其后，有关铜鼓的文献记载屡见不鲜，如《旧唐书》的《音乐志》和《南蛮传》、《太平御览》、《宋史·五行志》、《西清古鉴》以及《滇海虞衡志》、《南宁府志》、《同正县志》等地方志书。唐代刘恂的《岭表录异》中对铜鼓有具体的描述："蛮夷之乐有铜鼓焉，行如腰鼓而一头有面，鼓面圆二尺许，面与身连全用铜铸。"书中还记述了广西平南和广东茂名等地出土铜鼓的情况。宋代范成大的《桂海虞衡志》和周去非的《岭外代答》、元代马端临的《文献通考》等著作也记述了各地发现的铜鼓，并对此作了比较详细的观察和描述。一些地方志书对各地铜鼓的记述和研究，尤为重视。书中有关铜鼓的来源、形制、尺寸、纹饰等等，都有记载。有的还旁征博引，对铜鼓的铸造、流传和用途进行了探讨。这些都为后来的研究提供了宝贵的资料。

唐宋以来，中国各地屡有铜鼓发现，数量可以千计。目前，据1980年全国十二个省、市、自治区铜鼓普查统计，各地文博馆所和科研机关所藏的铜鼓已达一千四百六十面。另据调查，在现代的苗、瑶、壮、布依、土家、水、黎、佤、彝等少数民族中，珍藏和使用的古代流传下来的铜鼓，至少有八百余面。除中国南方外，东南亚地区的越南、老挝、泰国、柬埔寨、缅甸、马来西亚和印度等国家，也有这类铜鼓发现，初步统计其数量在二百面左右。流散到世界各地，如巴黎、柏林、伦敦、东京、纽约等地博物馆中的铜鼓，虽然数量难以统计，但可以肯定它们均来自于中国和东南亚各地。随着时间的推移，这些统计数字还会不断增加。这类铜鼓形制自成体系，平面、筒体、圈足，鼓身凸胸、束腰、扩足。根据流行的时代、造型风格、纹饰和工艺特点的差异，主要分为万家坝、石寨山、冷水冲、遵义、灵山、北流、西盟和麻江等八种类型[89]。

　　1975～1976 年出土于云南楚雄万家坝古墓的五面铜鼓，是这类乐器最早的文物标本。时代约在春秋至战国初期。其中一件鼓身似釜，表面有烟痕，尚停留在炊器、乐器分工不十分严格的初期阶段，它是迄今为止我国经科学发掘所获铜鼓中最原始的一件。鼓面径 47、身高 40.4 厘米。鼓身分为胸、腰、足三段。鼓面较小，面与胸交接处微有折边，胸部特别突出，其最大径偏下。鼓腰的上端最小，往下逐渐开展，足部较短，外侈。胸、腰交接处有小扁耳两对。鼓面中心太阳纹呈圆饼形凸起，此外无纹饰。腰部有十六条垂直凸棱，腰与足相接处有一圈斜角重环纹。内壁近足部有二组双连云纹[90]。

　　汉代的铜鼓有所发展。石寨山型、北流型和冷水冲型铜鼓主要流行于这一时期。石寨山型铜鼓早期标本的年代可上溯到战国末期，其晚期类型延续到东汉初期。北流型铜鼓的年代约在西汉到南朝末。冷水冲型铜鼓的流行时代约在西汉中期至隋唐。石寨山型可以云南晋宁石寨山 11 号墓出土的 1 号铜鼓为例；北流型铜鼓可以北流 1 号铜鼓为例；冷水冲可以广西藤县蒙江乡横村冷水冲出土的 100 号铜鼓为例。1972 年广西西林普驮铜鼓墓葬，是用铜鼓作葬具的"二次葬"古墓。时代为西汉早期墓葬。发掘时，有四件铜鼓互相套合，内装骨骸，埋在地下。此鼓底口向上，承放着其他三鼓，通体布满绿绣，所有纹饰均模糊不清。但同出同式的另一件铜鼓的纹饰清晰可见。从其形制与纹饰来看，近似云南省石寨山和江川李家山古墓群中的早、中期墓所出铜鼓，因此定为西汉前期之器。其面径为 72、身高 49.5 厘米。鼓面小于胸而大于腰，胸部最大径偏上，腰足之间有凸棱，足微外侈。胸腰之间有绳纹扁耳两对。鼓面太阳纹十四芒，芒间饰斜线三角纹。双弦分晕，略见栉纹、圆圈纹等，其余锈蚀不清。胸部有羽人划船纹，腰部由栉纹、斜线纹带划分成十二格，每格上部饰一翔鹭，下部饰二羽冠舞人，足部无纹饰，足边有六钻孔，嵌贴柿蒂形花钉[91]。

入宋以后，主要流行的类型有遵义型铜鼓和麻江型铜鼓。前者出现于唐代，止于宋代，约延续了六百年；后者的流行则起于南宋，止于清末，达八百余年。今天所见的铜鼓中，绝大多数是麻江型铜鼓。初步统计，现存麻江型铜鼓上千面。南京博物院所藏一面铜鼓（3：471）保存完好。鼓以青铜合范浇铸。通高19、面径32.7厘米。形体较小。鼓面中心饰十二芒太阳纹，单弦分晕，外晕为双弦。晕间饰蝉纹、"两"字纹、回纹、乳钉纹、变体人脚胈旗纹、栉纹、钱纹。鼓身胸部设四晕，纹饰为乳钉纹、钱纹、回纹、宝珠纹。腰部上部凸素棱一道，下部设三晕，纹饰为宝珠纹、回纹、钱纹。足部为复线尖角纹。鼓耳仅一对，耳面饰人字形编织纹。其为比较典型的麻江型铜鼓。

清末以后，铜鼓停止了铸造。现在中国南方少数民族收藏和使用的铜鼓完全是过去保存下来的传世品。

中国南方古代铜鼓进入欧洲并引起西方学者的关注，是从19世纪中叶开始的。1860年，法国军官 R·狄根诺尼利（Regnanlt de Genonilly）把他在英法联军入侵中国时夺得的一面铜鼓献给了法国皇帝拿破仑第三，此鼓后藏于巴黎海军博物馆。这是第一面有记录的进入欧洲的中国南方古代铜鼓。1884年，德国考古学家 A·B·迈尔（A·B·Meyer）发表了《东印度群岛的古代遗物》一书，引发了西方学者对铜鼓的起源和流布等问题的一系列探讨。1902年，奥地利考古学家 F·黑格尔（Franz Heger）经过多年的研究，出版了《东南亚古代金属鼓》一书，这是西方学者在铜鼓研究方面的一部集大成著作。书中记录了一百六十五面铜鼓的资料，并对这些铜鼓进行了分型分式的研究。黑格尔的著作及其铜鼓分类法至今在铜鼓学界仍有影响。

20 世纪 30 年代起，中国学者开始运用科学方法研究古代铜鼓。首先是郑师许出版了《铜鼓考略》一书，第一次系统地介绍了外国学者研究铜鼓的成果，并且提出了自己的见解。50 年代，闻郁出版了《古铜鼓图录》，提出了有关铜鼓的新的分类方法。60 年代起，出现了一批重要的铜鼓研究论著，主要有黄增庆的《广西出土铜鼓初探》、冯汉骥的《云南晋宁出土铜鼓研究》、洪声的《广西古代铜鼓研究》、汪宁生的《试论中国古代铜鼓》和李伟卿的《中国南方铜鼓的分类和断代》。这些论著从各个方面对中国古代铜鼓的分类、断代、纹饰含义和造型艺术、冶金工艺等，作了系统的探索，为铜鼓研究打下了坚实的基础。

新中国成立后，中国学者根据发现的大量新资料和考古学方面的新成就，对铜鼓的起源、流布、类型、族属、用途、纹饰和铸造工艺等方面，进行了系统深入的研究，取得了丰硕的成果，提出了许多与国外学者不同的新见解。这些成果为我国铜鼓研究体系的建立，作出了重要贡献。1980 年，第一次古代铜鼓学术讨论会在广西南宁举行，会上成立了中国古代铜鼓研究会，编辑出版了《古代铜鼓学术讨论会论文集》。1988 年，中国古代铜鼓研究会编辑出版了《中国古代铜鼓》，把中国古代铜鼓的研究工作推进到一个全新的阶段。

（5）錞于

錞于也是一种不定音高的响器。出土錞于未发现有自铭者，但由于其形制比较特殊，与《周礼·鼓人》中所载"圜如碓头，大上小下"基本一致，所以其名可以确定。文献有关錞于最早的记载为《国语·晋语五》"战于錞于、丁宁，儆其民也。"时间为公元前 610 年。最早出土的文物，时代在春秋中期，与文献所载相当。錞于常常用作军乐器，并与钟、鼓、丁宁、铎配套使用。其主要流行于春秋晚期的吴人和战国时期的巴人中间。齐鲁和中原也有少量文物发现。东汉以后，錞于逐渐消失。

1984 年江苏省丹徒县大港北山顶春秋晚期吴国贵族墓葬出土吴国錞于，也是最早的有盘虎纽錞于。三件编组，同出一穴，亦属少见。錞于大小相次，造型基本一致。浅盘，束腰，

图二四　江苏丹徒北山顶

春秋錞于

平口，肩大口小。纽作虎形，虎身饰曲折纹，腿上卷毛成旋涡状，长尾上卷。口上部有三道凸起的绳索纹，下边二道，上边一道，中饰变体云雷纹。腰下部两侧各有一由八条小龙构成的图形（图二四）。三器盘内纹饰有异，分别为变体云雷纹（2号）、三角形云雷纹（3号）及由十字形蝶纹带分成四份，内饰变体云雷纹（1号）[92]。

1985 年镇江市丹徒县谏壁镇东南王家山的一座东周墓出土三件錞于，另有句鑃等乐器及铸有乐舞图纹的铜盘等。该墓所出錞于为弧顶无盘式，大小有序，造型别具一格。顶端置一虎纽，圆突肩，斜弧腹渐内收，近口处稍外侈，口呈椭圆形。器体上部向前倾斜，具有不对称的特征。又于腰间另置一兽形纽。三器纹饰亦同：虎纽饰雷纹，顶部纹饰分为三圈，内圈饰云纹，外两圈为三角云纹。最引人注目的是在正面肩腹间突出处饰一浅浮雕人面纹。下腹与人面纹相对处有一方框，内饰四组变体云纹。以人面纹和方框为中线，两侧各有三列凸起的螺旋纹，并以三角云纹，其间饰鸟纹和变体云纹[93]。

目前所见巴人使用的虎纽錞于数量最多，这种錞于使用的时间从战国至两汉，其中包括较为少见的双虎纽錞于。仅湖北一省就发现了虎纽錞于三十一件。其中，竟有三十件出土于古代巴人聚居的地域内，即属清江流域的长阳、五峰、鹤峰、来凤、咸丰、宣恩、恩施、利川、建始、巴东、秭归等地，与扁钟的出土地域完全吻合。这些錞于形制基本相同，整体略呈椭圆筒形，宽肩修腰。顶置侈边平底盘，盘底中央植纽。纽侧铸有纹饰，最常见的是船纹和鱼纹，其次也偶有巴文、五铢钱文。绝大多数纽作虎形。虎突眼贴耳，作后蹲欲扑势。1981年 1 月 7 日秭归县城天登堡所出即为巴式錞于，战国器。同出乐器有虎头甬扁钟、钲各一。錞于肩部有一三角形锈蚀孔，底口有一裂纹，另有锈蚀孔数个。通高44厘米。虎纽已与盘断离，虎张口露齿，作欲扑势。虎臀、胛各有一涡纹，长尾下垂，尾端上卷[94]。

虎纽錞于在湘西和川东不断有所发现，四川涪陵小田溪战国土坑墓群2号墓所出錞于即是例证。这件錞于为青铜铸制，保存基本完好，有锈蚀，腔体上有小残孔。通高47厘米。椭圆锥筒形，突肩，上阔下缩，于口平直。面盘状，侈口，中央立虎纽。虎纽造型生动，昂首、微伏，方口，贴耳，尾略翘起后下垂，拖于盘沿，末端上卷。錞体侧有通体铸缝，虎纽铸焊。虎纽首、体饰云雷纹，虎颈饰三角纹。錞体素面[95]。

双虎纽錞于仅发现二例。其一征集于湖南，其二出土于湖北建始。建始二台子双虎纽錞于为东汉器，现藏恩施土家族苗族自治州博物馆。此器1977年3月出土于建始县景阳区革坦乡清江南岸的高坡台地"二台子"，为农民搞深耕时挖出，同出一件东汉铜壶，系窖藏。錞于保存较好，仅出土时留下一道锄痕。造型精致匀称，两侧铸缝清晰，系合范铸成。通高55.5厘米。器身横截面呈椭圆形。盘较深，唇沿稍宽，盘底略凸，饰弦纹一周。纽作双虎，并立于中部稍前的方格图形之中。虎体修长，作奔跑状，张口露牙，唇齿分明，尾粗壮，尾端上卷，足无爪趾，颈系项圈，双耳紧贴。两虎间有一环，吊痕明显。錞于通体素面，仅盘、纽有简单的刻划纹，如草叶纹、弦纹等，左虎前腿部刻有船形纹饰[96]。

巴人的虎纽錞于于东汉以后渐不见用，似与巴族的离散有关。秦灭巴子国后，以其地置巴郡，巴文化受到较大的冲击。巴人部分留居川境，称"板楯蛮"；南移今湘西的，构成"武陵蛮"的一部分；先后迁居今鄂东的，东汉时称"江夏蛮"，两晋、南北朝时又称"五水蛮"。它们都在相当长的时期内保存了自己固有的习俗。但随着青铜时代的终结，镈于作为这一时代重要的象征物之一，也走向了衰亡。

由于镈于失传较早，从历史上的情况来看，有关这种乐器形制方面的论点，多属于臆测。如《太平御览》卷五七五引徐景安《乐书》："镈于者，以铜为之。其形象钟，顶大，腹摞，口弇，上以伏兽为鼻，内悬子铃铜舌。凡作乐，振而鸣之，与鼓相和。"其描述与镈于大致相符，唯"内悬子铃铜舌"一语已与实物相去甚远。宋聂崇义《三才图会》所画镈于已与原貌毫不相干。近年来，学者们对镈于的起源、流传、时代、性能、使用方式及分布地域等问题，已有所注意。徐中舒、唐嘉弘的《镈于与铜鼓》[97]、熊传薪的《我国古代镈于概论》[98]、李衍垣的《镈于述略》[99]和林奇、邓辉合著的《镈于刍议》[100]等文，是较早有关镈于的系统研究。李纯一在《中国上古出土乐器综论》中，也对镈于进行了较为细致的分析[101]。近年山东章丘洛庄汉墓镈于的出土，对于镈于这种乐器的研究，提出了新的课题（参见本书"洛庄汉墓乐器"部分），相关研究还有待于进一步深入。

## （三）丝竹乐器

### 1. 丝弦乐器

文献记载表明，商周时期的人们广泛地使用着种类繁多的丝竹乐器。不仅有源远流长的革木制成的鼓类乐器、竹管芦苞制成的箫笛笙竽等类乐器，还有各种各样木质的琴瑟筝筑类丝弦乐器。在 20 世纪的考古发现中，商周后期、特别是进入春秋以后，各种丝弦乐器均有实物出土。

秦汉两朝，中原地区与西北各民族往来频繁。特别是西汉时期，中国和西亚各国的音乐文化交流得到了进一步加强。在音乐考古方面，发现了一些来自古代两河流域和波斯的丝弦乐器图像。据文献记载，这一时期常见的西来丝弦乐器有琵琶、五弦、箜篌等，但至今出土实物仅见箜篌一种[102]。

隋唐时期是中国历史上又一音乐艺术的繁荣时期，这一时期的丝弦乐器，已有传世文物可见，如唐琴等。公元 8 世纪，唐代的乐器东传日本，多数存放于奈良的东大寺正仓院，保存至今。其中包括了不少丝弦乐器，有竖箜篌、阮咸、五弦琵琶、曲项琵琶等，成为今天研究唐代音乐的重要文物资料。

尽管汉唐以来音乐活动纷繁，乐器形式丰富，但出土文物中却很少发现丝弦乐器。究其原因，主要是这些乐器的制作材料以丝木为主，大多难以长久保存。而现在出土的极少数丝弦乐器实物，其保存情况也很差，几乎没有较为完整的标本。

宋元时期的传世乐器主要是琴。

明清以往，各种乐器都有传世，与今日所用基本一致，如各种锣钹、鼓类、琴、筝、简板、木鱼、胡琴、琵琶、三弦、月琴、笛、箫、笙、大小忽雷、火不思、二弦、提琴、筒钦、号角、唢呐等。还有一些专用于孔庙的拟古乐器，如柷、敔、麾、篪、排箫、埙、琴等，其中不乏丝弦乐器。

（1）琴

关于琴瑟类乐器，有着许多神话和传说。《淮南子·泰族训》和《说文解字》等书都说琴是神农发明的，而汉晋儒者引《世本》，有说是神农，有说是伏羲。考古发现的琴的实物所属的时代比传说中要晚得多，而且十分罕见。这不仅和琴的制作材料难以长久保存有关，还与其流布地域的气候和地理条件有关。这些实物的形制与后世还存在很大的差异。20 世纪的考古发掘中，所见标本主要有曾侯乙墓的十弦琴、荆门郭店七弦琴、长沙五里牌七弦琴和长沙马王堆三号墓七弦琴。

曾侯乙墓十弦琴为战国早期作品，前文已有简单介绍。琴身系用整木雕成，可分音箱和尾板两部分。音箱形近长方体，但不甚规则，表面圆鼓尚有波状起伏。无徽。近于首端并与之基本平行亘一条岳山，高低因琴面弧度而有不等，岳山内端距音箱首沿较近，外端距首沿较远。岳山上遗有被弦勒过的痕迹，右边尚并列十个弦孔与弦痕相对。接近首、尾边沿，音箱表面循边各阴刻一道弦纹带，纹带由几道阴线构成，音箱中部，同样的纹带构成了一个近似"回"字的方框。底面开有两孔与内相通，一孔为大半圆形，紧靠首沿；一孔较长，头宽腰细，置底面中部。尾板与音箱尾部表面相连，是一段实木。尾板条状，表面及底侧面亦不平直，如波状起伏，面上与音箱相

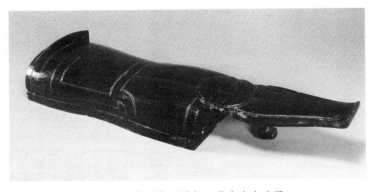

图二五 湖北战国曾侯乙墓出土十弦琴

连处，阴刻圆圈纹，中间以两道弦纹带相剖，底部倒立一足。尾板末端微微上翘，表面可见勒弦痕迹。琴身表面挖有与音箱底面的开孔相对应的长方形浅槽，其与音箱扣合十分严密。底板浅槽内存有四枚木质琴轸（图二五）[103]。

湖北荆门郭店战国中期七弦琴，为目前发现的最早的七弦琴实物标本[104]。此外，较重要的考古发现还有长沙五里牌战国晚期七弦琴[105]和长沙马王堆 3 号墓西汉早期七弦琴[106]。三琴形制与曾侯乙墓的十弦琴相近，均为"半箱式"，具明显的同源关系，但与今天的古琴有较大的差异。自唐代以后，历代都有古琴的实物传世至今，即今天所见到的全箱式古琴。这种式样的古琴图像资料，首见于南京西善桥墓葬出土的"竹林七贤"砖画中。绘画的时间约为南朝初期的晋、宋之间[107]。图中，嵇康和荣启期所弹之琴正是今日全箱式古琴的形制，琴上的琴徽历历可见。嵇康（公元 223～262 年）在他的《琴赋》中，已经有"徽以钟山之玉"的文句。徽是琴上的音位标记，也是后世式样的琴成熟的标记。此外，晋代画家顾恺之曾画过一幅《斫琴图》，图中的琴已经是全箱式，额、颈、肩各部齐全，和今天的古琴一般无二。根据以上各例标本的发展情况大致可以得出这样的结论：现在古琴的形制，是在西汉早期到魏晋时代之前这一时期内形成的。从文献资料来看，中国琴学盛于魏晋，而高潮在唐宋，至明清不衰。唐时著名的制琴世家中，"西蜀雷氏"名声最大。今故宫博物院所藏"九霄环佩"琴，即被认为是雷威的作品。

（2）瑟

瑟是一种与琴同样渊源极古的弦乐器，古文献中多有记载。今湖北、河南、湖南等地，出土过大量的楚瑟。

湖北省有 1984 年出土于当阳县河溶区曹家岗 5 号楚墓的瑟，1975、1976 年出土于江陵县九店乡雨台山 21、89、212、216、354、388、394、403、480、556 号等墓葬的瑟十余件，1978 年出土于曾侯乙墓的瑟十二件，1978 年初出土于江陵县天星观 1 号楚墓的瑟五件，1965 年、1966 年出土于江陵县望山 1、2 号楚墓的瑟三件，1983 年出土于江陵县马山砖厂 2 号楚墓的瑟二件，1976 年经发掘出土于襄阳县伙牌乡施坡村蔡坡土岗岭中部 12 号墓的瑟，1980 年出土于江陵县溪峨山 7 号楚墓的瑟以及 1985 年出土于荆（门）沙（市）铁路江陵县工地刘家湾 99 号楚墓的瑟等[108]。

河南省有 1956 年出土于信阳长台关 1 号墓和 2 号墓的瑟各三件，1978 年 3 月出土于固始县城关镇侯古堆 1 号墓的木瑟六件[109]。

湖南省有 1972 年 4 月 28 日出土于长沙市东郊马王堆 1 号汉墓的瑟[110]，1971 年于长沙市浏城桥 1 号楚墓的瑟等[111]。

这些瑟大多饰有精美的刻纹和彩绘，形制也十分丰富。弦数各有不同，一般多见二十三和二十五弦。考古发现的瑟比琴要多得多，同样是木制乐器，为什么较多的瑟能为今天的考古学家所发现？这是一个饶有趣味的问题。先秦时期瑟的流行是否要比琴广泛得多，所以地下的出土物也多？这种推测似与文献记载中的情形不符。《诗经》中"琴瑟友之"、"琴瑟击鼓"等句表明，琴在先，瑟在后，琴的资格似乎比瑟还要老一些，琴的使用应该比瑟更为广泛。这就不能不考虑还有另一个可能。考古出土的漆木乐器绝大多数在中国的南方，北方几乎没有。这显然是和南方地下水位高有关。因为，漆木质的乐器只有在与空气完全隔绝的饱水状态下，才能保存数千年。琴在先秦时期主要是中原地区流行的弦乐器。由于气候和地理的原因，这些地下的乐器难以保存至今。而瑟的主要流行地区为楚国。楚地在今湖北江陵一带为核心的中国南方广大地区，这里也正是考古学家大量发现瑟的地区。上文提到的四例琴的标本，也发现于南方，很可能是从中原流入南方后的幸存物。楚瑟的出土标本很多，有些标本出土时几乎是光亮如新。目前受保存条件的限制，只有极少数文物得到脱水处理，有长久保存的可能。好在相当一部分文物得到了及时的复制，留存了先秦珍宝当年的风采。

1984 年出土于当阳县河溶区曹家岗 5 号楚墓的瑟，是迄今发现的楚瑟中年代最早且较为完整、制作精美的标本，时代为春秋晚期。墓中的乐器均置于陪棺盖上：1 号陪棺上有漆瑟一件，笙二件；2 号陪棺上置木瑟一件，铜铃一组及环形铜饼等物。墓中所出铜簠铭文中的作器者为"王孙霝"，据考应是楚大夫申包胥（又作王孙包胥）。漆瑟严重朽蚀，但各部件无缺。通长 210 厘米。瑟面弧拱，首端大于尾端。通体木质，局部用铆钉加固。原系整木制作，因纵裂为不相等的两块。紧倚首岳外侧有二十六个弦孔（依首岳与尾岳上的弦痕计数）。瑟面近尾部嵌尾岳三条，分别有弦孔：外十个，中、内各八个。瑟尾有三个弦枘，枘头作禽喙状。尾档接"过弦槽"之后附设一凹字形承弦槽，其内侧磨有很深的弦痕。底板纵向开凿一条连接首、尾越的槽口。未见弦柱。瑟身除底板外，髹朱、黑漆彩绘及浮雕装饰。尾部雕一饕餮纹和禽、龙等动物图案。墓中的木瑟通长 191 厘米。形制与漆瑟相近。面作拱形，首端大于面端。瑟体用整木凿成，瑟面首端横嵌一条首岳，首岳右侧有二十一个弦孔。尾岳三条，左侧弦孔分别为外六、中八、内七个。瑟尾插立二个浮雕的矩形弦枘。底板中间纵开一条直通两端的槽口。首越较宽，无尾越。尾部浮雕图案：档面一饕餮纹，左、右各七条呈经纬勾连的喙式龙，内、外两侧各四条龙，呈方圈连环形卷曲，由右向左延至尾档。漆瑟弦痕分明，应是乐器的主人常用的物件，当时一种流行的实用乐器[112]。

曾侯乙墓一次出土瑟的数量最多、文物最为精美、保存也最为完好。曾侯乙墓出土的瑟共十二件，形制可分三式：

Ⅰ式十件。形制、纹饰基本相同，长方体，主体系整木雕成。通髹彩绘，色泽艳丽。如标本 C·32 号的瑟，长方体，尾部略收呈微弧形，面板略拱。全长 167.3 厘米。主体以整木雕成，小部件系另外加工成形后嵌插其内。瑟体内空，面、侧、挡、底板相连成共鸣箱。面板上，靠近首端平行亘起首岳，呈长条状。首岳依面板弧度微拱，顶面沿脊线向两边刮削，呈弧面。首岳的右边，平列二十五个弦孔。靠近尾端并与之平行亘着三条尾岳。尾岳的左边，亦平列着二十五个弦孔。瑟面尾部，插立着四个木枘。木质较瑟体坚硬。底板两端各凿有椭圆形槽，为首越和尾越，两越之间有一狭长槽相连。通体（连同内腔）均先髹薄薄的黑漆，然后在内腔以外的表面上遍髹朱漆，面、挡、侧板上尚加施彩绘。该瑟的装饰，采用彩雕和彩绘相结合的手法。瑟尾彩雕，自尾岳左侧，以浮雕饕餮纹为主纹。饕餮圆鼻方目，刻划清晰，大口恰由嵌在底部的过弦槽构成，槽上的齿状壕更添几分狰狞气息，饕餮纹上复又浮雕着大小不等的龙、蛇躯体，其脑际正中为二龙对峙，两边各有七条小蛇，将四个栓弦的木枘环绕其间。饕餮和龙、蛇纹均系先浮雕出重要部位和轮廓，然后施漆彩绘。彩绘方法，先覆一层朱漆，再以黑、黄两色分别勾勒出各部轮廓或绘鳞纹、花瓣纹。

瑟之面板、侧板彩绘，均在黑漆之上覆一层朱漆作地，再用黑、黄和少量银灰色描绘纹饰。面板中部无纹饰，周沿框花边，内、外沿花边绘菱纹，内填几何纹，左沿花边依尾岳右侧绘云纹，右沿花边依首岳左侧绘变形龙纹。首岳右侧以致密的方格纹为地，并排绘有六只振翅飞翔的凤鸟。瑟首挡板亦绘凤鸟纹，绘法类似内、外侧板（图二六）。

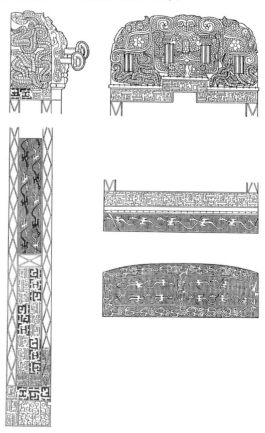

图二六　湖北战国曾侯乙墓Ⅰ式瑟纹饰线描图

Ⅱ式一件。面板、侧板为整木雕成。底板系嵌进，出土时已破为数块。经拼接可知，底板系由多块木板组成，各板之间以竹钉打楔相接，复用金属小抓钉加固。

Ⅲ式一件。整体系由多块木板拼成，出土时已散架，为未完工的瑟坯[113]。

传世文物中的瑟大量制于清代，这与清代统治者提倡尊孔有关。所见几乎全是各地孔庙、文庙的遗物。其形制与发音原理均与先秦楚瑟古制相去甚远，与后世的古筝相近。

（3）均钟（五弦琴）

曾侯乙墓还出土一件比较奇特的"五弦琴"，叫做"均钟"。它是一种用于编钟调律的标准器，也是中国古代的一种声学仪器[114]。全长115厘米。表面首端立一蘑菇状柱。柱旁和器面尾端各亘首、尾岳山。两岳外侧，均并列五个弦孔，其首起52厘米为一狭长形音箱，内空。周壁平直，底板首端尚开一椭圆孔与内腔相通，椭圆孔与器首挡板相交处（亦即首挡板底沿正中）尚有一小凹槽，似过弦槽。其器身的另一段，表面平直，内实，底部弧圆，尾端呈坡状上收。经脱水处理时细察，该器主体系整木雕成，首部音箱的底板系加工后嵌进。器身通以黑漆为地，除音箱面板部分（首岳以内）之外，均以朱、黄两色相间遍饰精细缛丽的纹样。面板、侧板、底板，以菱纹带勾边。尾端表面绘鳞纹，底面绘正反向嵌合的三角雷纹。在由菱纹带勾边的装饰块面里，纹饰的内容为二个主题。第一主题可能是古书《山海经·大荒西经》中所述"夏后开上三宾于天"，有关音乐起源故事的写照。第二主题当与古书《吕氏春秋·古乐篇》中"伶伦制律"的记载有关。它至迟于公元前6世纪已在周王宫廷中使用，并在秦汉时失传。

（4）筝

迄今筝的考古发现极为稀罕，只有二例三件。一是江西贵溪崖墓的二件古筝，二是江苏吴县长桥的古筝。在先秦，贵溪和吴县分属越、吴，两地相隔千里，但这三件古筝的造型几乎完全一致，只是吴县筝比贵溪筝少一根弦。

江西贵溪崖墓出土的二件古筝时代要早一些，约为战国早期（或说春秋晚期）遗物。同出乐器有小鼓一件。二件筝的面板、弦、柱、枘等均不存，一件器身基本完整，通长 167.3 厘米；一件稍残，通长 173.5 厘米。器身用硬质独木斫成，为十三弦筝。

1991 年出土于吴县市长桥镇长桥村一战国墓的筝，被置于棺盖上。筝身用硬质楸枫木制成，保存较好。面板无存，首部弦槽缺损一块，尾部一角残断，枘槽内略残缺。通长 132.8 厘米。筝身用整木斫制，木质坚硬，形似平底独木船。首部方形，刻凿有长方形弦槽，槽底钻有十二个透孔，因腐蚀而显得大小不一。筝身首尾之间凿有音箱，似独木船之船舱，内平底。音箱上沿向四周扩凿成面板槽，面板应为桐、杉一类松软木材，覆嵌于槽内。槽内未见钉眼之类小孔，故面板与筝体应为胶合。从筝身的情况看，面板应为弧面，但弧度较小。首部弧高约在 1.1 厘米左右（残），尾部弧高稍大，在 1.65 厘米上下。筝首下面设倒凸字形足，较厚实，并向筝首前方外扩。筝尾酷似船尾，弯弯后翘，尾内凿有枘槽，向尾后渐平齐。枘槽底部并列凿有枘孔，分二列，各六个，共十二孔。尾底部两侧有方条形扉棱，上钻十二孔，二孔为一组，一面三组。筝通体髹黑漆，但大部剥落。该器十二弦孔配十二枘孔，应为十二弦筝。筝面未见岳山，亦无其他类似设施，弦首尾均与面板相离，故此筝张弦必用柱码，使弦与面板发生关联。即弦的振动，通过柱码传递给面板，坚硬的音箱（筝身）又将振动反射回来，使箱内空气产生共振，发出洪亮悦耳的声音。

（5）筑

筑为一种击弦乐器，流行于战国秦汉时期。有关它的形制和演奏方法，文献失载。1973 年江苏连云港市海州区南门网疃庄附近一座西汉中晚期墓出土了漆食奁一件，上绘有一幅击筑图。另外，湖南长沙马王堆 1 号墓彩绘棺左侧，也有一幅神人击筑图。

1973 年湖南长沙马王堆 3 号汉墓发掘出土了筑的实物，通长约 34 厘米。筑体用实心独木制成，形似四棱长棒，尾部细长，可张五弦。筑面的首尾两端各钉一横排竹钉五个，首端竹钉的外侧插置一个蘑菇状的弦纳，柄上缠有残存的丝弦。通体髹黑漆。墓中的"遣册"上有"筑一，击者一人"字样。广西贵县罗泊湾汉墓出土实心残筑一段。墓中《从器志》载有"越筑"一件，表明这件乐器的名称，且是越地的式样。这两件文物均是明器，却也是目前所能见到的珍贵实物资料。1988 年出土于河南固始白狮子 13 号楚墓的筑时代要早一些，应属战国时期，但残损较甚。同墓出土的乐器还有木瑟三件、悬鼓一件、小扁鼓二件。从出土的遗物看，筑为木制，长条形。用一块独木下边挖出弧状空腔而成，无底板。筑面微弧，首、尾两端正面均刻有凹槽，似作嵌放岳山之用，但未见弦孔。筑正面周边漆作黑色，中间未施漆。出土时已断为多块，经拼合，通长 12.2 厘米[115]。

1993 年出土于长沙市河西望城坡古坟垸西汉长沙王室墓中的筑，是学术价值很高的实用器。筑木质。柄已折断，音箱略为变形，今修复。形制作"大头细颈"，类似于湖南农村妇女洗衣时常用的"捣衣棒"。"大头"即音箱部分，长方体，内凿空，底部镶嵌一块薄板，薄板与音箱壁用木梢连接固定。"细颈"即柄部，作半圆棱柱体，尾端微翘呈半圆状。筑面平直，首、尾各有一条岳山，岳山一侧各有五个弦孔，首端立有一蘑菇状弦柄。该筑除音箱部分外，通体髹黑漆。通长 117.4 厘米[116]。

（6）箜篌

1996 年新疆且末县托格拉克勒克扎滚鲁克墓地 14 号墓出土了二件弓形箜篌和一些箜篌的残片。这是中国音乐考古学上前所未有的事。箜篌是一种起源于西亚的拨弦乐器。以往人们对箜篌的了解，主要是根据佛教洞窟壁画或历代的乐舞俑、砖雕石刻等一些形象资料，而现在可以见到真正的箜篌实物了。这二件箜篌保存较好，除了琴弦和共鸣音箱上的蒙皮已腐朽缺失外，其余部分均留存。乐器通体木质，由音箱、琴颈和琴杆三部分组成，通长 87.6 厘米。音箱和琴颈为琴体，用一块完整的梧桐木掏挖、裁制而成，琴杆镶制在琴体上，为红柳木质。音箱呈半葫芦形，长 41.6、宽 6.8～13.2 厘米。音箱外壁打磨光滑，口部还留有蒙皮的残迹，腔内可见凿痕。音孔开在音箱的底部。音孔的造型很特别，略成长方形，四边作弧曲内凹。颈部侧视呈长方形，尾部与音箱相连，偏上部位有一横穿的小圆木棍。琴颈下部延伸到音箱底部，稍稍呈脊状凸起。颈首稍厚，上面刻有椭圆形的卯眼以固定琴杆。琴杆略带弧形，杆首稍细，有三道明显的系弦痕迹。杆尾镶嵌在颈首的卯眼内，用木楔加以固定。露出部分琴杆截面为椭圆形。墓内至少葬有十九具尸骨。出土时，乐器分别横置于 I、J 两个尸骨的胸部（I 是一小孩，J 是中年女性，头戴黑褐色的羽冠）。据出土器物分析，该墓的年代，约为公元前 3～4 世纪，相当于中原地区的战国时期[117]。

在中国古代，名为箜篌的乐器有四种：竖箜篌、弓形箜篌、凤首箜篌和卧箜篌。其中，卧箜篌实为有品柱的琴瑟类乐器，与前三者并非同属。关于这些乐器，早在本世纪 40 年代，日本学者林谦三已经有过论述[118]。限于当时中国有关文物资料的匮乏，林氏对这三种箜篌的形制界定及其在中国的流传和分布，无从作较为全面的分析。随着近年来中国音乐考古学不断取得重大收获，对林氏在弓形箜篌、凤首箜篌和竖箜篌的形制，以及它们何时传入中国等问题上的观点也有了重新认识的必要。箜篌东传的主要流布地域与古代"丝绸之路"有着密切的关系。新疆是箜篌东传中国的"登陆"地。且末箜篌的出土，具有重大的学术意义。

**2．吹管乐器**

由于竹木乐器难以保存，目前考古学上还没有发现比舞阳骨笛更早的竹木吹管乐器标本。但这并不代表在使用舞阳骨笛的时代以前没有竹木制成的乐器。按常理分析，竹木制成的吹管乐器，其历史应早于舞阳骨笛等骨制乐器。

商周的考古研究，证实其时已有木制的鼓类乐器、竹管芦苞制的箫笛笙竽类乐器。春秋以后的考古发现中，竹木吹管乐器的出土实物逐渐增多。

秦汉两朝，特别是西汉以后，中原和西域之间的"丝绸之路"，促使中国和西亚各国的音乐文化得到了进一步交流。在音乐考古方面，发现了一些来自古代两河流域和波斯的吹管乐器图像。据文献记载，这一时期常见的西来吹管乐器有胡笳、号角、羌笛等，但至今尚未发现实物出土。

隋唐时期的吹管乐器，已有部分传世文物可见。如公元 8 世纪，由唐运往日本的许多宝物被存放于奈良的正仓院，保存至今。其中包括横笛和排箫等，大都是竹木类乐器。这些乐器成为今天研究唐代音乐的重要文物资料。

明清以往，几乎各种乐器都有传世。如各种笛、箫、笙等，还有较多的少数民族乐器，如筒钦、号角、唢呐等，一些专用于孔庙的拟古乐器，如篪、排箫等。

（1）排箫

排箫是在世界许多地方都出现过的早期吹奏乐器。美索不达米亚等地出土的石刻上也能见到它的踪影。中国考古发现的排箫不多，迄今不过数例。

1997 年河南省鹿邑县太清宫镇长子口的一座商代墓，出土了五件骨排箫，一件石磬，二套编铙。这些排箫出于墓葬西椁室南部，色泽莹润，如玉似翠。排箫为禽鸟的腿骨所制。组成排箫的骨管数目和长短不等，骨管的粗细略有差异。骨管中空，破裂，内为淤泥填塞[119]。

其中，标本 M1：112 保存最为完好、骨管数目最多，由十三根骨管组成，从长到短依次排列。其中有三根短管残损，仅存部分。在完整的骨管中，最长的为 32.7、最短的为 11.8 厘米。出土时有明显的人字形束带痕迹，可知排箫的骨管是用宽带束在一起的。标本 M1：113 形制、大小、长短和骨管数目与标本 M1：112 基本相同。标本 M1：114 由六根骨管组成，骨管长 4～8 厘米。标本 M1：115 由五根骨管组成，大部分已经破碎，骨管长约 10～13 厘米。标本 M1：116 五管较散乱，五管较齐整，骨管长 6～11 厘米（图二七）。

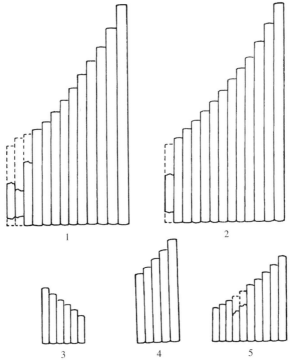

图二七 河南鹿邑长子口春秋墓排箫线描图
(1.M1:112 2.M1:113 3.M1:114 4.M1:115 5.M1:116)

　　1978 年出土于河南省淅川县仓房乡下寺 1 号墓的石排箫，
年代当属春秋晚期前段，约在公元前 560 年之前。排箫略成三
角形，长 15、宽 8.3 厘米，出土时已断为两截。石质色白，
上端平齐，钻有十三个圆孔，下端长短依次递减，两侧刻成十
三管并列之状。中部刻一斜横带，以示用带缚管。管与管之间
壁厚不及 0.1 厘米，管孔的深度与管外长不尽一致，管孔内径
自最长管至最短管依次递减。石排箫各音管除少数管口部残损
过甚不能发音外，余管均能吹出高低不同的乐音。

曾侯乙墓出土的二件排箫是目前所见保存较好的文物。排箫为苦竹竹竿制成。形制相同，大小稍异。以其中标本 C·28 一件为例。器呈单翼片状。上沿齐平，下沿参差不齐，系用十三根长短次第的箫管并列，加三个竹夹并经缠缚而成。出土时，器形基本完好，仅第一根箫管口沿豁缺。其上部宽 11.7、下端宽 0.85、左边长 22.5、右边长 5.01、厚约 1 厘米。箫管系用单节细竹稍经加工而成，均以竹管较细的一端截开为吹口，口沿稍经刮削而薄，下端以自然竹节封底。各管吹口在上，以长短顺序并列靠拢，使吹口齐平、紧凑。左起第一管最大，第十三管最小。用竹夹夹固箫管，依其长短分别从箫的上、中、下部拦腰夹固箫管。在与箫管相交处和第一根箫管外侧的夹口处均以细索缠缚。通体以黑漆为地，用朱色线描绳纹和三角雷纹。近吹孔处，各管均饰长约 1 厘米的一段朱漆，余分段饰朱色三角雷纹，第一至五根箫管尚增饰了一至三道朱色绳纹，各管底部，均留有黑色净地。三根竹夹两面均饰绳纹，连同部分箫管上的绳纹，犹如六道绳索拦腰将十三根箫管编织连贯一体。

（2）篪

篪实际上是笛的一种，目前仅见于曾侯乙墓，共出土二件。出土时，外形基本完好，内壁稍有腐烂，经鉴定为单节苦竹竿制成。二件篪的器形、纹饰基本相同，仅局部和尺寸略有差别。均为横吹单管乐器，吹孔在上。其中一件两端封闭（有底），一端以自然竹节封底，一端以物填塞（因表面漆皮遮盖，质料不详）。全长 29.3、径约 1.9 厘米。在管身一侧近两端处，各开一椭圆出音孔。在与吹孔、出音孔呈 90 度关系的管身另一侧条形平面上面并列五个指孔。根据这种造型判断，吹篪时，双手执篪端平，掌心向里，不应像吹今天的笛子时掌心向下的方式。篪通体以黑漆为地，开有指孔的条形平面以朱线框之，余均用朱、黄两色相同，分段绕饰绳纹、三角雷纹和变形菱纹。根据一些古书的记载，如《周礼·春官·笙师》郑众注："篪，七孔。"又《北堂书钞》———卷："篪，六孔，有底。"因此定名为篪。但是，其中的另一件尾部竹节已透空，"底"已不存，是否是"笛"？尚待考察。

（3）笙竽

笙和竽也是古代重要的吹奏乐器，为同属的两种以簧管发音的竹制多管乐器。古有"笙竽"之称或"笙簧"一名。一般来说，竽的形制要比笙长大一些，但在后世逐渐与笙同化了。所以今天仍在使用的均为笙的形制。中国最古老的文献《尚书》中已有"笙镛以间"的记载。考古发现的笙竽已为春秋战国时代的遗物，主要出土于南方，数量不多，且大多残腐不堪。发现地点主要在湖北江陵一带，如 1984 年出土于当阳县河溶区曹家岗 5 号楚墓的笙二件，1978 年初出土于江陵县天星观一号楚墓笙六件和 1975、1976 年之交出土于江陵县雨台山楚墓群中的 140、394 两墓的笙等。曾侯乙墓也有笙发现，其制作工艺尤为高超。

1978 年江陵天星观 1 号墓出土六件笙，年代为公元前 361～340 年间，即楚宣王或威王时期，同出乐器有编钟、编磬、瑟、虎座鸟架鼓等。乐器都已经残腐。按这些笙的制作方式可分为二式：Ⅰ式二件。其笙斗与吹嘴用整匏制成，斗上有十四个苗孔，分列二行。有的孔内尚残存竹质笙苗管，管外径 0.5、内径 0.3 厘米左右，上有按音孔。器长 23、斗径 8、吹管 14 厘米。Ⅱ式四件。吹管用圆木旋制而成，中空，一端插入笙斗上圆形榫眼中，余与Ⅰ式相同。通体髹黑漆。其中一件吹管长 4.8、斗径 5.1 厘米[120]。

　　曾侯乙墓出土的笙最为壮观，共六件。均由斗、苗（即笙管）、簧组成，表面髹漆彩绘。出土时，因浸泡而致腐受损。各器规格不尽一致。笙斗共六件。匏质，形制相同，大小稍异。均用范匏工艺定型，复加工而成。由平口长吹管与圆鼓的腹部自然相连，中空。腹部横列二排圆孔，并上下穿透。各器圆孔数量不尽相等，但均为偶数。斗面均髹饰彩绘。出土时，多有破裂。吹管与腹部相连处，可见范匏时遗下的一周不规则印痕，靠吹管的一边稍微凹下。由此可知，笙斗的定型，主要是据设计要求，以一定圆径的外范套入幼匏上端，约束幼匏上半部的生长，使之成为规范的管状，以作吹管。其下半部则在套范之外，未加约束，便长成球状自然形态，用作斗腹。定型的成匏，需掏去内瓤。制作时先去蒂，由上端截开一个平口作吹口，并在腹部凿孔，用以插入笙苗。依各斗所列孔数，亦即原本承插的笙苗内嵌的簧数，可将其分为十八簧笙笙斗、十四簧笙笙斗、十二簧笙笙斗三种[121]。

　　笙苗共残剩三十二件。管状。经鉴定系取材于较细的芦竹竿的上部，多数苗是单节，少数较长者是双节（竹节虽被捅穿，用 X 光透视仍可见其遗痕）。出土时，均腐蚀严重，大多数从下端断开。综观所剩残苗，知其原貌为：上、下端口齐平、中空，近于上端，多开有音窗，近于中下部均有圆形或近于方形的指孔，下端均开有长方形的嵌簧孔，底端周沿稍经刮削，略呈锥形，以便安插。均黑漆为地，以朱、黄两色相间描以绳纹、三角雷纹、变形菱纹。苗与斗面相交处存有似漆液形成的圆弧形梗，疑为入斗后用漆或它物弥缝而留下的痕迹。苗之下部（近于斗表面和斗内部分）未加彩绘，底端绕饰朱漆。将残损程度较轻的笙苗统一编号整理，其中以标本 25 的一件比较完整。其顶端存，底端残，苗身开有指孔，未开音窗，底端残剩一段嵌簧孔，通体纹饰清晰可见，残长 20.2、外径 1、内径 0.6 厘米。

笙簧残剩十件较为完整。芦竹质，细条状。经鉴定系取材于芦竹竿的下部。均以较厚的长方形竹竿片雕琢而成。形制相同，大小稍异。分簧框、舌两部分。框呈长方形，两端较厚，凸如梯形平台状，两边稍薄，凸如棱状。簧框底端连着舌根。舌扁平条状，除根部与框相连外，余各边与框有细如发丝的缝隙，可自由振动。笙簧各部均极纤细，故出土时受损较重。其中的一件比较完整，框长 3.5 厘米。

研究结果表明，这些战国时期楚笙的形制结构和发音原理与今天流行的笙有所区别。其更接近于今天中国西南一些少数民族使用的笙。

竽，唯见于 1972 年 4 月 28 日长沙市东郊马王堆 1 号汉墓出土的实物。竽外套竽衣，通长 78 厘米。用竹、木制成。包括有竽斗、竽嘴和二十二根竽管。另在第六管上插有一"塞"。竽斗平面呈椭圆形，由两块木头拼制而成，竽嘴接在斗前侧正中，嘴端嵌有角质口缘，接斗端则有围箍。斗、嘴均木制，外表髹绛色漆。斗盖的前后两侧，各有十一个孔，孔内竽管直插到底。此两排管孔的内侧，有二个大小相同的圆孔，圆孔没直通到底，未插竽管。此外，斗前开一圆孔，以接竽嘴，斗后侧正中开一椭圆孔，用盖将其封闭。竽管二十二支，用内通的竹管制成，竹管刮去表皮。前后两排均是中心管最长，左右两侧各置五管，其长度依次递减。前排竹管用五道篾箍固定，后排用四道篾箍固定。二支最长管的上端，各系有一条绛色绮带作为装饰。除第三、四两管外，各管外侧距斗盖 3 厘米处，均开有按孔，其中第六、七、十七、十八管，在此按孔之上 1.5 厘米处，又多开一个按孔。第六管内所插之塞，通长 14.2 厘米，由两段构成，上段较粗，角质，下段较细，木质。此竽通体素面。虽然其外形完整，但内部结构却不完备，如嘴、管不能通气，斗内无气槽，竽管下端无簧片，上端无气眼等，可知它是一件明器而非实用的乐器[122]。

（4）律管

律管本身不是演奏用的乐器，是为乐器调校音律的音高标准器，考古所见极少，先秦仅有一例。

1986 年 10 月荆（门）沙（市）铁路工地江陵雨台山 21 号楚墓出土的律管，年代为战国中期偏早。律管仅存四件，余有残片若干，用竹管制成，墨书处经刮削呈条状平面（图二八）。标本 M21∶17－1，上端有圆形管口，下端残，无竹节。残长 9.1 厘米。管壁一边削出二个平面，直行墨书二行："定（？）新钟之宫为浊穆"、"坪皇角为定（？）文王商"，即新钟律管。标本 M21∶17－2，一端有圆形管口，一端残。残长 11.4 厘米。管身一侧直行墨书一行："姑洗之宫为浊文王羿为浊"，应为姑洗律管。标本 M21∶17－3，两端均残，未见管口。残长 6.2 厘米。一侧有墨书，另有一带字残片恰可与其下部拼合，共得七字："之宫为浊兽钟羿"。与曾侯乙编钟钟铭对照，可知"之宫"前应为"文王"二字，此管应为文王之律。标本 M21∶17－4，仅残剩一长 4.9 厘米的竹片，上存墨书五字："□为浊穆钟"。律管均残甚，无法实测其音高。但从其墨书内容，可知这套律管与曾侯乙钟铭属同一乐律学体系，并可据此

图二八　湖北江陵雨台山
21 号战国墓律管

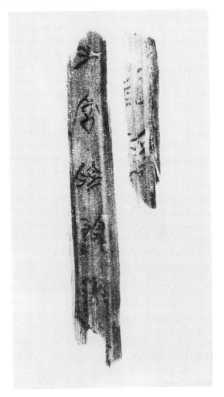

推知各律管的高度，即：新钟管相当于今天的 #F（或 bG）；姑
洗管相当于今天的 C；文王管相当于今天的 E。雨台山 21 号
墓律管是中国最早的律管实物标本[123]。

　　上海博物馆所藏新莽始建国元年无射律管，是目前所见唯
一的铜律文物。器物下端已有残损。另外，湖南长沙马王堆 1
号墓所出一套"竽律"十二支，也是罕见的律管实物。不过这
套竽律音律错乱，似非实用的调音标准器，或为明器。

## 注　释

[1] 周本雄《山东兖州王因新石器时代遗址中的扬子鳄遗骸》，《考古学报》1982年第2期。

[2] 《拾遗记》卷一。

[3] 半坡博物馆等《姜寨——新石器时代遗址发掘报告》，文物出版社1988年版。

[4] 佟伟华、张素琳《垣曲古城东关遗址庙底沟二期文化和龙山文化遗存》，《三晋考古》第二辑。

[5] 尹德生《原始社会末期的旋律乐器——甘肃玉门火烧沟陶埙初探》，《西北师院学报》1984年第3期。

[6] 中国社会科学院考古研究所洛阳发掘队《河南偃师二里头遗址发掘简报》，《考古》1965年第5期。

[7] 中国社会科学院考古研究所《殷墟妇好墓》，文物出版社1980年版。

[8] 《钦定大清会典图》卷三十九。

[9] 戴彤心《记华县井家堡仰韶文化角状陶号》，《考古与文物》1988年第4期。

[10] 刘式今《河南禹县谷水河遗址发掘简报》，《河南文博通讯》1977年第2期。

[11] 王树明《山东莒县陵阳河大汶口文化墓葬发掘简报》，《史前研究》1987年第3期；文化部文物局、故宫博物院《全国出土文物珍品选》（1976—1984）图版10，文物出版社1987年版。

[12] （伊拉克）苏比·安韦尔·拉辛德著，王昭仁译《美索不达米亚的音乐文化》，《上古时代的音乐》，文化艺术出版社1989年版。

[13] （德）汉斯·希克曼著、王昭仁译《古埃及的音乐文化》，《上古时代的音乐》，文化艺术出版社1989年版。

[14] 庆阳地区博物馆编《庆阳地区文物概况》第一集。

[15] 张居中《舞阳贾湖遗址出土的龟甲和骨笛》，《华夏考古》1991年第2期；汪宁生《释大汶口等地出土的龟甲器》《故宫文物月刊》（台北）1994卷32期。

[16] 郑州市博物馆《郑州大河村遗址发掘报告》，《考古学报》1979年第3期。

[17] 李纯一《中国古代音乐史稿》第一分册，音乐出版社1958年版。

[18] 中国社会科学院考古研究所、临汾地区文化局《1978～1980年山西襄汾陶寺墓地发掘简报》，《考古》1983年第1期；高天麟《黄河流域新石器时代的陶鼓辨析》，《考古学报》1991年第2期。

[19] 马德璞、曾爱等《永登乐山坪出土一批新石器时代的陶器》，《史前研究》

1988 年第 4 期；尹德生、魏怀珩《原始社会晚期的打击乐器——兰州市永登县乐山坪陶鼓浅探》，《史前研究》1988 年第 4 期。

[20] 山东省文物管理处、济南市博物馆《大汶口》文物出版社 1974 年版；周昌富《中国音乐文物大系·山东卷·综述》，大象出版社 2001 年版。

[21] 青海省文物考古研究所《民和阳山》，文物出版社 1990 年版；王家恒《屈家岭文化彩陶鼓》，《文物天地》1991 年第 4 期；河南省文物研究所《郑州后庄王遗址的发掘》，《华夏考古》1988 年第 1 期；赵世纲《仰韶文化陶鼓辨析》，《华夏考古》1993 年第 1 期；河南省文化局文物工作队《河南临汝大张新石器时代遗址发掘简报》，《考古》1960 年第 6 期；王子初、王芸《文物和音乐》，东方出版社 2000 年版。

[22] 梁思永、高去寻《侯家庄》第六本《1217 号大墓》，插图八～十，图版拾叁～贰贰，叁壹，历史语言研究所（台北）1968 年版。

[23] 湖北省博物馆《曾侯乙墓》，文物出版社 1989 年版。

[24] 同［23］。

[25] 湖北省荆州地区博物馆《江陵天星观 1 号楚墓》，《考古学报》1982 年第 1 期。

[26] 湖北省荆州地区博物馆《江陵雨台山楚墓》，文物出版社 1984 年版；湖北省文物管理委员会（郭德维、刘彬徽执笔）《湖北省江陵出土虎座鸟架鼓两座楚墓的清理简报》，《文物》1964 年第 9 期；湖北省文物考古研究所陈逢新《江陵雨台山楚墓发掘简报》，《江汉考古》1990 年第 3 期。

[27] 中国社会科学院考古研究所、临汾地区文化局《1978～1980 年山西襄汾陶寺墓地发掘简报》，《考古》1983 年第 1 期。

[28] 中国社会科学院考古研究所二里头工作队《偃师二里头遗址新发现的铜器和玉器》，《考古》1976 年第 4 期。

[29] 中国科学院考古研究所安阳发掘队《殷墟出土的陶水管和石磬》，《考古》1976 年第 1 期。

[30] 杨荫浏《中国古代音乐史稿》上册，人民音乐出版社 1981 年版。

[31] 罗西章《周原出土的西周石磬》，《考古与文物》1987 年第 6 期。

[32] 王子初《珠海郭氏藏西汉宗庙编磬研究》，《文物》1997 年第 5 期。

[33] 徐州市博物馆、南京大学历史系考古专业《徐州北洞山西汉墓发掘简报》，《文物》1988 年第 2 期。

[34] 中国社会科学院考古研究所山西工作队、临汾地区文化局《山西襄汾陶寺遗址首次发现铜器》，《考古》1984 年第 12 期。

[35] 中国社会科学院考古研究所二里头工作队《1984年秋河南偃师二里头遗址发现的几座墓葬》,《考古》1986年第4期。

[36] 河南省文物研究所等《平顶山应国墓地九十五号墓的发掘》,《华夏考古》1992年第3期。

[37] 湖北省宜昌地区博物馆（赵德祥执笔）《当阳曹家岗5号楚墓》,《考古学报》1988年第4期。

[38] 容庚《商周彝器通考》上册,哈佛燕京学社1941年版。

[39] 郭沫若《两周金文辞大系·图编序说》,科学出版社1957年版。

[40] 陈梦家《中国铜器概述》,《海外中国铜器图录》上册,北平图书馆1946年版。

[41] 李纯一《关于殷钟的研究》,《考古学报》1957年第3期。

[42] 罗振玉《贞松堂集古遗文》一·二四,1930年版。

[43] 中国社会科学院考古研究所安阳工作队《安阳大司空村东南的一座墓》,《考古》1988年第10期。

[44] 中国社会科学院考古研究所安阳工作队《1969～1977年殷墟西区墓葬发掘报告》,《考古学报》1979年第1期。

[45] 周到、刘东亚《1957年秋安阳高楼庄殷代遗址发掘》,《考古》1963年第4期。

[46] 杨宝顺《温县出土的商代铜器》,《文物》1975年第2期；马承源《商周青铜双音钟》,《考古学报》1981年第1期。

[47] 赵青云、赵世纲《1958年春河南安阳大司空村殷代墓葬发掘简报》,《考古通讯》1958年第10期。

[48] 方建军《河南出土殷商编铙初论》,《中国音乐学》1990年第3期。

[49] 中国社会科学院考古研究所安阳工作队《安阳郭家庄160号墓》,《考古》1991年第5期。

[50] 安阳市文物工作队《安阳市戚家庄东269号墓》,《考古学报》1991年第3期。

[51] 山东省文物考古研究所、青州市博物馆《青州市苏埠屯商代墓地发掘报告》,《海岱考古》第一辑。

[52] 同[7]。

[53] 江西省博物馆《新干商代大墓》,文物出版社1997年版。

[54] 彭适凡《赣江流域出土商周铜铙和甬钟概述》,《南方文物》1998年第1期；彭适凡《吴城青铜文化与古扬越》,《华夏文明》第二辑,中国社会科学出版

社 1990 年版。

[55] 益阳地区博物馆盛定国等《宁乡月山铺发现商代的铜铙》,《文物》1986 年第 2 期。

[56] 高至喜《中国南方出土商周铜铙概论》,《湖南考古辑刊》第二辑;高至喜《商周青铜器与楚文化研究》,岳麓书社 1999 年版。

[57] 郭沫若《两周金文辞大系图录考释》(一),科学出版社 1957 年版。

[58] 同 [38]。

[59] 唐兰《古乐器小记》,《燕京学报》第 14 期。

[60] 同 [57]。

[61] 高至喜《论商周铜镈》,《商周青铜器与楚文化研究》,岳麓书社 1999 年版。

[62] 同 [53]。

[63] 许敬参《编钟编磬说》,河南省博物馆馆刊第九集,1937 年版。

[64] 山西省考古研究所、太原市文管会编,陶正刚、侯毅、渠川福著《太原晋国赵卿墓》,文物出版社 1996 年版;王子初《山西太原金胜村 251 号大墓出土编镈的乐学研究》,《中国音乐学》1991 年第 1 期。

[65] 王子初《中国音乐文物大系·江苏卷》,大象出版社 1996 年版。

[66] 茂县羌族博物馆、阿坝藏族羌族自治州文物管理所《四川茂县牟托一号石棺墓及陪葬坑清理简报》,《文物》1994 年第 3 期。

[67] 李文信《上京款大晟南吕编钟》,《文物》1963 年第 5 期。

[68] 卢连成等《宝鸡强国墓地》,文物出版社 1988 年版。

[69] 王子初《晋侯苏编钟的音乐学分析》,《文物》1998 年第 5 期。

[70] 马承源《晋侯苏编钟》,《上海博物馆集刊》第七辑。

[71] 王子初《太原晋国赵卿墓铜编镈和石编磬研究》,山西省考古研究所《太原晋国赵卿墓》,文物出版社 1996 年版。

[72] 袁仲一《秦代金文、陶文杂考三则》,《考古与文物》1982 年第 4 期。

[73] 郭沫若《曾子斿鼎、无者俞钲及其它》,《文物》1964 年第 9 期。

[74] 李纯一《中国上古出土乐器综论》,文物出版社 1996 年版。

[75] 湖北省荆沙铁路考古队包山墓地整理小组《包山楚墓》,文物出版社 1991 年版。

[76] 四川省博物馆、重庆市博物馆、涪陵县文化馆《涪陵小田溪战国土坑墓群清理简报》,《文物》1974 年第 5 期。

[77] 倪振远《淹城出土的铜器》,《文物》1959 年第 4 期。

[78] 绍兴市文管会《绍兴市发现两件句鑃》,《考古》1983 年第 4 期。

［79］ 常兴照、宁荫堂《山东章丘出土青铜器述要兼谈相关问题》，《文物》1989
年第 6 期。

［80］ 湖北省博物馆等（梁柱执笔）《湖北广济发现一批周代甬钟》，《江汉考古》
1984 年第 4 期。

［81］ 广州象岗汉墓发掘队《西汉南越王墓发掘初步报告》，《考古》1984 年第 3
期。

［82］ 同［74］。

［83］ 王子初《中国音乐文物大系·湖北卷·湖北音乐文物综述》，大象出版社 1996
年版。

［84］ 同［76］。

［85］ 容庚《商周彝器通考》，附图九三七、九三八，哈佛燕京学社 1941 年版。

［86］ 同［68］。

［87］ 河北省文物考古研究所《䥐墓》，文物出版社 1996 年版。

［88］ 杜迺松《从湖北崇阳出土的兽面纹铜鼓谈起》，《中原文物》1983 年第 2 期。

［89］ 中国古代铜鼓研究会编《中国古代铜鼓》，文物出版社 1988 年版。

［90］ 云南省博物馆文物工作队等《云南省楚雄县万家坝古墓群发掘简报》，《文
物》1978 年第 10 期。

［91］ 广西壮族自治区文物工作队《广西西林县普驮铜鼓墓葬》，《文物》1987 年
第 9 期。

［92］ 江苏省丹徒考古队《江苏丹徒北山顶春秋墓发掘报告》，《东南文化》1988
年第 3、4 期合刊。

［93］ 镇江博物馆《江苏镇江谏壁王家山东周墓》，《文物》1987 年第 12 期。

［94］ 同［83］。

［95］ 徐中舒《四川涪陵小田溪出土的虎纽錞于》，《文物》1994 年第 5 期。

［96］ 同［83］。

［97］ 徐中舒、唐嘉弘《錞于与铜鼓》，《社会科学研究》1980 年第 5 期。

［98］ 熊传薪《我国古代錞于概论》，《中国考古学会第二次年会论文集》，文物出
版社 1982 年版。

［99］ 李衍垣《錞于述略》，《文物》1984 年第 4 期。

［100］ 林奇、邓辉《錞于刍议》，《江汉考古》1987 年第 4 期。

［101］ 同［74］。

［102］ 王子初、霍旭初《中国音乐文物大系·新疆卷》，大象出版社 1996 年版；何
芳《音乐考古的重大发现》，《新疆艺术》1998 年第 2 期。

[103] 同〔23〕。

[104] 王子初《中国音乐文物大系·湖北卷》，大象出版社 1996 年版。

[105] 长沙市文物工作队《长沙市五里牌战国木椁墓》，《湖南考古辑刊》第 1 集，岳麓书社 1982 年版；黄纲正《长沙出土的战国琴》，《乐器》1984 年第 1 期。

[106] 尹炎《长沙马王堆三号汉墓出土乐器》，《乐器科技简讯》1975 年第 3 期。

[107] 南京博物院等《南京西善桥南朝墓及其砖刻壁画》，《文物》1960 年 8、9 期合刊。

[108] 同〔104〕。

[109] 赵世纲《中国音乐文物大系·河南卷》，大象出版社 1996 年版。

[110] 湖南省博物馆、中国科学院考古研究所编《长沙马王堆一号汉墓》，文物出版社 1973 年版。

[111] 湖南省博物馆《长沙浏城桥一号墓》，《考古学报》1972 年第 1 期。

[112] 同〔37〕。

[113] 同〔104〕。

[114] 黄翔鹏《均钟考》，《中国人的音乐和音乐学》，山东文艺出版社 1997 年版。

[115] 同〔104〕。

[116] 黄翔鹏《秦汉相和乐器"筑"的首次发现及其意义》，《考古》1994 年第 8 期。

[117] 同〔102〕。

[118] 林谦三《东亚乐器考》，音乐出版社 1962 年版。

[119] 河南省文物考古研究所、周口市文化局《鹿邑太清宫长子口墓》，中州古籍出版社 2000 年版。

[120] 同〔25〕。

[121] 同〔23〕

[122] 同〔110〕。

[123] 谭维四《江陵雨台山 21 号楚墓律管浅论》，《文物》1988 年第 5 期；湖北省博物馆陈逢新、宋有志《湖北江陵雨台山 21 号战国楚墓》，《文物》1988 年第 5 期。

四　音乐图像的分类研究

## （一）墓葬和佛教音乐图像

### 1. 墓葬中的乐舞画像

20 世纪的墓葬考古发掘中，发现了大量的音乐图像。这些直接或间接反映墓主音乐生活的图像类作品或遗迹，所体现的是生者的想象和愿望，是当时现实社会生活的折射。其对音乐史学的研究，有着与出土乐器同样的学术价值。音乐图像也是音乐考古学研究的重要对象。

起自战国、盛于东汉的画像石、石刻、画像砖、砖雕，从春秋至后世历代源源不绝的殉葬乐舞俑，辽宋金元时期繁荣的戏曲音乐留在墓葬壁画中的陈迹等等，是古代墓葬中反映社会音乐生活的代表性文物，记录了大量文献中已经无法再现的宏伟的历史音乐画卷。其所保存下来的大量历史资料，为今天了解当时的社会音乐生活，起到了不可忽视的作用。

（1）画像石和画像砖

人类产生音乐艺术的同时，也产生了绘画、雕刻艺术。作为一种文化的载体，美术作品较忠实地记录了古代社会人们音乐生活的各个侧面。在一定程度上，它所提供给研究者的信息量往往比单纯的乐器更大。对于音乐史学家来说，这也是图像类音乐文物的魅力所在。

表现汉代人音乐生活内容的画像石砖，是颇有特色的图像类音乐文物。其涉及到的题材十分广泛，几乎包罗了当时人们音乐生活的各个侧面。画像石砖本身，是汉代（主要是东汉）厚葬之风兴盛的产物，却为民间艺术家创作才能的发挥，提供了一个新的天地。单是徐州一带出土的汉画像石，已达三百余方。一千七百年前的人物、服饰、车骑、建筑，以及各种写实的生活场景、各种想象的神仙世界、珍禽瑞兽，均展现于人们眼前。

汉画像石砖所刻的内容表明，汉代贵族豪富们的日常音乐生活中，最普遍的形式是一种在音乐伴奏下的舞蹈、杂技、幻术、功夫等综合性表演的"百戏"。这种表演往往场面很大。如张衡《西京赋》所描绘的"总会仙倡"。其节目开始为"白虎鼓瑟，苍龙吹箫"，"女娥坐而长歌，洪崖立而指挥"。曲未终，忽见"云起雪飞"，又见"复陆重阁，转石成雷"，在石滚隆隆的转石之戏中，营造了热烈的气氛。主人在宴会宾客时，也常常进行小型的音乐表演。如在各种乐器的伴奏下，表演盘鼓舞、巾舞，其间也穿插一些跳丸、掷倒等杂技节目。汉画像中最为常见的是建鼓舞，几乎所有的乐舞场合都离不开它。偶尔也有家庭生活的优雅：二三人，三四人，一人弹琴，一人欢舞，或一唱三叹，执节高歌。尽管画像石力图表现或提供的是死者在天界或地界的生活场景，实际上却生动地表达了汉代人对一种理想生活的追求。汉画像比较集中的地区首推是鲁南地区，其次是南阳地区和成都地区。

据山东省博物馆的周昌富研究[1]，全省各地发现的汉画像石已达三千多块，鲁南地区最为丰富。这些石刻画像，保存了大量汉代的音乐舞蹈图像，再现了当时山东地区乐舞艺术的繁荣发达。琴瑟之类的乐器图像，比较多见。因所刻画的琴瑟图像较为接近，所以过去有很多发掘报告中大多说成是琴，却很少提到有瑟。其实琴与瑟在山东的画像石中是有区别的，最明显的区别是瑟的尾部有三至四个"柎"（系弦柱），而琴则没有。在山东，有关瑟的资料还是比较多的。如银雀山乐伎俑中就有一人鼓瑟，金雀山帛画中也有鼓瑟乐伎，五莲张家仲崮汉墓中曾出土四个瑟的鎏金铜柎（瑟已腐朽），柎呈六角形，镶嵌宝石和绿松石，颇为珍贵。据文献记载，春秋战国之际，瑟在齐鲁之邦是非常流行的一种乐器，尤其在齐国。所以后世文人常把瑟称为"齐瑟"。如《天中记》引《选笙赋》："齐瑟秦筝"，曹子建诗："齐瑟扬东讴，秦筝发西岳"，李白《古风》云："齐瑟弹东吟，秦弦弄西音，慷慨通魂魄，使人成荒淫。"可见瑟与齐地当有一定渊源关系。据《世本》、《帝王世纪》、《隋书·乐志》、《通典》等典籍所记，瑟是太昊氏所作。传说中的太昊氏系东夷部落首领，而山东地区又正是东夷部族的主要聚居之地。由此推测，中国的瑟很可能是东夷人首先发明的。

　　山东画像石中，还有化妆老虎鼓瑟的图像。从画面中可以看出，这是当时民间进行的一种化妆表演活动。汉赋中的"白虎鼓瑟，苍龙吹篪"，并非像过去人们认为的是作者想象出来的神话，而正是对盛行于汉代民间乐舞百戏的真实而形象的描述。乐工演奏瑟的姿势，在山东画像石中多为跽坐于地，瑟一端置于膝上，另一端斜置于地，双臂向前平伸，掌心向下，十指弯曲，置于瑟的上方。无影山陶俑及金雀山帛画上的鼓瑟伎，也均采用这种演奏方式。而沂南汉墓百戏图中的鼓瑟图像，其演奏方式则比较特殊：乐人跽坐于地，瑟竖置于右侧，双手掌心向下，手指微曲，临于瑟弦。这种将瑟竖置进行演奏的图像在山东画像石中仅此一例。当时是否真有此种演奏方式，还是画面设计者的别出心裁？有待进一步研究。

排箫和竽，是山东画像石上吹奏乐器中所见最多的图像。这说明它们在汉代仍是山东地区颇为普及和流行的管乐器。在春秋战国时期，排箫盛行于齐鲁一带，其为韶乐的重要伴奏乐器和舞具。"箫韶九成，凤凰来仪"、"其形参差，以象凤翼"，都说明它似乎同凤凰的传说有某种关系。竽在山东画像石中，一般都刻画得比较突出：竽管很长，大约能有演奏者身高的三分之一以上，管的顶端饰两个飘带（绦），很有特色，也很好识别。从"齐宣王使人吹竽"的典故中可以了解到，竽也同排箫、琴、瑟等乐器一样，很早就在山东地区流行，它也是深受山东人民喜爱的一种传统民族乐器。

除以上乐器图像外，山东石刻画像中还有建鼓、鼗、应鼓、拍板、钟、铙、磬、铎、埙、篪、笙、箫、管、笛、胡笳等。这些乐器图像，对研究汉代音乐文化及中国乐器发展史具有重要参考价值。

1957年江苏铜山县洪楼东汉画像石墓所出土的鼓乐百戏画像石三件，具有典型意义。乐舞画像石均为祠堂之物，时代为东汉末期。其一石高110、宽210厘米，为气势宏大的鼓乐百戏场面。图中，左方一人手举一物站立，面对整个演出场面，似为指挥、引导者。云气中，一人赤膊，拉动五个连在一起的石滚，表演转石之戏。在这种热烈的气氛中，开始了"怪兽陆梁，大雀踆踆，白象行孕，垂鼻辚囷"的漫衍之戏。图中的鱼、龙均有四条腿，龟腿也很长，白象显为水牛装扮。"仙倡伪作假形"，怪兽均用动物或人来假扮表演。紧接着"海鳞变而成龙……舍利飐化为仙车"，由鱼、龙拉着仙车疾驰而来，仙车上树有建鼓，"象人"（化装假面人）正在击鼓。还有"蟾蜍与龟，水人弄蛇"行舞于队列之中，操蛇者上身赤裸，双手

图二九　江苏铜山洪楼东汉鼓乐百戏画像石拓本

握住巨蛇之颈。最精彩的是幻术表演："奇幻儵忽，易貌分形，吞刀吐火，云雾杳冥。"一伎人手持喇叭形物，鼓腮用力，吹出熊熊燃烧的火焰，表演似乎达到了高潮（图二九）[2]。

　　1936年河南南阳市草店出土一座西汉晚期大型画像石墓，其中乐舞画像共三石，砌在三个墓门北面门楣上。共刻有乐伎、侍者及主人等二十五人，是南阳汉画像石中人数最多、场面最大的一幅。1949年后其中左门楣上一石已失，右门楣石长160、高40厘米。石上共刻九人。左边第一人立姿，执金吾；第二人坐于案前，当为主人观乐；第三人鼓瑟（或琴）。正中三人皆踞坐，似为讴歌者。画右三人，其中一人为俳优，正在作滑稽表演；一人右手执物，于樽上单手倒立；另一人扬长袖，屈身作舞。中门楣石长137、高44厘米。石上共刻七人。画中建鼓，上饰羽葆，鼓座作连尾兽形，鼓旁各有一人，双手各执鼓桴，张臂屈身，跨步奋力击鼓。鼓右设簨簴，上挂一个甬钟，钟右一人踞坐，右手扶簴，左手执长杖撞钟。撞钟人身后又有一人，拱手仰面，似为歌者。画左三人，皆踞坐，前一人执桴击小鼓，后二人双手捧于嘴上，似在吹埙或排箫。左门楣石长 155、高 44 厘米。石上共刻九人。左边为观者，一人坐于案前，两旁有侍者三人，二人执金吾和便面，另一人端坐。右边五人，其中一人似吹埙，余者皆吹排箫拨鼗鼓[3]。

有确切纪年的汉画像石比较少见。1973 年 3 月南阳市东郊李相公村北发现的许阿瞿墓，即为少数有明确纪年的乐舞画像石墓之一。墓中有墓主的画像，刻在墓门的门扉上。墓石上刻"建宁三年（公元 170 年）"，建宁为东汉灵帝年号。石长112、高 70 厘米。正面刻有乐舞画像及志文。志文竖刻六行，满行二十三字，共一百三十六字。志文内为哀悼五岁夭折的许阿瞿。画像分上下两部分：上部分为墓主人生前观赏游戏的画面。他端坐于左边榻上，其旁有题刻"许阿瞿"。其后有一奴仆打扇子，其前有三个玩童，或耍鸟，或牵木鸠，或驱木鸠，

图三〇　河南南阳东汉许阿瞿墓出土乐舞画像石

为许阿瞿嬉戏。下部为乐舞百戏。左起第一人似为扣盘击节，第二人袒胸露腹，右腿跪地，双手跳两剑四丸。中间一女子挥长绸正作盘鼓舞，地上设有四盘二鼓，两旁并列。右起第一人踞坐吹排箫，第二人鼓瑟（图三〇）[4]。

成都地区的汉画像有着较为浓厚的地方特色，多为画像砖，主要分布在彭县、新都、郫县、彭山、广汉等成都市周围地区。如1954年出土于成都羊子山1号东汉墓的鼓吹画像砖，高38.8、宽36.3厘米，嵌于墓葬前室的左壁上。图上有六骑，皆裹带结尾，鞍附障泥。骑吏头戴圆顶帽，身着广袖长服，分两横队并辔而行。右上一骑，上树一幢，幢上羽饰飘舞。居中一骑，手执桴作击铙状（铙被马足所掩）。下一骑吹奏排箫。左上一骑，上树建鼓，鼓上木柱顶端饰有羽葆，其两侧下垂。居中一骑，似弹琵琶。下一骑执排箫而吹。蔡邕《礼乐志》载："鼓吹，军歌乐也，谓之短箫铙歌。"据此图可知"鼓吹"乐的排列和乐器的组成情况[5]。

（2）墓葬壁画

汉代人在画像石刻凿完工以后，往往再由画工加施彩绘。这类画像石所表现的整体艺术效果，更接近于绘画。实际上，汉人也常常直接在墓中绘制壁画，其年代似比刻石成像更早一些，这些壁画直接承袭了西汉前期帛画引魂升天的主题。不过，目前发现的汉墓壁画中，还缺乏西汉前期的作品。河南、山西等省发现的多座西汉晚期到东汉的墓葬壁画，成为了解西汉晚期绘画的主要资料。进入东汉以后，墓葬壁画的内容，逐渐以表现死者生前的权势和威仪为主。如盛大的车马仪仗、成群的侍者以及死者生前拥有的庄园，包括农耕、畜牧、桑园、粮食加工和附属手工业生产等内容的画面。除此之外，还绘有一些珍禽瑞兽、树木楼阙、仙人故事和历史人物等题材。

魏晋以后的墓葬，更多的继承了汉代彩绘的作画传统，而刻石作画的情况渐渐少见。北朝的壁画墓在河北、河南、山西、山东、宁夏等省区常有发现。江南一带因地理条件和气候的关系，使砖壁绘画难以保存，所以代之以拼镶砖画，这可以说是砖壁绘画的一种特殊形式。南京万寿村附近一座东晋永和四年（公元348年）的墓葬中，所发现的是目前所知时代最早的拼镶砖画作品。虽然画面不大，所用来拼图的砖也不过两三块，但却为人们打开了了解六朝绘画真迹的窗口。这类模印的拼镶砖画，在承袭江南汉画像的基础上，更突出了线条的运用。这些突出于砖面的线条，不仅运用于外形轮廓的描摹，还进一步运用于器物细部的刻划，这与中国古代绘画突出运用线条的技法特征完全吻合。在拼镶砖画日益向大型多砖拼砌发展，并用来描绘人物形貌之后，其线条的趣味更加突出，反映了这一时期的绘画特色。拼镶砖画在绘画的形式、技法和题材等方面，突破了汉代画像石、画像砖原有的程式和格局，体现了一种新的艺术意境。

至南朝初，拼镶砖画出现了前所未有的繁荣。当时的王公贵胄，把拼镶砖画作为装饰墓葬墙壁的主要手段。由上百块砖拼镶而成的大型画面已不少见。这些带有拼镶砖画的大型墓葬，主要分布在南京的西善桥和丹阳县的胡桥、建山等地[6]。据考证，这些墓葬应为南朝齐、陈时期的帝王陵寝。这方面的重要音乐文物标本，首推江苏南京西善桥南朝墓的"竹林七贤"砖画和甘肃嘉峪关魏晋砖画墓中的壁画。特别是前者，砖画的制作，很可能是先在整幅绢上画就，分段刻成木模，印在砖坯上。再在每块砖的侧面刻就行次编号，待砖烧就，依号拼

对而成。两幅画分列墓室左右两壁中部。左壁一幅高 78、长
242.5 厘米。右壁一幅高 78、长 241.5 厘米。其内容为魏晋
"竹林七贤"和荣启期。左壁画上自外而内为嵇康、阮籍、山
涛、王戎四人；右壁自外而内为向秀、刘伶、阮咸、荣启期四
人。各人之间，用双枝形树木分隔成各自独立的画面。八人之
中，嵇康、阮咸、荣启期、阮籍均为古史上有名的琴家，嵇康
更是著名的音乐理论家。左壁画上嵇康为首，其头梳双髻，赤
足，坐在银杏树下的豹皮褥上。《晋书·嵇康传》载：他常"弹
琴诗诗自足于怀"，曾游洛西，夜于华阳亭上获异人指点。后
获罪司马氏，临刑东市，因慷慨弹奏《广陵散》从容就义而名
垂青史。又著有《声无哀乐论》，为中国音乐美学史上的名篇。
画中嵇康弹琴时怡然自得的神态，很能表现其刚烈不阿的性
格。在他所弹奏的古琴上，已可清楚地看到琴徽，这是目前古
琴上出现徽位最早的形象资料。阮籍与嵇康一松之隔。头戴巾
帻，身着长袍，一手支皮褥，一手置膝上，吹指作啸状。旁置
带把酒具，即为"瓢尊"之器，中浮小鸭一只。《晋书·阮籍
传》称他"嗜酒能啸"，《世说新语》记"阮步兵啸闻数百步"。
画面反映了他最主要的特点。阮籍旁依次为山涛饮酒图和王戎
的"如意舞"。

右壁始于"雅好老庄"的向秀，作倚树闭目沉思之状。后
为嗜酒成性的刘灵（《晋书》本传之后作"刘伶"）。然后为阮
咸。阮咸头戴巾帻，飘带垂于脑后。盘膝赤足，坐在皮褥上，
挽袖持拨，正在弹奏一圆形长颈的四弦"琵琶"。因阮咸善弹
此器，后世遂将其命名曰"阮咸"，简称为"阮"，流传至今。
此画亦为"阮咸"这种乐器最早的形象资料，其造型及奏法明
白可见，于学术史上弥足珍贵。《晋书·阮咸传》称"咸妙解音

图三一　江苏南京西善桥南朝"竹林七贤"砖画拓本

(上：左壁、下：右壁)

律，善弹琵琶"，可知魏晋琵琶即指阮咸，与传自西域的胡琵琶有别。荣启期为画中最后一人。腰系绳索，盘膝而坐，披发弹琴。所弹之琴亦已有徽，五弦。荣为春秋隐士，《高士传》载孔子游泰山，见荣鹿裘带索，鼓琴而歌。作画者将其同列于竹林七贤，大概一为两面壁画布局的对称，二为八人均为多才多艺、又好诗酒的高士（图三一）。

隋唐五代时期，墓葬壁画从题材到技法，仍沿袭魏晋南北朝传统。特别是唐代的壁画，更是在中国绘画史上占有十分重要的地位。如 1952 年 2 月发现的唐苏思勖墓乐舞壁画、1956年 4 月西安市南郊羊头镇出土的唐总章元年（公元 668 年）李爽墓吹排箫伎乐人壁画和 1973 年三原县焦村出土的唐贞观四年（公元 630 年）李寿墓乐舞壁画，均为十分重要的作品。这些作品多绘于墓道和墓室的壁面和室顶。一般做法是：先在壁面上抹上草泥，外涂白灰打底。起稿时以炭条勾勒轮廓，再正式描线彩绘。着色手法多样，或浓色平涂，或分层晕染。颜色有土红、石青、石绿、石黄、银朱和紫色等，多为铅丹、朱砂等矿物。在经历了一千多年的漫长岁月之后，仍能保持较好的色泽。作品的题材常为墓主的家居生活，如卫士、侍者、宅第、歌舞、出行、畋猎、宴宾，以及灵兽和天象星宿等。

苏思勖墓距唐兴庆宫遗址约一华里。据墓志铭文，苏思勖官至银青光禄大夫行内侍省内侍员外，卒于唐天宝四年（公元745 年）。墓中乐舞壁画位于墓室东壁，画中两边是为舞蹈伴奏所配置的乐队，在黄毯上奏乐。左侧乐队由六人组成，亦分前后两排，前排三人，手持琵琶、笙、铜钹。后排三人，奏横笛、拍板，另一人伸左手与右侧歌者相对而唱。站在中间地毯上的舞者为一胡人，头包白巾，穿长袖衫，腰系黑带，脚穿黄靴。舞者扬眉动目，视线向下。右侧乐队由五人组成，分前后两排，前排三人跪坐，演奏箜篌、筝、箫。后排站立二人，一人吹排箫，一人以右手伸向前方，似在伴唱[7]。

入宋以后，由于辽、宋、金、元戏曲兴盛起来，促使宋代以后墓葬壁画的题材发生了新的变化。戏曲是中国古代音乐史上最后一种主要的表演形式，一直沿袭到今天。它在当时的社会生活中已成为不可或缺的重要内容。这一点也反映到墓葬壁画上，成为这一时期的一种特色。墓葬壁画常反映当时社会所推崇的、理想的生活方式，或是墓主人生前的重要事迹，如1959年发现于江苏淮安杨庙宋墓乐人壁画上所画的内容，很可能就是墓主人杨公佐生前的喜好，或者说，至少也反映了北宋绍圣年间社会的一种时尚。

1971年、1989年和1990年河北文物工作者于宣化下八里村相继发掘清理了张世卿（下八里1号墓）、张恭诱、张世本和韩师训（下八里4号墓）四座辽金时期的壁画墓。宣化区下八里村为具有一定规模的辽代张氏家族墓地。1号墓为仿木结构的砖砌古墓。墓葬早年被盗，但墓内四壁和顶部的壁画保存完好。根据墓志记载，墓主人张世卿卒于辽天庆六年（公元1116年）。他在辽授右班殿直，累迁银青崇禄大夫检校国子祭酒兼监察御史云骑尉。墓中壁画面积达86平方米，散乐图绘于墓前室东壁，虽经千年雨水浸蚀，色彩仍很鲜艳。散乐图共绘十二人，为一完整的表演场面。乐队前排五人，其中吹笙篥者二人，吹笙、击腰鼓、击大鼓者各一人；后排六人，其中击拍板、弹琵琶、击腰鼓和吹十二管排箫者各一人，吹横笛者二人。在前排第三人下有一低矮的舞蹈者，作按节起舞状。乐人均戴幞头，着长袍，登高腰靴。应为当时流行的以器乐和舞蹈为主的"戏班"。1993年3月下旬又发现墓葬十座，其中第5、6、7、9、10号墓均为仿木建筑结构的双室壁画墓[8]。墓内发现了大批具有极高艺术价值的绘画资料和大量木器家具，另有记载墓主生平事迹的墓志铭，极具史料价值。

河南禹州白沙宋墓散乐壁画于1951年12月出土，该墓分前、后两室，前室呈方形，后室作六角形，全用小砖垒砌。室内各墓壁均砌成仿木结构建筑形式，用砖砌出斗拱、栏板、檐柱、门窗等。壁上均刷白土一层，上绘各种彩色图案及人物故事等，颜色鲜艳，人物逼真。散乐壁画绘于墓前室东壁阑额下。用砖砌成卷起的竹帘，帘着土黄色，并缀以绛心小花，帘两端各以银钩吊起。帘下雕砖作幔，幔着绛色，幔下有女乐十一人。右侧五人分前后两排站立：后排二人，右者戴硬脚花额幞头，着圆领窄袖紫袍，面北，双手各执小杖作击鼓状，鼓红色，下承黄色座；左者梳高髻，髻上戴白色团冠，冠上缘饰以绛、蓝两色，冠下前面插黄色簪饰，着窄袖绛衫，面北，双手击拍板。前排三人，右者戴硬脚花额幞头，着圆领窄袖浅绛衫、窄腿蓝裤，足蹬尖鞋，面北，双手击细腰鼓；中、左二人冠饰同前，着圆领宽袖长衫，腰际系带，分别吹横笛和筚篥。东壁右侧立五人：后排二人，左者高髻方额，髻上亦戴有白团冠，冠下插簪饰，着窄袖蓝衫和绛色云纹裙，面南吹竖笛或筚篥；右者冠着略同，但着绛衫，也面南吹箫。前排三人，左者髻上戴莲花冠，冠下插簪饰、方额，着窄袖绛色长衫和绛色云纹裙，面南吹笙；当中者高髻方额，髻上戴白团冠，着窄袖蓝色长衫和绛色云纹裙，面南吹十二管排箫，排箫下端系有同心结饰；右者上戴花冠，着宽袖浅绛色长衫和白裙，裙下露尖鞋，面南，右手执拨，弹五弦琵琶，琵琶拨杆部分有彩色布纹。左右侧四排女乐之间，一女子戴硬脚花额幞头，着圆领窄袖紫袍，宽腿绔，足蹬尖鞋，正面欠身，右手扬至头顶，左臂屈于胸前，作表演状。壁画所绘的乐器，颇与《辽史·乐记》所载相似："今之散乐，俳优歌舞杂进。往往汉乐府之遗声。晋大福三年（公元 938 年）遣刘煦以伶官来归。辽有散乐，盖由此矣，散乐器，箫、笛、笙、琵琶、五弦、箜篌、筝、方响、杖鼓、第二鼓、第三鼓、腰鼓、大鼓、鞉、拍板。"此图无五弦、箜篌、方响及杖鼓，但多出筚篥、竖笛等[9]。

## 2．佛教音乐图像

东汉初年，佛教自印度传入，对中国文化产生了巨大的影响。这种影响渗透到政治、经济、思想、社会生活乃至民俗风尚诸多方面。至南北朝以后，佛寺成了社会活动的聚散中心，佛教成了连结宫廷、官署和民间虔诚信徒的纽带。建窟筑寺，书写佛经，成为官民、僧俗间的一种社会时尚，从而孕育了极为丰富的中国佛教文化遗产。据统计，单敦煌莫高窟就有音乐内容的洞窟二百余个，有各种乐伎三千余身，有大小不同的乐队约五百组，共出现乐器四十四种、四千余件。

石窟寺是佛教文化的产物。石窟寺原为佛教徒顶礼膜拜、修行坐禅的场所，故多选择在远避城镇的山崖沟谷。一般可以分为三种类型，即坐禅窟、礼拜窟和瘗窟。佛教石窟寺的壁画可从绘画作品中分离出来，作为图像中单独的门类。壁画造像主要设在礼拜窟内。为了宣扬佛教的教义，礼拜佛像，佛教徒们就运用艺术手段，形象地图解和描述佛经内容。如尊像画、曼陀罗、说法图、经变画、佛传故事等。壁画中出现的音乐舞蹈形象缘起于上述观念。虽然佛教将音乐舞蹈蒙上了宗教的面纱，但就其本质来说，它们是现实生活的曲折反映，根源来自世俗社会中的艺术生活。所绘佛界天国那些虚无缥缈的天宫伎乐，漫天飞舞而不鼓自鸣的乐器，表明菩萨们在净土仙界享受的音乐生活，实际上仍是人间现实的折射，尤其是乐器的形象，可以不加任何改变地摄入壁画中。从这个意义上说，壁画中的音乐形象是当时、当地音乐生活的写真。

在漫长的历史进程中，人们并不满足于那些枯燥的说教，也不满足于那些正襟危坐、僵化呆板的佛陀肖像。在壁画的创作发展中，除了画佛之外，逐渐融入了许多非神性世界的内容。如历史故事、窟主题材，以及反映各个历史时期社会生活的景象，包括劳动生产、生活起居、交通商旅、歌舞音乐、杂技百戏、婚丧嫁娶等，反映了各地区各民族社会生活的真实面貌。壁画中的音乐题材相当广泛，分布在洞窟的各个角落，多有固定的位置和构图程式。但是在不同的时代，绘画的技巧、风格各有特色。

甘肃敦煌的莫高窟、新疆库车的克孜尔石窟、山西大同的云冈石窟、河南洛阳的龙门石窟是中国洞窟壁画最为集中的地方，号为中国四大石窟。其发端于南北朝，兴盛于隋唐。四大石窟是横贯亚欧大陆的"丝绸之路"上的重要历史遗存，是古代东乐西渐、西乐东渐的见证。20 世纪以来，有关四大石窟壁画的音乐考古学研究，取得了丰富的成果。

（1）敦煌莫高窟

甘肃是佛教石窟寺最重要的几个分布地之一。全省共发现石窟寺六十余处，著名的敦煌莫高窟便是它最杰出的代表。甘肃石窟寺始建于十六国晚期，盛于北朝（北魏、西魏、北周），至唐达到高峰，宋、西夏、元趋于衰落。据记载，莫高窟、麦积山、炳灵寺、天梯山等石窟年代最早，这是继佛教进入西域之后、又从西域向中国中原地区东渐的里程碑和分水岭，是中国石窟寺艺术研究的经典和宝库所在。它们直接影响了中原石窟的产生和发展。

据敦煌研究院郑汝中的研究，敦煌壁画中出现的乐伎有二大类：一类是伎乐天。包括天宫乐伎、飞天乐伎、化生乐伎（菩萨乐伎、童子乐伎）、护法神乐伎（天王乐伎、金刚力士乐伎、药叉乐伎、迦陵鸟乐伎）、经变画乐伎（胁侍菩萨乐伎、文殊普贤经变乐伎、礼佛乐队乐伎）；另一类是伎乐人。包括故事画乐伎、供养人乐伎、出行图乐伎、嫁娶图乐伎和宴饮图乐伎。敦煌壁画中出现的乐器包含了自敦煌建窟以来各个历史时期不同种类的乐器，这无疑是中国乐器史方面一批极为重要的参考资料[10]。例如琵琶，这是魏晋南北朝以后在中国兴起的乐器，壁画中出现的六百只琵琶，其时代从北凉一直延续到元，时间长达千余年。它的形制构造和演奏技法，它的发展和演变，在敦煌壁画中都得到了生动的体现。又如箜篌的兴衰，古筝的形制，特别是中国鼓类乐器的多样性，在壁画中一览无余。壁画中的乐器分为三大类：一类是吹奏乐器。计有横笛、竖笛、风笛、异形笛、筚篥、排箫、笙、角、画角、铜角、贝、埙等；一类是弦乐器。计有琵琶、五弦、葫芦琴、阮、弯颈琴、琴、筝、箜篌、凤首箜篌和胡琴等；第三类是打击乐器。计有腰鼓、毛员鼓、都昙鼓、答腊鼓、羯鼓、节鼓、檐鼓、齐鼓、鼗鼓、鸡娄鼓、大鼓、军鼓、手鼓、扁鼓、方响、铙、钹、拍板、钟、锣、串铃、金刚铃等。

从整个莫高窟的音乐壁画图像来说，精彩的作品比比皆是。如第 156 窟《张议潮出行图》、第 220 窟《药师经变乐舞图》、第 112 窟《反弹琵琶》、第 148 窟《观无量寿经变乐舞》等。他们用写实与写意的双元视角来进行创作，并且大量运用了装饰手法，使壁画绚丽多彩，满壁生辉。特别是在构图处理方面，从早期单线平图、平列铺排的原生构图状态，发展到后来能掌握三维空间，设计大场面的说法图，能处理多层次、多人物、具有各种纵深透视关系的画面。其中一个画面甚至有三层乐队，却也能安排得秩序井然，着实令人惊叹。

唐大中二年（公元 848 年），沙州（敦煌）人张议潮率众起义，击败了吐蕃人对瓜、沙二州的统治，并相继收复了绵延千里的河西走廊失地，结束了这一地区长达数十年的混战与动荡不安的局面。唐皇为表彰其功勋，敕封张议潮为沙州十一郡归义军节度使。莫高窟第156窟就是其侄张淮深为张议潮歌功颂德而修建的功德窟，也是晚唐时期最有代表性的洞窟之一，建于唐咸通五年（公元846年）。在窟内南北二壁下方相对绘制横幅长卷《张议潮统军出行图》和《宋国河内郡夫人宋氏出行图》。无论从其创作构思还是绘制技巧方面来看，均是高水平的杰作。《张议潮统军出行图》全长达8.3米。画出一百余人的仪仗队伍，浩浩荡荡，蔚为壮观。画面上，骑吹军乐的八骑士威武雄壮，乘坐高头大马，分列左右，一侧四人。其中两人击鼓，两人吹长角。后有骑马持牌者二人相对立于道中，似在指挥随后紧跟的营伎乐舞仪仗。画面正中，舞伎八人排成两行，一行汉装，戴幞头，一行吐蕃装，裹红巾。皆穿长袍，载歌载舞，缓缓行进。其后紧随十人组成的乐队，站立演奏，使以军乐和歌舞为前导的仪仗队显得十分气派。乐工着绣帽、长袍、乌靴，其中两只大鼓由两人背负前行，两人在后持杖击奏。乐队中演奏的乐器有琵琶、竖笛、筚篥、拍板、腰鼓、杖鼓、笙、箜篌等。《张议潮出行图》是继汉代骑吹、鼓吹、卤簿制度之后，对唐代军营音乐的现实写照，可与文献相对应，有极珍贵的史料价值。

第220窟时代为唐贞观十六年（公元642年）。南壁所绘《阿弥陀经变》与北壁所绘《药师经变》，是隋代以来比较突出的有大型乐舞内容的壁画。其中北壁《药师经变》下部的乐舞，是敦煌莫高窟壁画中规模最大、人数最多和最为壮观的一组场面。其乐舞人数竟达三十二身之多，仅乐队就由二十八人组成。乐人左、右分列，各持一种乐器，踞坐于方毯之上，为舞者尽兴伴奏。这幅《药师经变》可能根据隋代达摩笈多所译的《药师如来本愿经》而绘制的，画面极为复杂。画面下方宽广华丽的台阶下有一平台，平台上有舞伎四人，扬臂挥巾，翩翩起舞，可谓"虹晕轻巾掣流电"，"左右旋转不如疲"。大型乐队分列于平台两侧，排列整齐，踞毯而坐为舞蹈伴奏。燃灯女点燃灯树，满壁金辉，鼓乐齐鸣，群情鼎沸，一派辉煌壮丽的天国欢乐景象。西侧乐工十五身，演奏乐器计有羯鼓、都昙鼓、横笛、鼗鼓、答腊鼓、锣、贝、拍板（三页）、竖箜篌、钹、笙、筚篥、竖笛、拍板（五页）等。其中一人挥动双手，抛起铜锣，喜形于色的表演引人注目（图三二）。东侧乐工十三身演奏乐器有腰鼓、都昙鼓、毛员鼓、拍板、横笛、尺八、锣、花边阮、筚篥、方响、笙、排箫、筝等。花边阮为敦煌壁画中极具特色的乐器，又称"五弦曲项琵琶"。其音箱为六瓣花边形，短颈、曲项、方菱形头。面板上胶有缚手、梅花形半圆捍拨，五弦、五柱、五弦轴。乐器形体较大，绘制精美。乐伎怀抱乐器于胸前，左手拧动弦轴，右手掐弹，侧耳倾听，似在调音，神情刻划得惟妙惟肖。位于窟内南壁《阿弥陀经变》下方的乐舞图规模比北壁稍小，但布局严谨，场面也十分热烈。画面正中二舞伎伴随着乐声扬臂提腿而舞。巾带回旋飘举，舞姿奔放柔曼，有"跳身转毂宝带鸣"之意。两侧乐队各七人，分别坐于方毯之上专注演奏，左侧的乐器有筝、琵琶、方响、竖笛、箜篌、排箫。其中一乐伎似在歌唱。右侧乐器有羯鼓、腰鼓、横笛、埙、答腊鼓、竖笛、排箫。众多的乐器中，左侧的筝和琵琶较为突出。筝体小巧，通体装饰精美花纹，筝面弧拱，有弦有柱，但头、尾倒置，岳山在左侧。演奏者手置于筝尾，不符合演奏规律，可能是画工不熟悉乐器演奏

图三二　甘肃敦煌第 220 窟唐代《药师经变》中的西侧乐队图

方法所致。琵琶直颈,四项四弦,演奏者持拨弹奏,右侧乐队中的埙形体较大,桃形,有音孔数个,敦煌壁画中仅此一例。

第112窟《反弹琵琶图》为中唐(吐蕃时期)时期作品。该窟南北二壁绘满壁画,其中南壁绘《金刚经变》和《观无量寿经变》各一幅;北壁绘《报恩经变》和《药师经变》各一幅。保存完整,色泽如新,乐舞场面气势非凡。反弹琵琶及乐队图像,即出自此窟,它是反映唐代乐舞最集中和最完美的洞窟之一。南壁东侧《观无量寿经变》场面宏大,琼楼宫阙壮丽辉煌,众菩萨围佛而坐,聆听佛法,一片庄严美妙的气氛。佛座前平台上陈列两层乐队。最前方平台上的五身乐伎中,四身分两厢相背而坐,东侧奏筚篥、击拍板,西侧弹琵琶、吹笙,正中前方一身迦陵鸟乐伎持长颈阮咸琵琶弹奏起舞。上层平台上绘乐舞一幅,更为华丽醒目。画面正中,一舞伎高髻宝冠,上身袒露,戴项圈、臂训、手环,下着短裙羽裤,左手持琵琶于脑后置于肩头,右手作反弹状,左腿举起,右腿挺立。上身前躬,与唐人形容的"鼓催残拍腰身软"的优美形象如出一辙。其修眉流盼的神韵,婉丽动人的风姿,给人以美的享受。飞动的长巾迎风而起,似有"虹晕轻巾犁流电"的感觉。此即闻名遐迩的"反弹琵琶"舞。舞伎两侧的乐伎各三身,单排成人字形,跌坐奏乐。左侧乐伎分别击拍板、吹横笛、播鼗鼓兼击鸡娄鼓。击鸡娄鼓者以右手拍击,右侧一乐伎倒持四弦琵琶,持拨弹奏,一乐伎弹长颈阮咸琵琶,另一乐伎拨奏竖箜篌。乐伎演奏的生动神态,使人有如闻其声的感觉。

郑汝中通过敦煌壁画的研究,将中国乐舞壁画的造型、构图形式、题材内容的形成和特色,归纳为以下几个方面:

①中国传统乐舞画的延伸。以绘画的形式来表现乐舞内

容，是中国由来已久的传统。远古的岩画和彩陶、青铜器上的饰绘，已可说明"音乐画"的漫长历史和延续过程。汉代的画像石和画像砖，特别是魏晋南北朝时的画像砖对当时音乐生活丰富的描摹，是直接影响和启迪壁画创作的关键。因此，莫高窟壁画绘制的音乐形象，从一开始就已非印度或西域的原貌，而是根据当地民间乐器及其表演形式进行的改造创作。

②理性的内涵。敦煌壁画中的音乐图形甚多，包括乐器图、天宫伎乐、说法图中的乐舞等。其中除了依照佛经佛规所示的天国景象进行构思外，还有一个重要的成分，就是融入了中国的礼乐思想，插入了寓意深邃的理性内涵。早在佛教进入中国之前，中国社会已经建立了根深蒂固的、以"礼乐"思想为核心的儒学理论基础。"礼"，就是封建社会的宗法制度和道德规范。乐，则是用来体现"礼"制的一种手段，也有着浓重的政治色彩。古代"乐"字的含义甚广，它包含了音乐、舞蹈和诗歌。乐一方面是满足统治阶级享受的工具，除了典礼、出行、集会伴有音乐之外，贵族们的宴饮起居也要音乐助兴。另一方面则起到教化人民政治作用。佛教进入中国后，很快与儒家的"礼乐"文化融合在一起。佛就是帝王的化身，渲染出一种宫廷威严豪华、金碧辉煌或欢乐的场面。应该说，这是皇权的视觉标志。中国儒家的礼乐思想与佛教的净土思想得到完美的和谐统一，这就是敦煌壁画中乐舞图的理性内涵。

③符号的特征。敦煌壁画存在着强烈的符号特征。中国绘画，尤其是民间绘画，具有独特的表现方法，主要特点是着重寓意。它往往通过一个固定的形象，象征、隐喻一种事物观念，表达一种哲理，或由某种约定俗成的语言概念、人间物象凝缩成一个图形，代表一种群众共识的情绪符号。经过不断地

模仿、重复、再现，在一定范围之内趋于定势。实际上它不单是画家个人的创作，而是一种群体创作的意识形态，这就是所谓的"符号"概念。壁画图像正是由许多符号构成的艺术载体。其大致可以分为两种情况：一是象征性符号。一些简单的、日常生活所见的图形，如器物、动物、花卉等，被赋予特征内涵，约定俗成，直观即可意会。如乐器系以彩带，悬浮于空间，寓意天宫仙乐自鸣，又如对佛的礼赞、奉献，天王手持琵琶，寓意护法，表示赐福人间、庇护、施舍之意。还有佛教专用的符号图形，如莲花、狮子、象、海螺、卍字、忍冬花纹等等。这些图形在洞窟内比比皆是，它无需翻译，很自然地互相关联，互相补充，构筑起一个大家熟识的、具有很强感染力的文化氛围。二是具有情节性的符号。即由一个具体情节构成一幅图画，代表一个故事，或一个成组的语言观念。譬如"火宅"、"九横死"、"嫁娶图"、"树下弹琴"等许多画面，人们一看就知道它是什么经变、什么故事。其构图已经程式化，成为一种整幅图像的符号概念。

郑汝中认为，壁画的绘制质量要受到很多条件的限制。一是窟主的要求。一般来说，窟主都是地方官宦、豪绅，其投资建窟，是表示对佛的虔诚和奉献，显示自己的功德。故要求尽可能把自己和家族也画进去，光宗耀祖。这就制约了石窟的内容、题材。二是佛教仪轨的限制。建窟主要是为教徒瞻仰佛像，观看佛画、变相，领悟佛经。故有着比较严格的仪轨。有专门的"画经"对壁画的绘制、方位、内容、尺寸都作了规定。三是自然条件限制。包括财力、自然环境的限制，都必须因地制宜，随形就范。四是画工本身的素质。画技的工拙、想象能力、知识范围，特别是画乐舞图像的音乐知识，都是制约质量的关键。画工绘制壁画是根据"粉本"（画稿）摹制的，可以说是第二次创作。就音乐图像本身而言，在很大程度上是杜撰臆造的结果。有的画工地位卑贱，是窟主雇来的劳役。他们没进过宫廷，更对音乐活动陌生，所以很多乐器画错了、画反了，甚至有很多失实的成分。如唐以后的壁画中出现一种"弯琴"，是由琵琶和箜篌合并成的一种造型。弯弯的琴杆作为指板，是不可按音发声的，故这种乐器实际上不可能存在。但它却饰以凤头，造型很漂亮，后来一直沿袭传抄，直到元代。

敦煌石窟中除了莫高窟以外，还包括附近的几个石窟。其中安西榆林窟的规模仅次于莫高窟。榆林窟又称万佛峡，现有洞窟四十三个，保存了唐、五代、宋、西夏、元各代绘、塑壁画。其西夏时期的壁画很有独到之处，可为莫高窟的重要补充。第25窟南壁的《观无量寿经变》大型说法图中，绘有规模庞大的乐队，无论对乐人表演情态，还是对乐器形制的描绘都非常出色，是榆林窟中最精彩的一幅壁画。第3、10二窟，均绘有胡琴图。这是莫高窟壁画中未见的乐器。其绘制时间，约在12世纪初，比陈旸《乐书》中的奚琴图要早数十年。这是中国时代最早的一幅拉弦乐器图。它说明胡琴早在西夏以前就出现在西北的河西走廊地区。这对世界拉弦乐器的研究也有着显而易见的重要意义。就全甘肃地区来说，在河西走廊、陇中、陇东的石窟都绘有反映音乐内容的壁画，并不仅限于敦煌，因其无更多的特点，不再赘述。

有关甘肃石窟艺术中音乐舞蹈内容的考古学研究成果，较有代表性的还有常任侠、高德祥、杨森、郝毅、阴法鲁、叶栋、庄壮、向达和牛龙菲等人的著作[11]。

（2）克孜尔石窟

　　新疆佛教石窟，地域分布广阔，时代延续长久。从地理上看，北线西起喀什，向东北经库车、焉耆、吐鲁番至哈密。南线也以喀什为起点，向东经和田、米兰到楼兰。从时间上看，上始公元3世纪，下迄12世纪。主要集中地为两处，一是古代龟兹地区（今库车、拜城、新和县一带），一是古代高昌地区（今吐鲁番、鄯善一带），尤以龟兹地区遗存最为丰富。克孜尔石窟是龟兹石窟的代表，与敦煌莫高窟、大同云冈石窟、洛阳龙门石窟并列为中国四大石窟。

　　龟兹与高昌石窟中保存着大量内容丰富的壁画，音乐舞蹈是其中十分引人瞩目的形象。佛经《大智度论》中说："……菩萨欲净佛土，故求好音声，欲使国土中众生闻好音声，其心柔软，心柔软故受化易，是故以音声因缘供养佛。"音乐又是佛教法事和供养的重要形式，佛经中的"偈颂"就是用音乐演唱经文。《宋高僧传·鸠摩罗什传》中载："天竺国俗，甚重文制，其宫商体韵，以入弦为善。凡觐国王，必有赞德，见佛之仪，以歌赞为贵，经中偈诵，皆其式也。"

　　龟兹是西域三十六国中的大国，地理条件优越，经济发达，文化昌盛。公元前就与中原交往频繁，《汉书·西域传》载龟兹王绛宾，"治宫室，作徼道周卫，出入传呼，撞钟鼓，如汉家仪。"新疆石窟研究所霍旭初认为，这对龟兹乐舞艺术的发展具有深刻影响[12]。石窟早期壁画出现了排箫、阮咸等中原乐器，当与此段历史有关。南北朝时期，文化和民族大交流、大融合，龟兹音乐舞蹈艺术日趋繁盛，成为西域的乐舞胜地。十六国时的前秦国主苻坚，派吕光平龟兹，将一大批乐舞伎人带至中原，揭开了龟兹乐舞大规模东传的序幕。北周武帝（公元560～578年）娶突厥阿史那公主为后，随嫁而来的一批著名的龟兹音乐家有苏祇婆、白明达、白智通等人。苏祇婆传播了龟兹"五旦七声"的乐律理论，对东西方音乐的融合和发展起到了历史性的作用。在北周、隋、唐的宫廷乐部中，"龟兹乐"为西域诸乐部之首，在中原有极高的声望。

唐初著名高僧玄奘去印度取经，回国后撰写了《大唐西域记》，在书中对当时龟兹的音乐舞蹈艺术作了高度的评价。他称："屈支（龟兹）国……管弦伎乐，特善诸国。"《新唐书·龟兹国传》也载龟兹"俗善歌乐"。龟兹地区音乐发达，还可见诸于其他一些史料。唐段成式《酉阳杂俎》载："龟兹国，元日斗牛马驼，为戏七日，观胜负，以占一年羊马减耗繁息也。婆罗遮，并狗头猴面，男女无昼夜歌舞。"唐圆照撰《悟空入竺记》说："安西（即唐安西大都护府，治龟兹）境内有前践山、前践寺。复有耶婆色鸡山，此山有水，滴流成音。每岁一时，采以为曲。"《宋高僧传》中也有类似的记载。

龟兹石窟壁画中的乐器形象极为丰富。对此，霍旭初认为，由于历史和佛教派别的原因，乐器形制基本可分为两大系统：龟兹系统和中原系统，但以龟兹系统为主流。所谓龟兹系统的乐器，就是本地世俗间流传的乐器。其中包括虽然源自域外，但传入龟兹后，经过吸收、改造和长期应用已经本地化，具有明显龟兹特征的乐器。这些乐器还涉及到龟兹创造的乐器组合形式。石窟壁画中出现的龟兹体系乐器有：弓形箜篌、竖箜篌、五弦琵琶、曲项琵琶、阮咸、排箫、筚篥、横笛、贝、大鼓、腰鼓、细腰鼓、羯鼓、毂鼓、鸡娄鼓、答腊鼓、铃、铜钹等。这些乐器与历史文献记载的隋唐乐部"龟兹乐"中的乐器，大体可以对应。龟兹系统乐器主要出现在四种内容的壁画里：①佛传故事。表现释迦牟尼从诞生到涅槃的传记。②因缘故事。表现释迦牟尼成佛后四方说法、诠解因缘、广度众生的业绩。③向佛的重大事迹作歌赞供养。④表现佛国"胜景妙乐"的景象。

克孜尔石窟是中国四大石窟中建造最早的佛教石窟寺。位于新疆维吾尔自治区拜城县克孜尔乡东南戈壁断崖上。现存编号洞窟二百三十六个，壁画1万余平方米。石窟建造始于公元3世纪，止于公元9世纪。随着伊斯兰教的传入，新疆佛教文化遭毁灭，石窟亦受破坏，逐渐被废弃。至清末一些官吏巡察新疆时，这些石窟才被重新发现。这些仅举两例：

克孜尔第8窟《伎乐天人图》的时代约为公元7世纪。该窟主室入口上方保存着部分壁画，可能是一幅佛居中央的说法图。在中央华盖左右各有二身天人，右侧的二身保存完整，上边一身黑色皮肤，身穿龟兹式胸衣，头梳大华髻，左手托花盘，右手抓花瓣作散出状。另一天人身体平展，上身裸露，下着裙裤，披帛带，胸前横卧一五弦琵琶，左手执琴颈，右手拨弦。天人略呈"V"字形，是一个从天而降的姿态。五弦琵琶为绛红色，琴首为不等边三角形，有五个轸。音箱下部隐见音孔，琴弦已不清。乐器的形态、比例都较准确，在中原隋代及唐初的文物中也可以见到，此种形制在龟兹壁画中所见很多，唯此图最标准。

克孜尔第80窟《五髻干闼婆演乐图》的年代约为公元7世纪。该窟主室正壁佛龛左侧有二身人物。靠近佛龛的是五髻干闼婆，其身后为眷属。五髻干闼婆与眷属共坐一长方座上，干闼婆双腿间放一弓形箜篌，作弹奏状。该图所描绘的就是"般遮"（般遮即五之意，汉译五髻干闼婆）请佛说法的情景。"般遮鼓琴"的故事与中国佛教音乐的起源有密切关系。一般认为，中国佛教音乐始于三国吴曹植，《梁高僧传》中说他"深爱音律，属意经音。既通般遮之瑞响，又感鱼山之神制。"所谓"般遮瑞响"即此图所描绘的故事。五髻干闼婆所持的弓形箜篌音箱较宽厚，琴从敷皮中穿过，有扎口，琴杆细而长，为龟兹中、后期壁画常见的形制。此箜篌似未绘琴弦，在其他洞窟相同题材的壁画中也未见琴弦，这可能是对"般遮"神化的一种表现。但箜篌本身画得十分真实。

（3）云冈和龙门石窟

云冈石窟位于山西大同城西 16 千米处的武州山南麓，依山开凿，东西绵延 1 千米。现存主要洞窟四十五个，大小窟龛二百五十二个，根据山势的自然起伏，可分为东、中、西三部分，它是新疆以东最早出现的大型石窟群。云冈石窟肇于北魏文成帝和平初年（公元 460～465 年），终于孝明帝正光年间（公元 520～524 年），历时六十四年。

云冈石窟蕴涵着丰富的佛教艺术内容，乐舞雕刻即其中的重要题材内容之一。经调查统计，云冈目前尚有二十二个洞窟雕刻乐器，可辨识者六百余件，近三十种。据项阳、赵昆雨、肖兴华等人的研究[13]，其中气鸣乐器有横笛、义觜笛、异形笛、筚篥、排箫、吹叶、埙、笙、螺、角等；弦鸣乐器有琵琶、竖箜篌、琴、筝等；膜（体）鸣乐器有腰鼓、齐鼓、檐鼓、魏鼓、两杖鼓、手鼓和铜钹等。云冈伎乐雕刻的表现形式大致上分两种：一是表现于佛界或俗界的专门性伎乐；一是点缀于壁面空间的图案化装饰性伎乐。这些雕刻有浅浮雕，有高浮雕，手法多样，表现形式变化纷繁。这里仅将一些有规律性的形式简约介绍，尚有许多未述及者，如第 11 窟中心塔柱主像两侧的伎乐形象、第 12 窟明窗边沿上的伎乐形象、第 6 窟礼佛方阵中的伎乐以及一些装饰性、音乐象征性的伎乐雕刻，它们使云冈伎乐雕刻异彩纷呈，对研究北朝伎乐雕刻有着重要的意义。

云冈中期十二个洞窟中，除第3、5窟外，十个洞窟有伎乐雕刻。云冈所见二十四种乐器，这里基本齐全。天宫伎乐形式是中期展示乐器种类的最常见形式。伎乐雕刻在这一阶段获得迅速发展并达到高潮。但囿于国家镌建，题材与表现形式显得规范和单一。如天宫伎乐，诸窟因循蹈袭，流于格式化。相比之下，迁都后留居平城的中下层官吏及百姓营造的晚期窟龛伎乐，则富于创新、变化。早中期伎乐惯于壁面上雕作（窟龛之顶是飞天的领域，绝无伎乐），进入晚期后却急剧转向顶部。考其原因，应为往生兜率净土信仰的盛行。晚期，在延昌、正光年间的铭记中，已出现乞求托生西方净土的要求。匠师依经据典地将伎乐刻于窟龛顶部，形象生动地展示兜率天宫的欢悦场景，为信徒产生意象提供依据。晚期窟龛空间普遍狭小，顶部伎乐、飞天合二为一，态势缥缈悠逸，具有流动回旋之美，使观者在视觉上拓展了空间，最大限度地利用了壁面。

中国艺术研究院音乐研究所项阳认为，鲜卑乐舞文化对云冈乐舞石刻有一定的影响。鲜卑是一个能歌善舞的游牧民族，崇尚武力，其歌舞内容亦多言武事。如流传甚广的《真人代歌》，"上叙祖宗开基所由，下及君臣兴废之迹，凡一百五十章"，多是歌颂草原健儿的尚武精神和英雄主义。这在云冈第1窟有所反映。该窟北壁三层塔柱各雕一对乐舞伎者，体格健硕，有持琵琶、螺、横笛，有吹指、舞蹈。云冈第9窟，更是充分体现了鲜卑拓跋的尚武精神。该窟前室北壁明窗两侧雕五层直檐方塔，每层各有一对逆发型舞者对攻，托掌、吸腿、回手反击，姿态劲健。西凉乐对云冈乐舞雕刻也有较大的影响。《隋书·音乐志》中所载西凉乐的十九种乐器，云冈具有筝、竖箜篌、琵琶、五弦、笙、箫、筚篥、长笛、横笛、腰鼓、齐鼓、檐鼓、铜钹、贝等十四种。其中既有汉魏旧乐筝、排箫、笙之类，亦有龟兹五弦、西亚系波斯竖箜篌、天竺梵贝之类，与《旧唐书·音乐志》所言西凉乐"盖凉人所传中国旧乐，而杂以羌胡之声"一语吻合。《魏书·乐志》亦载："（西凉乐）盖苻坚之末，吕光出平西域，得胡戎之乐，因又改变，杂以秦声，所谓秦汉乐也。"石窟中使用了许多西凉乐特性乐器，如齐鼓、檐鼓及义觜笛，其数量达四十三件。据《隋书·音乐志》记载，西凉乐乐器中有大筚篥、小筚篥之称谓。如前所述，云冈筚篥雕刻已有大小之分，它是西凉乐特有的乐器组合形式。清徐养原《律吕臆说》云："轻歌妙舞，多出西凉。"《旧唐书·音乐志》载："自周隋以来，管弦杂曲将数百曲，多用西凉乐，鼓舞曲多用龟兹乐。"说明西凉乐是一种以管弦乐器为主、以抒情见长的音乐。云冈乐器组合中，多数是以管弦为主的编制。又据《隋书·音乐志》，西凉乐"起苻氏之末，吕光、沮渠蒙逊等据有凉州，变龟兹声为之，号为秦汉伎。魏太武既平河西得之，谓之西凉乐。"西凉乐归之平城后，太武帝"宾嘉大礼，皆杂用焉"，"至魏、周之际，遂谓之国伎"。北魏最高统治者的大力推崇，使西凉乐盛极一时。

　　河南洛阳的龙门石窟，是中国四大石窟中建造最晚的佛教石窟寺。龙门保存的乐舞石刻也十分丰富。较为著名的有北魏时期的交脚弥勒龛佛背光伎乐飞天和古阳洞伎乐飞天、莲花洞伎乐飞天、宾阳中洞藻井伎乐飞天、路洞伎乐飞天，初唐至唐时期的奉先寺大卢舍那佛背光伎乐飞天、万佛洞壁脚伎乐人、古上洞伎乐人、八作司佛坛伎乐人等。

龙门的壁画以刻石作画为主。其中宾阳洞中藻井伎乐飞天可为北魏时期的代表作。宾阳洞位于龙门石窟西山北部，共三窟。是北魏宣武帝为其父母孝文帝、文昭皇太后做"功德"而营造的。虽历经二十四年，却并未全部完成，今在其南、北二洞内还可以看到未完工的痕迹。有许多窟龛都是后代开凿的。伎乐飞天主要刻在宾阳中洞洞顶的藻井上。藻井呈穹窿形，中央倒悬一朵硕大的莲花，周围雕刻伎乐飞天十人。皆头戴花冠，身着长衣，躯体修长，脸形清瘦秀美，环绕着莲花飞翔，繁缛的衣带随风飘拂，呈现一种庄严欢乐的景象。十身飞天中有供养飞天二人，伎乐飞天八人。供养飞天手托仙果盘，分布于主佛背光的火焰纹尖顶两侧下部。伎乐飞天以火焰纹尖端为界，自西、南而东：第一人双手捧笙吹奏，笙管较长，音管呈一尖锥状，而不是长短不一的竹管形。第二人吹横笛，笛管较长，伎乐人以左手在前，右手在后，斜握于右侧吹奏。第三人弹阮咸，共鸣箱作近圆形，柄长而直，伎乐人抱于怀中，以左手按弦，右手弹之。第四人击细腰鼓，鼓两端粗大，悬于胸前，乐人张开两手拍击。自西、北而东：第一人击磬，磬作倨句形，伎乐人以左手持磬，右手执槌击之。第二人吹排箫，排箫左边较短，右边较长，伎乐人双手执其两端，举于吻前吹奏。第三人弹筝，筝作长条形，伎乐人斜置于左侧，以左手按弦，右手弹之。第四人拍钹，钹较小，伎乐人两手各执一片，举于胸前拍击。

（4）宝塔、经幢和碑塔

宝塔、碑塔和经幢亦为佛家之宝。宝塔常被用来秘藏高僧尸骨舍利、传世宝典，碑塔和经幢则用来树碑立传，纪念佛教寺庙宗派重大事件、佛家经典或得道高僧的事迹。这些历代佛教活动遗留下来的地面建筑上或地宫中，常有乐伎内容的雕刻和绘画装饰。如天宫乐伎、飞天乐伎、天王乐伎、金刚力士乐伎、药叉乐伎、迦陵鸟乐伎、胁侍菩萨乐伎、文殊普贤经变乐伎、礼佛乐队乐伎等。这些乐伎所用的乐器，常见的有横笛、筚篥、排箫、笙、角、贝、埙、琵琶、五弦、阮、琴、筝、箜篌、腰鼓、羯鼓、方响、铙、钹、钟、锣、金刚铃等，种类十分丰富。20 世纪以来的田野调查和发掘，有关宝塔、碑塔和经幢的发现不在少数。

河南新乡的周祖荣造像碑有"天保年中，诸色共发善心……至武平年中"等语铭记，当为北齐时雕刻。碑作长方形，碑额与碑身一石雕成。碑高 1.6、宽 0.72、厚 0.27 米。碑首成弧形，有六龙盘绕。正面凿一龛，内雕一佛二弟子二菩萨，龛楣上刻二飞天。碑身用减地平雕法雕出造像，分上、中、下三组。第一组：共三幅，以立柱相间。正中刻交脚弥勒，两侧有二胁侍；左边刻双手合十单膝下跪的菩萨，后有一人着冠跣足，持琵琶弹奏，旁有一马面人身的舞者；右边亦雕一菩萨，身后一人捧笙吹奏，旁有一猴面人身的舞者。第二组：图像周围刻有廊、阁、门等建筑物，阁中坐一戴冠的交足弥勒，对面一人乘马而来。前有导引飞天，后有持华盖随从。第三组：左侧刻数人，均戴冠跣足，分别吹奏笙、洞箫、横笛等乐器。前二人下蹲合十，一人急步趋前准备迎接，对面一人乘马前来，马后有侍者，手擎华盖，另有一车上置华盖，一戴冠菩萨坐车上，举手作答礼状[14]。

河南沁阳唐开元十八年（公元 730 年）的佛顶尊胜陀罗尼伎乐人经幢，上有"大唐开元十有八年"的纪年。经幢全用青石雕成，通高 4.1 米。由幢座、幢身及幢顶三部分组成，共七层，形如石塔。幢座作覆莲花形，上部为八角形座面，幢身作八棱形，高 1.43 米。伎乐人刻于经幢第二层幢盘的周边。幢盘亦作八角形，其周边共八面，南面阴刻篆书"佛顶尊胜陀罗尼经幢"九个大字，其他七面各浮雕一伎乐飞天，右起第一幅（即东南面）雕吹笙飞天伎，头梳高髻，身着紧身衣裙，肩披长带飘拂，伏身仰面双手捧笙吹奏；第二幅雕吹横笛飞天伎，姿态与前同，双手执横笛偏于右侧吹奏；第三幅（即东北面）雕拍钹飞天伎，头梳高髻，身着紧身衣裙，两臂半举，双手各执一钹作欲拍状；第四幅雕拍板飞天伎，姿态与上同，双手举于胸前，拍板隐约可见五片，右旁有题榜已残缺不清；第五幅（即西北面）雕弹琵琶飞天伎，头梳高髻，身着紧身衣裤，腰系长带飘拂，伏身仰面，双臂抱琵琶于胸前弹拨，画面右边有题榜一行五字"王处□妻高"；第六幅（即西面）雕吹排箫飞天伎，乐人仰卧于地，双手持排箫吹奏，画面右边有题榜一行五字"□□□妻许"；第七幅（即西南面）雕拍钹飞天伎，乐人伏卧仰首，右臂上举，左臂向后平伸，双手握钹奋力拍击，画面右边有题榜五字"□□赵八娘"。题榜当是施主姓名[15]。

鄢城彼岸寺经幢刻有佛教"迦陵频伽"奏乐图像。"迦陵频伽"即为佛传故事中的"美音鸟"。经幢高 14.1 米，分三级，下有方形底座，幢身八棱形，上部刻四佛龛。下部刻"重修许州鄢城县彼岸碑铭"，剥蚀严重，许多字迹漫漶不清。碑文大意记述了契宗大师自太平兴国年间（公元 976～984 年）到鄢城彼岸寺化募资财十五年，重修彼岸寺的事迹。伎乐人刻于石幢上的仰莲之下。仰莲亦为八角形，每面凿出壶门，门内各刻一伎乐仙人，即宋《营造法式》中的嫔伽。迦陵鸟均为人首鸟身，头梳高髻，面部丰满，手持乐器，背有双翼，鸟足，正面站立，两翅展开。南起向东依次：第一人拍钹；第二人击磬；第三人吹法螺；第四人击鸡娄鼓，左臂挟提鼓，右手执杖击之；第五人吹笙簧；第六人吹排箫，排箫两端下各一柄，乐人执柄举于唇下吹之；第七人吹横笛；第八人拍小鼓，乐人以左手托鼓，右手拍之[16]。

廊坊古县村伎乐石刻灯楼，是又一类佛教寺院建筑的组成部分。据灯楼《大唐幽州安次县隆福寺长明灯楼之颂》刻文及年款"垂拱四年四月八日建"。可知为唐武则天垂拱四年所建。灯楼剩有方形底座、中柱和灯盘三部分组成。中柱呈八棱柱状，上部有两周小龛，内各塑一菩萨坐像，计十六尊。中部为长篇铭文《大唐幽州安次县隆福寺长明灯楼之颂》，记述灯楼缘起及功德者。伎乐石刻位于中柱的下部。以阴刻线条为主，构成一种类似减地薄肉浅浮雕的效果。乐伎共八尊，每面一尊，分别作乐或作舞于壶门之内。正面第一尊为横笛伎，顺时针方向依次为排箫伎、巾舞伎、吹贝（笙簧？）伎、跪拜伎、坐舞伎、琵琶伎和击钹伎。除了一尊巾舞伎为立姿，跪拜伎为跪姿之外，其余六尊均作坐姿于之莲墩座上。乐伎形象逼真，造型富于动感。其中如横笛伎上着紧身圆领窄袖衫子，下穿短裙，面目清秀，长发披肩。一腿横屈，一腿自然下垂，坐于一莲墩上。双手于右侧上屈，执横笛作吹奏状。又如琵琶伎身姿、服饰近横笛伎，但左腿横屈，右腿自然下垂，坐于莲墩上。琵琶梨形音箱宽大，细颈，琴首有弦轸和轸槽，现曲项琵琶特征。乐伎右手持拨，左手置于琴面，作乐间休闲状。击钹伎坐姿同琵琶伎，发式如横笛伎，双臂上屈，双手各执一片小钹，张合击奏。画面表现了其双钹张开的瞬间，十分生动[17]。

由以上数例不难看出，这些古代宗教建筑保存着相当丰富的音乐文化历史内涵，值得进一步发掘研究。

### 3．乐舞俑

中国古代的人殉现象，滥觞于史前时期，盛行于商周。用俑人代替活人殉葬，起始于春秋。由于社会的变革和生产力的发展，人殉制度在社会上日益遭到抵制。《孟子·梁惠王上》载："仲尼曰：始作俑者，其无后乎？为其象人而用之也。"可以看出，在孔子生活的春秋晚期，以人俑作明器的现象已经流行。所谓"象人而用之"，说明它实质上是一种模拟人的形象，用来代替活人专用于殉葬的偶人。

目前考古发现的俑人标本的时代，也与《孟子·梁惠王上》的记载所提供的信息相吻合。山西省长子县牛家坡 7 号晋墓中，出土了四件一组的木俑人，墓葬时代约在春秋晚期。墓中还有三个人殉，可见当时的人殉与木俑共存。这种现象也见于山东地区的齐国墓葬中，如约为春秋战国之际的临淄郎家庄 1 号墓和葬于战国中期的章丘女郎山大墓。殉人与木俑共存，表明这时期正是处在"始作俑"的阶段。

战国时期的俑，在山东、河南、陕西、山西、湖北、湖南等地已有较多的发现，分属齐、韩、秦、楚等国。北方各国多见陶俑，南方的楚国常见木俑。如山西长治分水岭第 14 号墓出土的彩绘陶舞俑七件、山东临淄郎家庄、长岛王沟等地出土的近百件乐舞陶俑，形象地再现了战国初年齐国的歌舞情景。

1990 年 6 月底，山东章丘女郎山出土二十六件乐舞陶俑，墓葬同出乐器有编钟一组七件、编镈一组五件、编磬二组、陶埙一件。据考证，墓主可能为战国中期齐国将领匡章（章子）。根据陶俑出土时的具体位置，参照陶俑自身的造型特征，对其进行了乐舞场面的复原：后排为奏乐俑和乐器，前面中间为歌舞俑和舞俑，其两侧为观赏俑和祥鸟。在复原过程中，首先把这套乐舞俑按照不同的类别，区分为歌唱俑、舞蹈俑、观赏俑、演奏俑、古乐器及祥鸟群等六大类。乐舞俑均为泥质黑陶捏塑，表面施陶衣彩绘，部分破损复原。在二十六件人俑中，有二十一件为女性造型，五件演奏俑均为男性造型。二十一件女俑又区分为歌唱俑、舞蹈俑、观赏俑等三种造型。如歌唱俑一件，女性造型，高7.9厘米。头梳左高髻，挽右小髻，面施粉红彩，前胸丰满，身穿浅红色白点花长深衣，后露红点花曳地长裙，右臂曲于前胸，左臂下垂，张口凝神，目视前方作歌唱状。又如舞俑十件，均为女性造型，头梳左高髻，右挽小髻，面饰粉红彩。根据其舞姿形体造型的不同，又区分为长袖舞俑及伴舞俑两种。其中，长袖舞俑二件，身高7.3厘米左右，头饰及身着服装与歌唱俑基本相同，其一身穿红地白点花深衣，后露黄地红点花曳地长裙，其二身穿青灰色白点花深衣，后露黄彩色花曳地长裙，肩披红彩带。这两件舞俑长衣广袖，翩翩起舞，做长袖舞的表演动作。奏乐俑五件，造型均为男性，高8.8~9.2厘米。头戴双峰高冠，表层均饰有红、黄、褐等多种彩绘，面部施红彩，身穿青黑色大长袍，双肩披挂红彩带。按照其各自的造型动作和所配乐器的不同，分为抚琴俑、击钟俑、击磬俑、敲大建鼓俑、敲小建鼓俑等五种。除击磬俑为跪姿外，其他均为立姿，其中，击建鼓俑二件、击磬俑一件、敲钟俑一件，均为双臂前伸，双手执槌击奏乐器。抚琴俑一件，双臂微曲，双手抚琴。乐器共计五件，表面均饰黄、红、褐等多种彩绘[18]。

　　这组彩绘乐舞陶俑保存完整，组合有序，风趣写实，是目前发现的东周陶塑作品中的上乘佳作，为"齐讴女乐"的研究提供了珍贵的资料。

（1）汉乐俑

俑人殉葬的风气，在秦汉时期达到了一个高潮。宏伟壮观的陕西秦陵兵马俑，成为当今世界的一大奇迹。只是这些数量庞大、体态逼真的陶俑，竭力体现的是对武功的崇仰，似乎还无暇顾及到文治的歌舞升平。

从目前已经探明、并开始发掘的汉景帝阳陵附近的陶俑坑来看，汉代陶俑群与秦代相比，数量虽然不少，但规模则要小得多。一般来说，汉墓中再也看不到如秦俑那样与真人等高的巨大造型了。汉代阳陵陶俑的形体仅高 60 厘米，只有真人的三分之一左右，但它的数量与格局，明显承袭了秦代追求华美壮观的传统。另一方面，汉俑塑成裸体，然后穿上丝绸制成的衣服，这一做法又明显地继承了楚文化的传统。汉俑有用木制，则完全是战国楚的风格，但更多的是陶制，这些陶俑常常塑出衣甲相貌。如在汉惠帝安陵附近的陪葬沟中出土的一列身披铠甲的武士俑。汉文帝霸陵附近出土的彩绘女俑，为模制后焙烧成陶，后敷彩绘，衣裙鞋帽则整体塑出。这些陶俑的轮廓线流畅优美，造型生动，面目发髻塑制精细，其艺术造诣当在秦俑之上。

汉乐俑是汉代很有代表性的音乐文物。出土的数量很多，河南、四川、山东、陕西、江苏等省均有发现。

河南洛阳七里河出土的一组乐舞百戏俑较为宏大和完整。它在我们面前展现了极为生动的、立体的一幕。表现的内容包括盘鼓舞、杂技、俳优表演和乐器伴奏。共十三个俑人，其中，杂技俑三人，一人为掷倒伎，双手着地，两腿从后上翘，头部昂起前视，小腿前曲放于头顶之上。叠罗汉者三人，下二人相背倒立于一圆奁口沿上，上一人又倒立于下二人的小腿之上。跳丸者一人，赤臂鼓腹，双手前伸，手心向上，执丸上抛。俳优俑一人，头梳单髻，上身裸露，两乳突出，大腹便便，下着拖地宽裤。身体前倾，左腿后抬，侧身伸手，正作滑稽表演。盘鼓舞俑一人，为一女子，头梳高髻，身着圆领窄袖短衫，下着长裤，腰着短裙，身躯前倾，左脚弯曲前跨，下踏一小鼓，右腿向后伸直，两手作舞袖状。出土时舞俑前置七个小盘（现仅存六盘）和三个大鼓，再现了东汉时期最为流行的七盘舞。伎乐俑六人，面向西，前后三排。均头戴方冠，身着圆领方肩窄腰宽袖外衣，踞坐状，双手所执乐器各不相同。前排二俑，一俑膝上置瑟，左手抚弦，右手作弹奏状；一俑面前置鼓，举手作敲击状。中排二俑左手执排箫于口边吹奏。第三排二俑，右手前伸握空拳，左手上举，手心贴于左耳处，似为歌者[19]。

汉代的说唱艺术得到了较大的发展，继而创造出极为丰富的说唱俑。四川出土的说唱俑最具特色，它是一种古代杂戏、滑稽戏的俳优造型，神态诙谐，动作夸张，刻划生动，形态各异。造型多作一人击鼓说唱状，或赤膊大腹，挤眉弄眼，或手舞足蹈，逼真传神。重要的考古发现如1957年天回山3号崖墓出土的说唱乐舞俑五件，为东汉光和七年（公元184年）的遗物，保存完好。俑高56厘米，泥质灰陶。俑人短胖身材，头上着帻，戴笄，上身袒裸，两肩高耸，乳肌下垂，大腹如鼓，两臂穿戴有珠翠饰件，下身着大角长裤，赤足，坐于圆榻上，左臂环抱小鼓，右手翘举，张口嬉笑，姿意调谑，动作夸张，是四川出土的众多俳优俑中的佼佼者（图三三）[20]。

图三三　四川成都天回山东汉说唱俑

其他如 1963 年郫县宋家林乐汉墓出土的说唱俑、1954 年成都羊子山 2 号东汉画像砖墓出土的说唱俑和 1952 年锦阳新皂乡东汉崖墓出土的乐舞俑等。

江苏仪征县龙河乡丁冲村南烟袋山汉墓所出土的木俑一百二十六件，其中人俑一百一十五件，可分为伎乐俑、杂耍倡优俑、仪仗桶、侍俑等。木俑均施彩绘，颜色有黑、白、红三种。俑人头部采用减地薄肉雕，刻成耳、鼻、口等形，再用墨绘眉眼。体用圆雕。伎乐俑九件，形态、大小各异，均作踞坐状，服饰不清，上身似赤裸，面目生动。可分三式：Ⅰ式一件

（1：149），通高 35 厘米，手部略残，圆光头，裸体，双手拱举胸前，肚脐外露，面部表情活泼，下颌前伸，嘴尖翘作吹哨状；Ⅱ式一件（1：150），通高 35 厘米，稍残，头戴鬼脸式盔，面向左侧，双手左右伸展，遍施朱色彩绘；Ⅲ式二件，1：151 通高 33.6 厘米，小高髻，面左侧，双臂展开，表情生动。1：152 残高 18 厘米，仅存头部和上半身。另有五件仅存头部，造型与上三式基本相同，作眯眼大笑或张口伸舌大笑状。脸部雕刻刀法熟练，线条流畅。有的口内刻出清晰的牙齿，部分脸上施朱彩。杂耍倡优俑四件，造型、大小有异，形态怪诞。1：145 通高 26 厘米，为大头矮身短腿跑俑。1：146 残高约 21 厘米，小身，腿位胸部。1：147 残甚。1：148 残高 24.8 厘米，肚子奇大，双乳下垂。这批木俑造型古朴生动，比例协调，又不乏大胆夸张之笔调。俑人的制作手法简练，取舍大胆，对外露部分精雕细刻，而对被衣物掩饰的部分又放手砍削，详略得当，错落有致。其构思巧妙，善于抓住人物瞬间表情，加以创作升华。从中可以看出当时的匠人已具人体解剖学的知识和从事人体雕塑的较高能力。这批伎乐倡优俑也是音乐、杂技，尤其是中国独特的戏曲艺术早期的珍贵文物资料[21]。

　　汉代俑人所表现的音乐活动内容，涉及到奏乐、说唱、杂技、歌舞和幻术等各个方面。这也许与汉高祖刘邦生长在楚国有关，楚人喜歌善舞的习俗，培养了他对故乡楚歌、楚舞的特殊喜好。掌握政权后，他曾对楚声加以大力提倡，这对社会风尚的形成无疑产生了相当大的推进作用。

　　（2）魏晋南北朝乐俑

　　乐俑殉葬之风，至三国两晋南北朝时期仍有沿用。这是中国墓葬音乐文化上承秦汉，下启隋唐的重要时期。器乐创作受到了提倡，世俗音乐的潮流孕育了歌舞伎乐在墓葬中的出现。因而这一时期出土的乐舞俑舞姿优美，器乐俑手中的乐器琳琅满目，种类繁多。其中不乏于音乐史上具有重大学术价值的文物。

1980年1月27日出土的湖北鄂州七里界4号墓的卧箜篌乐俑，是有关卧箜篌唯一的写实资料，极为珍贵。卧箜篌实际上是一种用拨子弹奏的琴瑟类乐器。但这种汉唐史传中常常提及的重要乐器早已失传，今日史家无从得其真貌，仅能以嘉峪关魏晋砖墓画及辽宁辑安北魏古墓中的壁画对照文献记载，约略知其为面上有品柱的琴瑟类乐器。该乐俑为稻壳黄釉青瓷烧造，釉大部剥落，俑胎为捏塑。原由卧箜篌俑和击鼓俑组成，用一长方形底座连为一体，出土后击鼓俑人失落，鼓尚存。卧箜篌俑人高19.5厘米，屈膝凝神而坐。乐器横置于俑人腿上，音箱略呈长方形，长12.8、宽2.8厘米，上有通柱六条，柱上刻有弦痕，十分醒目。其上的通柱、弦痕一清二楚。它真实地体现了这种乐器的演奏姿势和手法：俑人凝神屏息，面目端庄，屈膝而坐，乐器横置于腿上，右手作弹拨状，向后微微扬起，左手按弦，其中指指腹顺向卧于柱脊之上，食指、无名指稍稍翘起，神态自若，目不斜视，栩栩如生。乐俑不但细致而生动地保存了卧箜篌这种失传古乐器的具体形制，而且还保存了其经常与鼓合奏的乐器组合情形，弥足珍贵[22]。

这一时期，还有一些较为重要的发现。如1953年10月西安市南郊草场坡一北魏墓葬中出土了一批骑马乐陶俑，有骑马吹角俑、骑马击鼓俑、弹琴女俑、歌唱女俑、击鼓俑等，以及河北磁县1978年9月至1979年6月出土于城南大冢营村北东魏茹茹公主闾氏墓乐舞俑六十五件、1987年发掘的湾漳大墓乐舞俑九十六件、1974 年发掘的东魏尧赵氏墓乐舞俑十件、1975 年的高润墓伎乐俑四十五件等。

（3）隋唐乐俑

隋唐五代又是一个乐俑殉葬之风盛行的时期。考古发现的隋唐乐舞俑数量很多，风格上自成体系。其乐器的组合、形制、种类和数量及乐人的服饰、发式、造型、神情、演奏姿态等均有自己的特色。

隋朝自建立到灭亡只有三十七年时间，但其统治者在文化上实行了开放性的政策，继承了魏晋南北朝以来各方面的音乐文化成果。同时期出土的乐舞俑、骑马奏乐陶俑、吹排箫俑、携琴俑等，从一个侧面反映了当时乐舞活动繁盛的情形。如1952 年郑振铎捐赠给故宫博物院的一组伎乐俑，共五件，为隋代制品。乐俑通高 23.5～24 厘米。发式服饰均相同。红胎画彩，头梳平髻，身着红色小袖短襦，下穿长裙，裙腰高及腋下，裙边外翻，足着云头履。各持乐器，左起为：排箫、排箫、琵琶、铜钹、鼓[23]。此外，江苏、山西、河南等省隋墓也有乐舞俑出土。

在唐朝统治的近三百年中，尤其是自"贞观之治"（公元627～649 年）到"开元盛世"（公元 713～741 年）的一百年间，国家强盛，民族和谐，经济繁荣，社会富裕，使唐王朝一度成为中国历史上最为强盛稳定的朝代。这为文化艺术的高度繁荣提供了雄厚的物质基础，创造了良好的发展条件，促使音乐、舞蹈等文化艺术领域出现了一派繁华的景象。考古发现的墓葬乐俑，真实地再现了唐朝在国内外各民族文化长期交流融合的基础上，创建崭新音乐舞蹈文化的一代风貌。

唐都长安是全国政治文化中心，西凉、龟兹、天竺、高

丽、扶南、中亚及国内各民族的歌舞汇集于此。唐代交通四通
八达，陆地、海上"丝绸之路"联结亚欧大陆。1957 年陕西
西安鲜于庭诲墓出土的三彩骆驼载乐俑是"丝绸之路"音乐文
化交流极其重要的实物见证。乐俑色彩绚丽，通高 66.5、长
42、宽 19.9 厘米。骆驼昂首直立于长方形平板座上，驼身为
白色釉，颈部上下及前腿上端和尾部为黄色，背上垫菱格纹圆
毡，毡上以木架成平台，上铺长毡，两侧垂至腹下，长毡为
蓝、黄、白、绿、赭黄等五色彩条纹，边为黄色，并有圆白点
连珠形图案，周边垂绿色穗。平台上有乐舞俑五人，中立一歌
舞男胡俑，面向前视，右手向前，左手向后。左右两侧各坐二
乐俑，一手托琵琶作弹状，一双手举于颈间，作吹奏状，另二
俑均两手于胸前作拍击状。后三者的乐器均已缺失。乐舞俑均
头戴软巾，足蹬短靴。三胡俑二汉人形象（图三四）。鲜于庭
诲墓的三彩骆驼载乐俑是首次出土的载乐驼俑，造型生动，工
艺精湛，题材新颖，为罕见之精品。它真实地记录了当时丰富
多彩的音乐生活，更展现了当时西域社会的风情习俗[24]。

此外，西安其他地区考古发现的唐代乐俑同样引人注目：
如礼泉李贞墓出土三彩骑马乐俑五件、郑仁泰墓出土彩绘骑马
乐俑四件，乾陵唐中宗长子懿德太子李重润（公元 682～701
年）墓出土骑马吹笛、笙篥和排箫三彩陶俑各十二件，还有韩
森寨唐墓出土说唱陶俑二件、粉彩奏乐陶俑、侏儒俳优陶俑、
彩绘参军戏陶俑二件和彩绘乐舞陶俑二件等。

除西安外，各地出土的唐乐俑标本也十分丰富。如江苏、
河南、湖北等省。

1977 年 5 月江苏扬州城东一座唐墓中出土的一批陶俑，
经修复成形的达六十余件，分为舞俑、伎乐俑、文吏俑、胡

图三四　陕西西安鲜于庭诲墓出土唐三彩骆驼载乐俑

俑、骑俑及骆驼、牛俑等。其中的乐舞俑均为女性，可辨认的有舞俑二件，均立姿。其一双臂残失，上衣着金，下配绿色长裙，巾带飘逸，头梳双髻，面目端庄丰润，弯腰侧首，似作舞步徐行。另一件仅存腰以下部分，绿色长裙上褶纹线条流畅。从其腰肢断面看，可判其上身向后侧弯曲，作"卧鱼"之姿。还有伎乐俑五件，成一组，但手臂与所持乐器均残失。五俑作踞坐势，上着合领衫子，下穿曳地长裙，裙腰高及胸乳，头梳双髻或高髻，面目丰腴，神态安详。其中一双髻女俑额上及面颊有朱色"花子"，即六朝、隋、唐妇女化妆所喜用的"梅花妆"和"靥钿"。可与刘禹锡诗"花面丫头十三四"之句相印证。这批唐俑以模制为主，有些俑的造型和衣褶线条完全一致，仅色彩稍有差异。俑坯入窑烧制后，再进行彩绘。施彩前先用铅粉打底，故色彩艳丽。有些俑身上纹饰非常精细，色彩多达十余种。尤其是女俑，多处用金色点缀服装，或作鞋、发饰和巾带等，显得更为富丽。乐舞俑的造型，既大胆夸张，又注意合度。如其面颊丰满而身材纤秀，上身紧窄而下摆宽大。正合《旧唐书·令狐德棻传》中"江左女士皆衣小而裳大"的记载。但从整体看来，人身各部比例仍显得协调而自然，而且放置稳重。其已尽脱六朝之纤巧柔弱，然又未形成盛唐以后之雍容华贵，而是丰满中见俊秀，瑰丽中寓典雅。该墓出土的青釉碗、石砚均具唐代前期的特征[25]。

　　1991年发掘的河南孟津岑氏墓年代为唐大足元年（公元791年）。出土彩绘乐舞俑共十件。俑中有男、女舞俑各二件，乐俑六件。女舞俑二件，通高28.7厘米。均头梳双高髻，上插六瓣梅花形发饰。面部圆润丰满，粉面朱唇，眉间饰紫红色菱形花钿，两颊饰黑色妆靥。上身内着紫色圆领宽袖长衫，下穿黑色与银灰色相间的竖条纹长裙，外套暗红色大翻领半臂，足穿绿色尖头履。身体略向左倾，双臂平扬。男舞俑一件通高34厘米，俑头戴紫花风帽，粉面，墨眉，朱唇。身穿大翻领的红色紫花长袍，腰系黑带，足蹬黑靴。全身直立，头部左偏，双目向前平视，右手半握拳屈于额下，左手向左侧平伸，作拉弓射箭状。另一件通高32.4厘米，俑头戴黑色幞头，身穿绿色大翻领窄袖长袍，腰束黑带，足穿朱红色袜及暗红色浅口翘尖靴。身体站立，上身微向左倾，左手上抬，右手屈于胸前，作舞蹈表演状。女乐俑六件。头绾双螺半高髻，脸部丰满，粉面朱唇，眉间饰紫色花钿，两颊饰黑色妆靥。身着紫色窄袖内衫，肩披绿或大红帛，腰束红或绿带，下着大红或暗红相间的长裙，均跽坐于长方形板上，为舞蹈表演者伴奏。有的

图三五　河南孟津唐代岑氏墓出土乐舞俑

双手右上左下，半握于胸前或捧握于口边作吹奏状，有的手臂微曲，五指分开，手伸腹前作弹奏状，所执乐器均已失（图三五）[26]。

湖北也是唐乐俑较为集中的出土地。值得注意的是1956年武汉市武昌区经发掘出土的大批唐乐俑，个个神采奕奕，仪态万方。俑人多为女性，所用乐器有琵琶、五弦、排箫、笛、笙、筚篥、拍板等，可谓种类繁多，琳琅满目。这些真实画面，与文献的记载交相辉映，是研究盛唐歌舞的形象资料，是唐乐融会中西的生动写照。武昌，作为中国水陆交通枢纽，向有"九省通衢"之美称，其地繁华富庶不难想见。何家垅、石牌岭、钵盂山、卓刀泉等地唐代权贵富豪们的墓葬中，出土众多的精美乐俑，反映了墓主们生前以蓄伎为乐的时尚。

武昌何家垅188号墓出土的四件乐俑保存较好，乐俑陶质，细腻坚硬，乳白色。俑人均为女性，服饰、发式一致：上穿无领对襟窄袖短衫，下着曳地长裙，腰间系带，飘于裙前，头梳双髻，分列于头顶左右两侧。踞坐，表情闲雅，面带笑容，通高相近，约19厘米。其一为拍鼓俑，脸部略左向，腰前置鼓，右手击鼓面，左手作欲击势。鼓束腰，两头有乳钉一周。其二为拍板俑，双手左上右下持拍板。其三为吹笙俑，合手捧笙斗，斗作圆钵状，与今笙相近，吹管接口，双颊微鼓，作吹奏状。笙吹管较长，笙苗简略为三管，长短不一。其四为琵琶俑，头微右侧，怀抱琵琶，左手持琵琶颈，右手置复手上方，琵琶四弦，正作演奏状。俑人的服饰、发式及随葬品的组合和造型特点，反映了唐代高宗、武则天时期的风格。

（4）宋明俑

辽、宋、金、元、明各朝仍有墓葬乐舞俑发现。但是，作为一种独特的墓葬文化艺术，宋元时期趋向衰落。考古发现的宋元乐俑十分稀少，此时的墓葬中较为多见的，是以大量戏曲为内容的壁画。自宋元起，歌舞艺术汇入戏曲艺术之中，使当时的音乐文化向普及性更广、综合性更强的艺术形式发展，是我国音乐文化发展史上的又一次高峰。它一方面部分地继承了唐代的歌舞形式，另一方面又有新的改变和发展。考古发现的乐俑至明代才有所增加，但与汉唐时期的繁荣情况相比，已不可同日而语。

客观上，这一时期的乐俑还是表现出了它应有的时代特色，较忠实地反映了各个朝代的音乐情况和社会风貌，俑人的服饰打扮和舞态均有各朝各代的时尚。乐器和及其组合方面有了显著的发展，独奏及"小乐器"（指几件乐器）合奏的形式十分盛行。

1986年被盗掘的河南原灵宝县大王乡南营村明许氏家族墓地出土的铜乐俑共十二件。俑均站立于方形台座上。有击锣、吹笙、弹琵琶、击云板、击鼓、吹洞箫、吹笛、吹筚篥、击小腰鼓和讴歌等十种。通高在30～37.5厘米之间。击锣俑二件，头戴出沿圆帽，帽顶上又饰蘑菇状顶缨，身着开襟短衣，肚脐外露，两袖卷起，下着短裤，足穿高筒靴，两脚一前一后作行进状。左肩负一杆，杆后饰缨络，杆前悬圆锣，乐人以左手提锣，右手击之。锣柱已失。又如吹笙俑一件，头梳单髻，髻上插簪，身穿右衽窄袖短袍，腰束宽带，带结垂拂于前。足穿高筒靴，双足叉开站立，双手握笙作欲吹状。这些俑人均为黄铜铸成，铸造工艺精良，人物比例准确，造型富于生趣[27]。

还有一些较为重要的考古发现，如陕西扶风县保存的一组

十件明代奏乐铜俑，所奏乐器有琵琶、筝、箫、笛、笙、鼓、
钹、锣等，另有二人持盘献桃，俨然是一幅行乐宴享图。湖北
省博物馆所藏绿釉陶乐俑群为明代文物，总数达三十三件，其
中可以辨认出十一件为持乐器俑，应为整个仪仗俑群中的乐队
部分。宋明时期乐俑文化的衰退，体现了历史的发展和社会的
进步。

乐俑在入清以后少见。

## （二）乐舞饰绘和书谱

### 1. 岩画和绘画

有关音乐图像的考古发现中，最古老的可能要算岩画了。
一些岩画反映的是人类十分原始的群体乐舞场景。我们所能看
到的往往只是人体的舞姿和舞人队列构图的表象，还没有从岩
画中发现确切的、可以称之为乐器的形象。所以一般说来，岩
画可以直接描绘古人乐舞活动的场面，但并没有直接表现"音
乐"。

一些古代的乐器或其他器皿上常常有表现音乐内容的铭
文、绘画和雕塑装饰，统称"器皿饰绘"。如 1965 年出土于四
川成都百花潭中学 10 号战国墓铜壶上的宴乐武舞纹饰即是。
它描绘了其时贵族宫廷中表演钟磬之乐的场面，不仅有"乐
悬"重器，还有笙竽、排箫等乐器的伴奏和队列乐人歌舞。先
秦有铸刻的铭文铜器，汉魏有陶塑，隋唐有釉绘，两宋有魂瓶
堆塑，明清有瓷器粉彩画等等，各个历史时期有其时代的特
色，各个地区有其地方的风格。考古发现的织绣不多，但它们
也在一定程度上反映了历史上社会音乐生活的真实面貌。

（1）岩画

在新疆北部的阿尔泰山、中部的天山、南部的昆仑山，在肃北蒙古族自治县境内的野马山、马鬃山一带，以及酒泉嘉峪关北的黑山，在宁夏的贺兰山直至广西花山崖、云南沧山，到处可见岩画。这些岩画的题材主要是狩猎、放牧和原始崇拜活动。其中也包含一些乐舞祭祀的场面。乐舞是先民们的娱乐形式，也是原始崇拜的仪式。这些岩画在一定程度上反映了古代一些民族的音乐生活风貌。岩画算得上是人类最为原始的绘画艺术。由于中国地域广大，各地区、各民族社会发展的历史不平衡，加之大多数岩画分布在边缘省份的少数民族聚居地区，许多岩画的确切创作年代还在研究之中。很可能，相当一部分岩画的年代不一定早于公元前2000年。不过，多数岩画所反映的内容，确是人类史前社会生活的写照。不管怎么说，岩画作为一种客观存在，给历史学家提供了大量古代社会的形象资料。乐舞岩画可以新疆呼图壁康家石门子、甘肃嘉峪关市北黑山峡谷和内蒙古阴山山脉等地的岩画为代表。

康家石门子舞蹈岩画发现于新疆呼图壁。画面内容反映了古人为表达繁殖传衍的愉悦，举行祭祀乐舞活动的场景，体现一种生殖崇拜的观念。舞蹈者排列有序，具有强烈的节奏感，观者可在有规律的摆动节律中，感受到无声的音乐。在这些乐舞场面中，可见到单人舞、多人连臂舞等，舞者表现出一种热情奔放的姿态，与青海大通出土的彩陶盆上的舞蹈图有异曲同工之妙。

黑山列舞岩画发现于甘肃河西走廊嘉峪关市北黑山峡谷中，此幅画刻在距地面高0.98米的一块不规则的岩石上。石面坐东北朝西南，略呈长方状。长约2.8、宽约1.03米。所

图三六　甘肃黑山列舞岩画

描绘的场面宏大，有人物图像近三十身，上身被刻画为倒三角形，身穿长袍，束腰，分上、中、下三层列队横排。前为单人教练，有双手叉腰者、有单手叉腰者，头上均佩戴尖长状饰物，似雉翎，十分生动细致，似为一种与军事有关的操练性舞蹈（图三六）。据专家考证，岩画的时代上限约在新石器时代晚期，下限延续至隋唐，是早期的游牧民族留下的遗迹，当与在甘肃境内生活过的匈奴、羌、月氏、乌孙等少数民族有关，是各个民族在不同时期创造的原始艺术。其人物形象与秦安大地湾地画、马家窑文化彩陶器上的人物彩绘大致相似[28]。

　　阴山岩画所绘的内容，反映了古代生活在中国北方各个游牧民族的经济和社会生活，其中有相当数量的舞蹈或涉及舞蹈内容的岩画，为北狄、匈奴、党项、蒙古等民族的作品。乌兰察布岩画中的舞蹈图（或含舞蹈内容的画面）不仅数量多，而且颇具特色。自远古始，这里就是中国古代北方游牧民族的驻牧之地。北狄、匈奴、鲜卑、高车、突厥、女真和蒙古等民族的文化均有遗存，乌兰察布岩画就是他们在漫长的历史发展过程中创作的作品。巴丹吉林沙漠岩画中舞蹈或内容与舞蹈相关的岩画占有相当数量。该地区的古代文化遗存十分丰厚，早在春秋之前，这里就是我国北方游牧氏族部落的属地。春秋之后，北狄、匈奴、月氏、羌、乌桓、鲜卑、突厥、党项、蒙古等曾在此繁衍生息，并创造了特色鲜明的文化。巴丹吉林沙漠岩画除个别属于原始社会外，大多数为匈奴、月氏、党项、蒙古等游牧民族的作品。其所属年代"要晚于阴山岩画"[29]。

（2）音乐内容的绘画和织物

这里所说的绘画，是指专供人们欣赏而在纸、绢或其他平面材料上创作的美术作品。与音乐有关的织物，主要有织锦、刺绣和麻布画等。这些作品往往较为真实地反映了历史上某一音乐活动的场景，或是古人对音乐生活的某些观念。汉魏以后，中国古代的绘画有了很大的发展。特别是东晋时期，出现了以顾恺之等人为代表的绘画艺术高峰。当然，今天所能见到的《洛神赋图卷》和《斫琴图》，只是古代的摹本。北朝的壁画墓和江南一带的拼镶砖画，前文已有介绍。

隋唐五代时期，墓葬壁画从题材到技法，仍沿袭魏晋南北朝的传统。特别是唐代的壁画，在中国绘画史上占有十分重要的地位。

入隋以后，各地的画师汇集到当时的文化中心大兴城，即唐代的长安。不同的流派得到了相互交流的机会，隋朝画坛出现了日趋繁荣的景象。这时候出现了像展子虔这样的大画家，他的《游春图》在中国绘画史上享有盛誉。唐朝初期，绘画艺术在隋朝的基础上，有了进一步的发展。涌现出善画帝王和人物肖像的阎立本、善画妇女而知名的张萱和周昉以及创作著名的《唐人宫乐图》的无名氏等人。唐代最著名的画家吴道子，据说曾在当时的长安、洛阳两京的宫殿寺观中，绘制壁画三百多处，成为其创作的主要内容。今天，这些宫殿寺观早已不存，但绘制于地下的墓葬壁画却常有发现。特别是都城长安附近显贵陵墓中的壁画，技艺娴熟，较为真实地反映出盛唐雄风和流行时尚。如苏思勖墓乐舞壁画、李爽墓吹排箫伎乐人壁画和李寿墓乐舞壁画，均为十分重要的作品。当然，今天已经难以证明，这些作品是否出自吴道子等名家之手。但从这些作品所体现的画风和水平，以及这些墓葬所体现的地位规格来看，画者应该也不会是当时的无名师匠。

较之隋唐，五代的画风有所改变。在题材方面，突破了汉唐时君王功臣等传统主题，能够更真实地表现人物的日常生活，从而使画家注重刻划人物的内心情感，使人物绘画从注重写形，转向传神"写心"的境界。五代顾闳中的《韩熙载夜宴图》就是中国古代人物画步入这一发展阶段的典型作品。胡瓌的《卓歇图》采取独特的角度，描写了当时契丹族人乐舞生活的场面。阮郜的《阆苑女仙图》，则细致地描绘众仙女游乐之景，人物生动传神。

入宋以后，朝廷设置了专为宫廷绘画的翰林图画院，延揽绘画人才。后蜀和南唐画院的画家们，多随投降宋朝的末代君王来到宋都汴梁，归入图画院，壮大了北宋画院的创作队伍。他们的工作大多须迎合帝王爱好，故作品竭力精益求精，形成了造型准确、笔法严谨、色彩艳丽的所谓院体画的风格，多呈富贵华丽、外带几分萎靡柔美的姿态。这种画风到宋徽宗时发展至顶峰。徽宗在政治上昏庸无能，却是一位极有修养的画家和书法家，他的《听琴图》为传世珍品，图中生动地体现了当时文人所追求的一种音乐美学意境，历来为画界所珍重。北宋南渡以后，高宗赵构又在都城临安恢复了画院，收纳北宋画院南渡的画家。两宋画院的宫廷绘画创作，对绘画人才的培养及绘画艺术水准的提高，均起到了很大的作用。同时，宋代都市商品经济的繁荣，促进了绘画题材的转移，涌现出大量反映城市和乡村平民生活风貌的作品。画家张择端的名作《清明上河图》是宋代传世最负盛名的风俗画，是反映宋代社会音乐生活的重要作品。它将人物绘在山水建筑的场景之中，构成全景长卷式的画面，长达528.7厘米，所绘人物多达五百多个。图中有都市街头说唱卖艺一景，十分难得。《清明上河图》这类旨在描绘清明时节北宋都城汴京（今河南开封）繁华热闹的景象作品，却在有意无意之中描绘了当时街头说唱音乐的盛况。马远的《踏歌图》，是将作者风格独特的山水画与风俗画结合起来的作品。图中那些农村中列队表演踏歌的人物，动作诙谐有趣，极富生活气息。故宫博物院所藏《杂剧图》是戏曲内容的代表作，时代也为南宋。

明清以往，中国传统绘画艺术，虽然已经经历了宋元的高峰时期，出现了上述大量名家名作，但仍然保持着相当高的水平和实力，且随着时代发展，不断有所创新。传统卷轴画艺术，自元代形成"文人画"，至明清时期更为成熟，名家辈出，流派林立，画坛呈现出空前的活力。如以唐寅为代表的明代中叶的吴门画派，以扬州八怪为代表的扬州画坛，均是文人画派中成就卓著的绘画艺术团体。除了"文人画"之外，明清两代的宫廷绘画也颇有新意。特别是清代宫中设有画院处如意馆，甚至有人因献画而被召进宫，呈现了宫廷绘画文人化的倾向。反映当时社会音乐生活的绘画作品不胜枚举，如《康熙南巡图》、《紫光阁赐宴图》等等，作品气势宏大，均在一定程度上反映了当时社会音乐活动的真实场景。

　　考古发现的早期绘画作品，主要是墓葬壁画。这些，在前文中已经论及。除此之外，其他的绘画作品不多，时代也比较晚。

　　出土于吐鲁番阿斯塔那古墓群高昌郡时期墓葬的乐舞纸画，是屡为中外艺术史学家引用的重要物证。其创作的年代为公元5世纪。古墓群埋葬的主要是高昌郡时期至唐代的汉族达官贵族。此画反映古代高昌贵族的生活情貌。画面右上部为主人，手持团扇跪坐在台床上，身后有一侍女，墙上挂有弓箭。床前跪一侍女，左手将一碗递给主人，右手执一勺。侍女右侧亦跪坐二人，似为贵族人物。图中部为乐舞伎人。最前面为一女舞伎，其双肩端平，水袖下沉。后面跪坐二乐手，一作单手击鼓状，一在吹奏尺八。尺八极长，上可见七孔。图左下方还绘有牛车、锅灶等生活用具。右下方为一跪俯吹火的佣人。

　　阿斯塔那唐代墓葬还出土了一幅奏乐仕女绢画，约创作于公元7世纪。此绢画为残片拼凑起来的仕女图，其形象为唐代女性。中间一身手执一阮咸，其琴首有一花形装饰，琴杆上可见四个品柱。音箱外缘有花边。敦煌壁画中也有形制与此近似的阮咸。

　　1912年，日本大谷探险队桔瑞超与吉川小一郎在吐峪沟考察与发掘，获取大量文物，产生于公元7～8世纪的作品不鼓自鸣乐器绢画和两幅伎乐绢画，即为其中之一部。不鼓自鸣乐器绢画中央为结跏跌坐的佛，由于残破，两侧人物不全，故事内容不详。不鼓自鸣乐器绘在佛顶部圆形咒文的左右。该图左侧的乐器，可辨认出横笛、细腰鼓和拍板。横笛绘出八孔，细腰鼓两端鼓面用绳索拉住。拍板有七片。三种乐器均扎有帛带，飘逸于虚空。两幅伎乐绢画之一，上部为经变图的下侧伎乐，下部为汉文榜题，中有"大历六年（公元771年）四月十八日"字样。这是阿弥陀净土变中伎乐的局部，仅存完整的两身伎乐。一伎乐在弹竖箜篌，一伎乐在吹笙。后面一伎乐弹琵琶，现仅见琵琶的局部。伎乐下方是栏杆和水池，池中有莲花，外栏杆上立一仙鹤。此图的结构和人物形象与敦煌经变图十分相似。另一幅伎乐绢画仅存残片，可见三身伎乐的头部，最下一身伎乐左肩托举鸡娄鼓，鼓前窄后宽，体积较大，鼗鼓为一柄二鼓，其形制与克孜尔石窟图像一致。鸡娄鼓放在肩上，在敦煌莫高窟经变图伎乐中可见。此应为来自中原的一种击奏形式。

1982年1月出土的江陵县马山砖瓦厂1号楚墓舞人纹锦，也是较为难得的考古发掘品。产生的时代约在战国中晚期。棺内出土大批珍贵的战国丝织品，其中一件衣衾包裹夹纡，即为舞人纹锦。织锦保存较好，平面呈亚字形，长332、宽243厘米。舞人纹是织锦图案中的第二组纹饰。图案由二个对称舞人为一组，舞人头着冠，冠尾后垂，身穿长袍，系深黄色腰带，腰佩饰物，双足外露，双手扬起过头，长袖飘垂，作边歌边舞状。这是我国织锦图案中，最早用来表现音乐舞蹈的珍品，是二千三百年前人们音乐活动的形象资料[30]。

新疆雅尔湖石窟出土的奏火不思麻布画、高昌古城摩尼教书卷奏乐图等文物，无论在地域、技巧和风格方面，都有一定的代表性。雅尔湖奏火不思麻布画，约为公元 7~8 世纪作品，出土于新疆雅尔湖石窟。内容为"鬼子母因缘"的故事：图中的女性形象即为鬼子母，她坐于"宣"字座上，有背光，头上敷披巾，身穿红色长袍，上有田字花纹。怀中抱一小儿，左手托乳喂小儿。鬼子母左右有八身裸体儿童。有玩耍的，有弹乐器的。其中一裸体小儿坐于地上，头向右略侧，双手抱火不思弹奏。火不思有四轸，音箱下部圆形，上部有棱角，颈部弯曲。其形制与《大清会典图》所载相似[31]。

出土于高昌地区的有乐舞形象的绢画、纸画、麻布画、刺绣和书卷等，大多流失国外。其中回鹘文摩尼教书卷中的弹曲项琵琶图，是极为难得的珍品。图中的曲项琵琶形状与中原制式完全一样，可能是根据高昌石窟壁画里的曲项琵琶绘制的。这一小小的图像，透露出不同文化、不同宗教交流的历史信息。在和田地区搜集到的清代葫芦上，刻画出热瓦甫、苏乃依和巴拉满等维吾尔族民间乐器。乐器造型有抽象的意蕴和装饰的效果，对研究维吾尔族乐器的发展演变有较高的价值。

新疆维吾尔自治区博物馆所藏奏乐图毛织物，1984 年出土于洛浦县山普拉 1 号墓。墓室北边置有木尸床。尸体为男性，上穿丝、毛织物。奏乐马身神人图案出自尸体缂毛织物的右裤腿上。毛织物残长 53、宽 45 厘米。其主题图案周边辅衬十五朵色彩和形式各异的四瓣花朵。马身神人面目清晰，方脸，高鼻。双手一前一后，持长形筒管，细的一端含于嘴中，手指作按压音孔状。头盘发髻，缠巾上飘，中部扎织带，织带弯曲两折后直飘身后。肩上披风亦向后飘摆。马前蹄腾空，后蹄收回呈急驰状，勾勒出一幅快马加鞭的生动画面。从此吹奏管乐的马身神人的相貌及缂毛织物本身分析，其可能是从西方传入的，长管为何乐器待考。该墓年代约为公元前1世纪[32]。

新疆地区异常干燥的气候，使较为丰富的音乐绘画文物得以留存至今。这些文物对于研究东西方音乐文化的渊源和发展，具有重要的学术价值。这也是绘画和编织作品的魅力所在。

**2．器皿饰绘**

日用器皿的装饰工艺渊源极古。至少自新石器时代以来，人们已在各种器皿上加以装饰。这种装饰最容易的方式就是在器皿上作涂绘或刻划。装饰的内容必然会受到日常生活的影响，如史前陶器以及其后的大量青铜器和漆木器，均在一定程度上反映了先民的社会乐舞活动。在多年的考古发掘中，这类发现面广量大，成为音乐考古学研究极其重要的一个方面。

（1）陶石类器皿的饰绘

史前陶器的饰绘中，反映音乐内容的考古发现并不多。

1973年出土于青海大通县上孙家寨的舞蹈纹彩陶盆，几乎是被所有艺术史著作屡加引用的物证。陶盆属新石器时代马家窑文化，年代约在公元前2500年左右。陶盆的口径29、腹径28、底径10、高14厘米。细泥红陶，手制，大口，唇外卷，口略敛，深腹，腹向下收，平底。唇及内外壁绘褐色斜平行线纹、平行带纹、柳叶纹等。内壁主题纹饰，为五人舞蹈图像三组。图中五人一组，手拉手，面向一致，头左侧各有一斜道，似为发辫，摆向划一。每组外侧两人的外侧手臂，画为两道。在两腿上部、下腹体右侧，各有一道，似为尾饰。整个画面，人物突出，步调一致，形象生动。在目前发现的彩陶器物中，以先民集体舞蹈活动场面为装饰，且画面写实、主题明确的，这是首例。大通舞蹈纹彩陶盆为研究我国原始社会音乐、舞蹈提供了珍贵的实物资料[33]。目前，青海出土类似的舞蹈纹彩陶盆已经不止一件，所饰舞人图案的内容情趣和史学价值，均不在大通舞蹈纹彩陶盆之下。

1987 年出土于甘肃酒泉县干骨崖新石器时代遗址的舞蹈纹陶罐，也属于新石器时代马家窑文化类型。陶罐共四件，二件为双耳罐，二件为单耳罐，造型风格相近。其一为细泥红陶质，双耳，束颈，红底上施黑彩。以双耳为界限，两面对称绘三人一组、三组九人、两面六组共十八人的舞蹈纹。舞者直立，细腰，着长裙，双手叉腰作舞蹈状，动作统一，排列规整。陶罐通高 10.4、口径 7、腹径 10.5、底径 3.2 厘米，画面上舞蹈者个体高 4 厘米。1959 年出土于礼县池村的歌唱俑瓶，为春秋时代遗物。俑瓶灰陶质，表面光洁，质地细密，轮制。通高 38、上径 4.5～7.2、底径 7.8～12.2 厘米。保存基本完整，瓶口微残。陶瓶作站立歌唱俑人状，瓶形整体为扁圆筒，中空，封底。乐俑高鼻深目，面宽耳廓。头顶有宽边椭圆形瓶口，胸部两乳突出，双臂拢于腹前，口张开，似正昂首放声高歌。通体饰红白粉彩，已大部分脱落。从侧面看，臀部微突，腿略躬，俨然一女性艺人形象，造型生动，富有情趣[34]。

河南安阳北齐范粹墓黄釉乐舞胡人扁瓷酒壶，是反映南北朝时期东西方音乐文化交流的物证，出土于 1971 年。保存完好。为上窄下宽模制的扁圆形。敞口短颈，颈与肩连接处施连珠一周。两肩各有一孔可供穿带提挂。壶身全施菊黄色釉，底部淌有凝脂状酱色釉珠，釉色不均。底不施釉。壶两面有模印乐舞胡人浮雕，壶正面图像：于杏仁状边框内刻画出五人一组的乐舞活动形象。中央一人右手前伸，左手下垂，双足腾跳，返首顾盼，婆娑起舞于莲座之上；右边二人，一有髭须者持笛吹奏，另一人侧身注视舞者，扬起双手作击拍状；左边亦二人，其一手执五弦弹奏，另一人面向舞者，击钹伴奏。五人均高鼻深目，身穿窄袖长衫，腰间束带，神态生动，为一幅妙趣盎然的龟兹乐舞图。壶背面图像略同[35]。

自汉代起，墓葬中常出现一种特殊的陶瓶。有关这种陶瓶的性质，考古界尚有争议，名称也有所不同。一些专家发现这类陶瓶中存有五谷杂粮，认为这是用来安放死者享用食粮的器皿，故称之为"谷仓"。也有一些专家主张叫做"魂瓶"，发现于湖北枝江县马家店镇熊家窑取土场的陶瓶即是一例。该器原带器盖，盖上堆塑停棺灵堂等内容，今失。器身保存较好，为泥质红陶。器略呈橄榄形，近肩部堆塑祭祀场面：中间置灵台，上有长明灯及供品；左边七人为奏乐僧侣，姿态各异，分执锣、钹、笛、鼓等器，作演奏状；右边五人中，一人手提引魂灯，余皆为披麻戴孝、手挂哭丧棒的孝子，作悲哀哭泣状。器腹周饰"四灵"塑像：左白虎，右青龙，前朱雀，后玄武。两层堆塑下面各饰一周木耳状边。该器较为完整地塑造了当时世俗丧葬时的音乐场面。有鉴于此，一些考古学家认为这类器物是用来安放死者魂魄的，应称之为"魂瓶"。

考古发现的魂瓶较多，使用延续的时间也较长，较早的出土标本可追溯至汉魏时期，而且直到宋代还有着较为广泛的沿用。故宫博物院所藏三国吴青釉谷仓，1939年出土于浙江绍兴。保存完好，高46.4、腹径29.1厘米。通体施釉，唯近底处无釉，平底。谷仓上部堆塑纹饰多组，内容繁杂，上半部正面为三层飞檐崇楼，楼后面有伎乐人，均向外站立，作乐舞状。下半部正面堆塑龟背驮碑，碑刻"永安三年时，富且洋（祥），宜公卿，多子孙，寿命长，千意（亿）万岁未见英（殃）"二十四字。碑的左右堆塑和刻划狗、鹿、鱼、龙等图像。堆塑的伎乐人，左弄丸、中吹竖笛、右弹阮[36]。

1972 年出土于江苏金坛县唐王乡三国东吴墓中的堆塑罐，也是这类文物中的精品。罐保存较好，缺盖。通高 47.5、腹径 28、口径 8.8 厘米。罐尖底膨肩，上设楼台百戏、飞禽走兽及小五连罐。肩上设一圈盘沿，盘上为颈，颈外置堆塑一周。堆塑人物眉目清楚，神态各异。胡人形象十人，均头戴峨冠，凹眼浓眉，满面胡须，并蓄有上翘的八字胡。有作揖、掷倒、跳丸、吐舌小丑及二人持棒比武等。另有作乐舞者四人，其中一人打鼓，右手执枹，鼓倒置胸前。二人持杆，杆一左一右。一人吹笙簧，笙簧一端接口，双手左上右下，五指分明。一人弹琵琶（阮？），乐器粗略，但仍刻出弦丝、品相。余一人作舞蹈相伴，较写实[37]。

出土于安徽繁昌峨桥新潮窑厂的魂瓶，亦为三国时代的遗物[38]。湖北宜城和崇阳县小沙坪出土的魂瓶，均为宋代的作品。这些魂瓶堆塑纹饰的内容，均有哭丧送殡景象，伴有丧鼓乐队演奏的场面。如崇阳小沙坪魂瓶塑有六个吹鼓乐手，乐器有唢呐（？）、鼓和钹，均作演奏行进状。

古人常常在一些日用器物上装饰以音乐舞蹈的内容。如1975 年江陵县凤凰山 53 号秦墓发掘出土一件保存完整的木梳。这是考古发现的唯一一件反映秦代音乐图像的器物。梳用一块木片制成，马蹄形，长 7.5、宽 5.5、厚 1 厘米，竖齿十五根。梳柄正面漆绘歌舞图像，由三人组成：中间为一女子，挽髻，着窄长袖衣，腰系曳地长裙，身右倾，双臂挥动长袖，向后伸展，婆娑起舞；右边一男子，面对舞者，立身向前倾，手持一长柄圆盘状物，作教习状；左边一男子，跪地仰望舞者，似为伴唱者。画面人物比例准确，内容写实，生动地表现了秦代音乐活动的一个瞬间场面，也是我国漆器绘画中较早表现乐舞内容的艺术佳作。

又如1986年10月河北景县绛河流乡大代庄出土东汉早中期的琴乐鼓舞图陶灯座，是又一类装饰以音乐舞蹈内容的日用器物。这件琴乐鼓舞图陶灯座与天津武清东汉鲜于璜墓所出基本相似。此类陶灯在河南、河北、北京、内蒙古等地的汉墓中均有出土。但这件陶灯座表面堆塑人物和动物图案一周较为特殊，中部以一周凸棱将堆塑内容分割为上下两部分。上层为琴乐舞蹈图：中间一人袖手盘膝而坐，似主人，左右各有一执杖侍从躬立，身后一人执扇，其周围依次可见弹琴、鼓瑟、杂技、击鼓等人物形象。抚琴者位于上部，形象稍小，琴斜置琴人腿上，偏向左侧，琴人双手置于琴面，作弹奏状。琴面不见枘、岳。鼓瑟者位于抚琴者左下方，乐人头部残失，双手置于瑟面。瑟一端可辨较高的岳山，依稀似有弦枘，瑟面柱马略去。舞蹈人和击鼓人位于琴乐人背面。舞人着裙，双手高举，似作甩袖之舞。鼓人上身简略，下身也着裙，裙下露一足。腰间置一大鼓。另有一幅仙鹤哺雏图。下层为田猎场面，六骑和猎犬正在围捕群鹿[39]。

此外，古人不忘在印章、砚台、腰带玉板和其他玉石饰物上饰以乐舞场景或人物。

故宫博物院所藏汉代四人乐舞纹和三人乐舞纹印，是一种古人使用的肖形印，可钤印于封泥之上，打出的图像阴阳凹凸与原印相反，画面清晰。其中四人乐舞纹印边长1.45×1.45、通高1.35厘米。铜质桥纽。印面刻绘乐舞百戏形像，左上方一人弹瑟，右下方一人侧身而坐，吹一多管乐器，右上方一人作歌舞状，左下方一人剑步向前，抛戏一物。画面虽小，内容丰富，形象生动，布局紧凑[40]。

1970年山西大同出土的石雕方砚，为北魏时期的遗物。砚方形，用浅灰色细砂岩石雕成。正中为12厘米见方的墨池，外饰连珠纹、连瓣纹各一道，池四周外边宽阔。左右边中间雕耳杯，可以贮水润笔，两端浮雕怪兽、蛟龙、水鸟等，均作饮水状。上下边中间雕长方形墨床，两侧浮雕驯猴、骑兽、相扑、乐舞等人物四组。四角分别为有孔圆形连瓣纹座及平面圆形连珠纹座各二，当为插笔与捺笔之用。砚四侧面雕有力士、云龙、朱雀、水禽等图案，砚底饰大莲花周围八朵小莲花纹。造型优美，雕刻精湛。砚面乐舞一组二人，舞者两臂上举弯身蹈足，手足相应，似中节拍。旁一人怀抱琵琶，持拨弹弦，为之伴奏。琵琶音箱呈梨形，四弦、四轸。

1990年西安三桥镇关庙小学出土的玉带饰板十八块，可能分属五副玉带，其中雕有吹横笛、吹竖笛、弹琵琶、击羯鼓和击拍板等伎乐形象，前四块伎乐带同属一副玉带。从雕刻手法和内容来看，为唐代遗物。带板宽5.15、高4.7、厚0.85厘米，为羊脂白玉，温润，方形。上雕一盘坐在方形地毯上奏乐的胡人，深目高鼻，长发外卷，着窄衣小袖胡服，肩飘长带，足蹬高靴。人物稚拙，风趣横生，从一定角度反映了唐代社会开放，东西音乐交流频繁的一代风尚。类似的文物有上海博物馆藏伎乐玉带板三块，图案、质地风格完全一致。

（2）青铜器皿的装饰

青铜器上反映音乐生活内容的写实纹饰出现的时间，为青铜时代的后期。这方面的考古发现不太多，仅有成都宴乐武舞图铜壶等数例。

成都宴乐武舞图铜壶1965年2月出土于成都市百花潭中

学第 10 号战国墓。图像丰富精美，尤其是保留了武舞和金鼓、丁宁助战的内容。铜壶保存完好。为小口、长颈、斜肩、深腹、平底、圆足式。肩上有兽面衔环。有盖，盖面微拱，上有三鸭形钮。通高 40、口径 13.4、腹径 26.5 厘米。壶身纹饰中填嵌的金属为铅类。壶身以三条带纹分为四层画面，第一、二、三层图像，两面对称，分左、右两组。第四层图分上下两组。第一层左习射图，右采桑图。左侧图中有"持弓矢舞"。持弓习射者姿态各异，有人张弓习射而无箭，或为《周礼》所云"燕射，帅射夫以弓矢舞"之类的武舞。第二层左为钟磬宴乐武舞图，右为弋射和习射图。左图人物皆有帻，左边楼房一幢，两檐及楼下右柱外各有一鸟，楼上六人，皆腰悬短剑，姿势各异。楼下室内左边悬编钟一组四件，右边悬编磬一组五件，左柱悬挂一笙。下有八人，皆右向，立与踞坐相间：立者着长裳，双手执桴，左两人击钟，右两人击磬；踞坐者着短服，两人吹笙，两人吹排箫，也相间。右柱外一人右向立，面前置一杆，杆树建鼓，下悬丁宁，身着长裳，双手各执一桴，左手击建鼓，右手击丁宁。鼓右侧一人左向立，长裳，执桴向鼓师。右柱侧有七个舞人，两行列，右手前伸，微向上曲，左手持矛，矛柄饰带三条，作舞蹈姿态，似即《礼记·乐记》所云"干戚之舞"。第三层左为步战仰攻图，右为水陆攻战图。右图上有击鼓、丁宁助战图像。图像分上下两层：上层十人，其中一人踞坐，双手各执一桴，面前置一杆，顶端悬戈，杆中部树建鼓，下部挂丁宁，左手击鼓，右手击丁宁，下层为船战，船尾悬一小鼓，显为助战。第四层为上下两组狩猎图像和桃形图案[41]。有学者认为此壶宴乐、武舞、弓矢武舞图像是为古代巴渝舞之遗存。1946 年接收德人杨宁史所藏文物中，包括一件传世的宴乐渔猎纹铜壶，与上述这件战国嵌错宴乐狩猎纹铜壶极为相似。

1951年河南辉县赵固村1号战国墓出土的燕乐射猎图案刻纹铜鉴，也是一件不可多得的珍品。器形与战国式铜鉴相似，高约13厘米。大口小底，口径45.2、底径约20.3厘米。两耳垂环，口缘外折，底平无足。质地极薄，厚度不足0.1厘米。出土时已压碎，经补缀接合复原成形。在内壁有用利刃精刻的纹饰一周，细如发丝，用放大镜始清楚可见。内容丰富，形象生动。图中以一建筑物为中心，向两侧延伸，上下分三层，人物众多，分别从事各种活动。如左侧中层高悬编钟五个，钟下残存二人站立，手持长槌。右侧中层高悬编磬五件，其中三磬完全，余二磬尚存明显悬挂痕迹。磬下二人，双手各举长槌，作击奏状。铜鉴刻纹内容包括宴乐、狩猎、树木、禽畜等，生动地反映了当时贵族的生活情景[42]。

以乐舞为主题的青铜刻纹器皿，还有1985年4月发掘出土于镇江市丹徒县谏壁镇王家山东周墓的乐舞刻纹盘、1978年3月出土于淮阴市城南乡高庄1号战国墓的宴乐刻纹盘等。

另有一些青铜铸制的生活用具，常常用音乐舞蹈作为装饰的主题。如内蒙古自治区准格尔旗1956年出土三人奏乐纹铜带钩，应为汉代文物。带钩长4.6、宽1.8厘米。青铜制，是腰带上的扣饰。钩身铸有三位老者，席地而坐，左一人双手鼓瑟，中间一人似怀抱一物，但不清楚，右一老者吹笙。此带钩形体甚小，但刻画细致，服饰清晰。

1956年云南晋宁石寨山第13号墓出土四人乐舞鎏金铜饰，西汉中期文物。铜饰，通长14.5、高10.4厘米。正面四人并排作舞，头戴高筒尖顶帽，上部缀有五支带柄小圆花，帽前刻有回旋花纹,帽后分垂两条托地长飘带,帽沿盖到眉上。
高鼻厚唇,嘴微前突,双耳戴大圆耳环。右臂平抬,手握摇
铃,左臂弯曲,手握拳置于胸前。肩披帛,腰束带,右侧宽带
系剑,腹前悬挂圆形扣饰,衣长至膝下,跣足。四人连臂,步
调一致,似正在振铃歌舞。铜饰背面有一齿扣[43]。

秦汉以往,铜镜的使用十分普及。在铸于镜背的装饰性纹
饰中,音乐舞蹈内容成为当时铸镜工匠的主要选择。故宫博物
院所藏东汉人物故事画像镜和中国历史博物馆所藏七盘舞画像
镜可为汉镜代表。人物故事画像镜作圆形,直径 14.1 厘米。
覆萼圆纽,纽的周围是人物故事图案,以乳钉分为四区,各区
画面不同。在主题纹饰之外,有直线纹、锯齿纹和鸟兽纹各一
圈。在四区纹饰中,有一区是乐舞场面。上方二人,一作长袖
舞,一举双臂迎向舞者,下方四人跪坐,为舞蹈伴奏,右一人
在弹瑟,左一人吹竖笛,另二人难辨。七盘舞是汉代最流行的
民间舞蹈,在地上排列的道具,有盘有鼓,且数目多少不等。
表演者有男有女,在音乐伴奏中边歌边舞。七盘舞画像镜圆
形,直径 21.5 厘米。高圆纽,花瓣纹纽座,外围双线方栏,
三角缘。主题纹饰浮雕四组,并以乳钉相间隔。其中一组为乐
舞场面。地上正中置两排共五个大小不一的扁圆形物,似三盘
二鼓。一女作舞,头戴花冠,身着直领长袖衣,下着喇叭口长
裤,细腰,右腿弯曲,脚踏鼓。左腿高抬,脚下置一盘,挥动
长袖起舞。左侧二人戴冠,并排踞坐吹排箫。右上一女,头戴
花冠,身着直领长袖衣踞坐,面前置一鼓,右臂长袖舒展飘
扬,左手执桴。边舞边击鼓为节。右下一人戴冠,着长衣,坐
地抚琴[44]。

奏乐引凤的主题特别受到唐人的青睐,被屡屡用到铜镜的

装饰上。如故宫博物院 1959 年收购的抚琴引凤纹镜，直径
21.5 厘米，龟纽，主题纹饰外，在弦纹与平素镜边之间，有
一圈篆书铭文四十字。镜背主题纹饰为：正中上方有祥云和远
山，下方为池塘，池旁山石耸立，池中伸出一枝硕大的荷叶，
叶上一龟，作为镜纽。左侧竹林中一人端坐，琴置膝上，正在
弹奏。右侧树下有怪石，石上有一凤凰，展翅翘尾，伸足试
落，似闻声而至的姿态。又如中国历史博物馆所藏吹笙引凤纹
镜二件。其一镜作八出葵花形，直径 12.9 厘米。圆纽，无纽
座。纽上数竿修竹，纽下一座仙山，山上有灵草瑞花点缀。左
侧为神话人物王子乔，头顶束髻，身着宽袖长衣，腰系带，足
穿云头靴，端坐吹笙。右侧一凤，飞向仙人。其二镜作圆形，
直径 12.2 厘米。无缘。镜背整个画面为浅浮雕山水人物画，
纽与山峦浑然一体，此镜纹饰与造型，实属罕见。通体无界
框，山峦重叠，祥云缭绕，山下流水潺潺。右侧为神话人物王
子乔，头顶束高髻，身着长衣坐山石上，双手捧笙吹奏。左一
凤展翅翘尾，伸足欲落。纽上下各饰一飞鹊。

1955 年河南洛阳涧西十六工区 76 号墓出土嵌螺钿人物花
鸟纹镜，直径 24 厘米。圆纽，周边为带形。镜背纹饰由螺钿
嵌成。纽上方为一颗花树，树梢偏右有一轮明月，纽两侧为二
老者对坐树前，一抱阮弹奏，一持杯欲饮，其后有侍女伫立，
双手捧盒。老者面前放着一壶一鼎。席前有仙鹤、鸳鸯，树旁
有鸾凤、鹦鹉，周围还有小鸟、山石、花草错落其间。是一幅
优美的听阮图。

宋元时期的戏文成为当时音乐艺术的主要形式。其内容自
然成为铜镜装饰的主题。中国历史博物馆 1959 年收购的傀儡
戏纹镜是南宋的作品。镜为方形，边长 10.9 厘米。小圆纽，

窄平缘。镜背纹饰为表演杖头傀儡戏的情景。远景为一高石台阶，中有阶石，两边有栏柱。在台阶下，支一幕布，一童子居幕后演戏，双手各举杖头傀儡高出幕布之上。幕前有孩童五人观看。左侧女孩两手持槌击小鼓，前边地上有拍板。右上有一幼童倚栏柱坐阶上，作观赏状[45]。

　　1984 年怀柔村民在河防口村动土时发现窖藏一座，出土铜镜八件，其中之一为乐器纹镜，属元代遗物。镜体小，圆形，直径 8 厘米。镜背纹饰为各种乐器，器身有些系以彩带，作满天飞舞之状。计有箜篌、笙、琵琶、笛、排箫、筝、鼓、竽篥、鼓和方响等十种。可能是一件难得的佛教音乐文物，所描述的是佛经中的"不鼓自鸣"，展现了一派西方极乐世界的景象。

　　（3）漆木器的彩绘

　　漆木器是中国古代重要的工艺器皿。

　　考古发现的以音乐艺术为装饰主题的漆木器，已为东周时期的遗物。其中最值得注意的，首推曾侯乙墓出土的乐舞图鸳鸯盒。鸳鸯盒（W·C·2∶1）木胎，形若鸳鸯，长 20.1、宽 12.5、高 16.5 厘米。器分头、身、盖三部分，均雕琢而成。整器以黑漆为地，以朱线绹纹与菱格纹带将全器对称界隔成几部分：头部，以朱色描出双目，嘴巴及轮廓，并呈杂色羽毛效果；颈部，前后两道菱格纹将其分为左右两半，内填朱色鳞纹；前腹、后背及尾之底部亦绘鳞纹；翅膀、尾之上部，在锯齿状纹带上，密布细小的朱、黄色圆点；左、右腹部，以锯齿状纹带相衬，以醒目的位置各绘乐舞图一幅；足部绘若龙体，并着鳞纹。正是这两幅乐舞图，具有极为重要的史学价值。

　　其一为鼓舞图，绘于鸳鸯右腹中部。画面以绹纹框边，近长方形。画面中部绘一建鼓，建鼓立于兽形鼓座之上，一柄长柱贯穿圆鼓腔，柱冠着稷穗形饰物。鼓腔以鼓面为正视，画成正圆形，但中心却未用色彩填实，可见由此穿过鼓柱，这具有剖面的意味。建鼓右面，直立一兽，着高冠，上肢执双槌轮击建鼓。建鼓左面，一位高大的佩剑武士，头着高冠，臂着长袖，正随鼓声应节而舞，姿态舒展。武士的面目较简化，仅一轮廓，可辨双耳，正面中部仅一个圆点，不知是眉目，还是口鼻。武士呈正面站立姿，但其双足却向左侧弯钩，又若侧视图像，其表现方法颇有趣味。

其二为撞钟图，绘于鸳鸯左腹中部。画面以绚纹框边，近长方形。一副簨簴占据了大半幅画面。簨簴分上下两层，系由双龙立柱对衔上层横梁，下连下层横梁构成。上层并排悬挂着体量大小有别的二件甬钟。下层悬挂二件呈近磬折形的两块石磬。簨簴右侧，直立一位似人似鸟兽的乐师，上肢操棒，背对簨簴左手向前而上举，右手后屈而下握，大棒经胸前下斜，棒的下端正撞击在簨簴右边一件甬钟之上。撞钟棒下端作槌形，棒身画成一定的弧度，显得富有弹性。这幅撞钟图，直接揭示了大型甬钟以棒撞击的演奏方法，为该墓钟架上斜倚的二件大棒的功能及使用方法提供了有力的证据[46]。

曾侯乙墓出土的另一件彩绘漆木器均钟的纹饰，也具有非同寻常的学术价值。均钟在出土时无人认识，只能被暂时定名为"五弦琴"或"五弦器"。正是均钟自身的彩漆纹饰，帮助学者解开了这一千古难题。纹饰的内容为二个主题。第一主题绘于器身后半段的底面，画面中有变形鸟纹、龙纹和人形纹，据其摆布，可分为两幅：其一，人作蹲状，有目有口，头顶长发高竖且向两旁弯曲，头顶两侧各有一蛇，上肢作龙形，向上曲伸，胯下有二龙，龙首相对，龙身相互环绕三道，龙尾各向后翘，龙体饰菱纹。其二，人亦作蹲状，面孔比前者多出个大鼻梁直冲天灵盖，月牙形的大嘴张而上翘，双目倒挂，相当两耳之处各有一蛇。其胯下双龙形与上同。经冯光生研究，发现该画面有可能是《山海经·大荒西经》所叙夏后开上天得乐的写照[47]。第二主题绘于器身首段的背面、侧面和尾段的正面。画面为一组组引颈振翅的凤鸟在致密的方格纹衬地上飞翔。面板上的凤鸟为二行，均十二只，有一边侧板上的一行凤鸟亦为十二只（另一侧板为十一只），底板上的二行凤鸟合共亦有十二只。这一主题似与黄帝命伶伦听十二只凤鸟鸣叫制定十二律的神话故事有关。"乐"、"律"起源的故事以简练的图案绘于该器，寓意不凡。

还有一些考古发现的漆木器彩绘，作为一种重要的物证，解决了中国音乐史学上的疑难问题。如乐器筑，失传达二千余年，今天的人们对这种乐器的确切形制已经难知其详。1972年出土于湖南省长沙市东郊马王堆1号汉墓的漆棺上，绘有神人击筑图。时代为西汉早期。漆棺的头挡及左侧面均绘有乐舞场面，中部绘"神怪奏乐"：左边一神怪坐于云间，持筑击奏，右下方另一神怪吹竽，与之相呼应[48]。当时，对这件奇特的乐器，学术界出现了不小的争议。

1973年，连云港市海州区南门网疃庄附近一座西汉墓出土了一件漆食奁，其上所绘的击筑图，初步提供了解决这一疑难问题的线索。漆食奁的器盖、器身外壁用黑色各勾绘出三个人像，均为男子形象，头顶束发，系帕头，衣右衽长袍。其中一人作舞蹈之姿，宽袖飘逸。一人踞坐，左手执乐器，右手持一竹尺，作演奏状，其乐器即为"筑"。还有一人似坐听者。

图三七　江苏连云港西汉侍其繇墓出土漆食奁击筑纹线描图

（图三七）画面生动，线条流畅，色泽鲜艳调和，是汉代漆绘工匠的艺术杰作。以上两个考古发现，无疑对进一步了解筑的形制及演奏方法有着十分重要的意义[49]。

1985 年 2 月，江苏扬州市西北邗江县甘泉山姚庄 101 号西汉墓出土一件银扣嵌玛瑙七子漆奁。盖顶正中为六出银柿蒂，中心嵌一颗红玛瑙宝石，四周为金银贴箔饰带。几组金箔画面清楚，其中有羽人操琴图一幅。羽人作踞坐势，形体、面相似人，头后梳高髻，肩背出羽翅。奁盖外壁有三道银扣，形成两个纹饰带，以山水云气纹为主，间饰羽人抚琴图及车马出巡、狩猎、六博、斗牛等画面。图中，羽人踞坐，琴狭长，置腿上，右手抚琴，左手扬起，宽袖大袍，头束重巾。上有巨鸟飞过，右边一人挎剑踞坐，似听琴状，面前悬一璧状物。奁内有七子盒，小巧玲珑，造型各异，装饰手法同奁本身。其中马蹄形子盒的盒盖和器身外部，各有三道银扣，银扣间的两条纹饰带上下用朱漆勾边，内用金银箔剪贴山水、人物、禽兽等图案，其中有羽人弹瑟图一幅。银扣嵌玛瑙七子奁用金银箔剪贴加彩绘的手法，描绘了以人物为主、山水为辅的精彩场面，有类似金银平托的效果。这是一件极为难得的漆器珍品。其上所饰抚琴、弹瑟图像虽然较为简单并带有浓重的神话色彩，但它反映了当时人们音乐生活的一个侧面，有其独特的意义[50]。

据研究，公元6～7世纪，西域盛行一种被称作"苏幕遮"的歌舞戏，它可能源于波斯古老的供奉不死圣神"苏摩"的祭祀。此戏传入西域后得以发展，尤其在龟兹与佛教精神结合，创造了"苏幕遮"歌舞戏。唐慧琳撰《一切经音义》载："苏幕遮，西戎胡语也，正云飒磨遮。此戏本出西域龟兹国。至今犹有此曲，此国浑脱、大面、拨头之类也。或作兽面，或作鬼神，假作种种面具形状，或以泥水沾洒行人，或持绢索搭勾捉人为戏，每年七月初公行此戏，七日乃停。土俗相传云，常以此法禳厌驱趁罗刹恶鬼食啖人民之灾也。"20世纪初，在新疆库车东北苏巴什佛寺遗址出土的一具盛佛教徒骨灰的舍利盒，盒盖与盒身上均绘有精彩的乐舞图像。舍利盒乐舞图中的各种面具和形式都与上述记载相合，很可能就是"苏幕遮"歌舞戏的一部分[51]。

盒盖上四身"迦陵频伽"（佛传故事中一种拟人形的美音鸟）所持的乐器分别是：筚篥、竖箜篌、曲项琵琶和类似五弦琵琶的一种乐器。特别是盒身一周绘有由二十一人组成的乐舞队，是真实地记录中国西部音乐历史瞬间的风俗画卷。乐队六人所持乐器有：大鼓、竖箜篌、弓形箜篌、排箫、羯鼓和鸡娄鼓、铜角。另有五身儿童和十身带面具的舞蹈者。

图中，前面是四身舞人：第一身女性，内穿紧袖服，外穿圆点花外套，下摆呈弧形，下穿肥大的裙裤，双手执一舞旄。旁为一男舞人，上身所穿与女者相同，下穿紧口裤，足登尖头靴，腰扎下甲，头戴幞头，左手正从头上揭下。舞旄斜插于身后。后为一戴面具的舞人，从裙裤看，应为女性。头戴披肩长方巾，面孔为青年人。第四身为男性舞人，头戴盔冠，有长须面具，很像一位将军。右腿直立，左腿上提，似京剧中的"起霸"姿势。与上图相连第一人为戴兔形面具的女舞人，舞姿与前者相同，只是提起右腿。接着是一位戴船形帽面具的男舞人。前四人手牵着手。后面一身为女舞人，头戴竖耳勾鼻面具，双手各执一帛巾，右手帛巾与前舞者共握。左手帛巾与后舞者共握。后舞者面具为一老者，身穿裳衣样服装。再后是一个持棍、穿布满花点衣裤、头戴竖耳勾鼻面具的舞人。

在舞蹈者之后，是一组乐队。最前面的是两个儿童抬一大鼓，后有一乐手击鼓。大鼓描得比较细致，鼓身为弧形条木拼制，条木之间有燕尾榫连结。两端鼓面周沿各有铆钉一圈。鼓手眉清目秀，身穿龟兹式外套，扎联珠纹腰带，腰间佩剑，头发后还扎一巾带，双手执桴上下击打。两位抬鼓儿童双手握杠，耸肩抬鼓，均回首张望鼓手。两人均作赤脚，这与"苏幕遮"每年七月举行的时节相符合。以大鼓为先导，后面是弹竖箜篌的乐手。乐手剪发，有小髭，英俊潇洒，服饰与前略相同。所持竖箜篌音箱头部呈弯角状，正面可见音孔，尾端插入腰带中，这个细节描绘了乐手站立与行走时持奏竖箜篌的情况。乐手双手在弹箜篌弦。其后一人所弹为弓型箜篌，箜篌弯杆已不清，仅见音箱部分，为一斜侧面。此在龟兹石窟的弓形箜篌壁画中是看不到的。在弓形箜篌之后是一吹排箫的乐手，双手执十二管排箫。排箫前短后长，两端各有篾箍一道。这种

图三八 新疆库车苏巴什佛寺遗址出土舍利盒（公元7世纪）乐舞纹线描图

排箫已接近中原制式。后面是击打鸡篓鼓和播鼗鼓的乐手。鸡篓鼓挂于乐手左腋下，乐人右手执枹击打，左手举鼗鼓播击。这种演奏方式，正是史籍上所载的情景。乐队最后一人为吹铜角者，铜角中腰向上弯曲，角口很大。有关龟兹铜角的文物资料，这是唯一的一例。《唐书》中记载宫廷"高昌乐"中有铜角，"龟兹部"不设。此图像说明，在龟兹本地民间乐舞活动中也使用铜角。全图最后一位为舞棍者，戴面具，穿有尾巴的服装。身前有一位儿童，身后有两个儿童，他们都在击掌助兴。此舞者似为"压轴"表演（图三八）。

舍利盒乐舞图上的形象具有非常强烈的表演成分，舞蹈者的面具，就是人物的扮相，持棍舞弄者，即是戏中的"主角"。舍利盒上的乐队，虽非全貌，但展示了龟兹乐队的某种组合和演奏形式，是不可多得的真实资料。重要的是，图上人物均是龟兹世俗形象，尤其乐队人物穿着的都是生活服装。《旧唐书·西戎传》曰："龟兹国……男女皆剪发，垂与项齐。"据学者考证，舍利盒出现的时间为公元7世纪，正是龟兹经济发达、文化昌盛的时期。从乐舞图中透发出的热烈气氛，不难领略龟兹乐舞的盛况和巨大的艺术感染力。这具乐舞图舍利盒是研究龟兹乐舞极有价值的形象资料。

### 3. 音乐书谱

考古发掘工作中发现的一些乐书、乐谱和有关音乐内容铭文的器物，也是音乐考古学研究的重要对象。不过，由图书馆收藏的非出土的古代音乐书谱，一般不作为音乐考古学研究的主要对象。

先秦典籍《礼记·投壶》中，记录了两段仅用圆点和方点表示的"鼓谱"。一段是"投壶礼"时用的鼓点，一段是"射礼"时用的鼓点。"投壶礼"和"射礼"是周代贵族在宴享宾客时，举行的一种竞技性游戏。对此，郑玄作注说，这是流行在当时鲁国、薛国的鼓谱，而其他诸侯国则与此有所不同。圆点表示击鼙（一种军用小鼓），方点表示击鼓。"古者举事，鼓各有节，闻其节则知其事矣"。这是迄今所见最古老的乐谱。不过，其仅是一种鼓点奏法，既无节奏，也无音律，还不是能记录音高的真正意义上的乐谱。

从目前掌握的文物资料来看，现存最早的琴谱叫《碣石调幽兰》，是唐代人手写的卷子。谱前的解题说其传自南朝梁代的丘明（公元494～590年）。不过，尽管《碣石调幽兰》有了记录音高的功能，但它实际上仅是一段文字，一种用文字来阐述古琴曲音高音位、弦数和指法的"文字谱"，也不能算真正意义上的乐谱。考古发现的古代乐谱中，最为引人注目的莫过于敦煌曲谱。

（1）乐谱

1905年敦煌莫高窟藏经洞出土了数以万计的古代文献资料、绢画及佛寺器物。藏经洞所出的音乐文献，有"敦煌曲

谱"、"敦煌舞谱"以及与音乐有关的卷子材料；有敦煌变文、
宣卷和曲子词中的音乐材料；有敦煌遗书、社会文书中有关的
音乐材料，如寺院的佛事活动记录，乐僧、乐工、音声人的编
制、供给、节庆记事等；还有其他散见于敦煌写卷中的音乐资
料，如佛经、唱赞、文学、诗歌、古代童蒙读物等；其他如绢
画、器物上的音乐形象资料等等。敦煌藏经洞的发现，是 20
世纪中国音乐考古史上的大事。洞中出土了乐谱等大量重要文
物，并由之产生了"敦煌学"独特的学科分支"敦煌古谱学"，
这对一个世纪以来音乐学术研究的发展，无疑起到了巨大的推
动作用。

"敦煌曲谱"为唐长兴四年（公元 933 年）的遗物，现藏
法国巴黎国立图书馆东方部，编号 P.3808。起初无人知晓，
直至 20 世纪 30 年代，日本学者林谦三才开始进行相关研究。
1949 年，"敦煌曲谱"由向达拍摄成显微照片带回中国。多年
来，国内外学者对此极为重视，称它为"敦煌琵琶谱"、"唐人
大曲谱"、"敦煌卷子谱"等。中国学者向达、任二北、王重民
也对曲谱进行了初步的研究。1981 年，中国音乐学家叶栋发
表了有关论文及译谱，并付诸音响，录成磁带。叶栋之后，海
内外许多学者纷纷著文，发表各自的见解或译谱，形成了一股
至今方兴未艾的研究热潮。

"敦煌曲谱"是中国现今所能见到的最早的、严格意义上
的乐谱，为手抄竖写长卷，写在《长兴四年中兴殿应圣节讲经
文》（即"仁王护国般若波罗密多经文"）卷子的背面。它是一
种符号型曲谱，有分段曲谱二十五首，每首曲谱冠有词牌性小
标题：《品弄》、《弄》、《倾杯乐》、《又慢曲子》、《又曲子》、
《急曲子》、《又曲子》、《又慢曲子》、《急曲子》、《又慢曲子》、

（佚名）、《倾杯乐》、《又慢曲子西江月》、《又慢曲子》、《慢曲子心事子》、《又慢曲子伊州》、《又急曲子》、《水鼓子》、《急胡相问》、《长沙女引》、（佚名）、《撒金砂》、《营富》、《伊州》、《水鼓子》（图三九）。

这些曲目中，《急曲子》、《慢曲子》、《又曲子》、《品弄》等标题的具体内容，似为曲式或段落名称。具有词牌名称的共有九首。其中几首为异曲同名，曲名虽有重复，但曲谱内容并不相同，亦应各视为一首乐曲。全谱有三种不同笔迹，共录谱字二千八百个。这些谱字系汉字减略笔画，有的为汉字之部首，或称之为"省文"、"半字符号"，包括二十种形态。

曲谱除用音高符号作为谱字外，还附加一些辅助性符号，可归纳为两大类：①汉字术语符号。多用于谱字中间或结尾

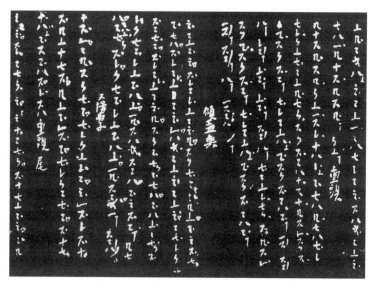

图三九　甘肃唐代"敦煌曲谱"（局部）

处。如：重头、重头尾。②点画符号。多标记在谱字右侧，用的最多是"丶"和"口"两个符号。另有似谱字而比谱字字体小、也多标记在谱字右侧的符号，有数十种之多，清晰可辨者有：七、十、八、＞、一等。曲谱末尾用一种特殊的谱字及符号的重叠结束全曲。所有这些，可能包括节拍、速度、反复、表情、调式、力度及演奏手法等含义。曲谱的符号，仅少数与传世所用有相同之处，更多的尚有待于进一步解释。

敦煌"二十谱字"也是唐代敦煌遗谱，编号为 P.3539。"二十谱字"为一张墨写手抄残卷，正面书"《佛本行集经忧波离品次》卷之五十四三藏法师那崛多译"等文八行和"阿含经卷"卷名题目五行，背面小字"如是我闻……"和草体乱书写"敕归义军节度使牒……"等文字七行之后，抄有二行竖写谱字，即"二十谱字"。其为符号型曲谱，每四个谱字右下方加"。"记号圈断，分为一组，共五组。每组谱字右侧以小型汉字注文"散打四声"、"头指四声"、"中指四声"、"名指四声"和"小指四声"二十个字（图四〇）。

此"二十谱字"为学者赵元任在法国首先发现。1959 年，日本林谦三据之著文，首次强调了 P.3539 卷标示的"二十谱字"对于一定弦制琵琶演奏指法的重要意义，并发表了对"敦煌曲谱"的解释。林谦三指出，"敦煌曲谱"是一种琵琶的音位谱。他的研究引起了国内外音乐学家的重视。国内自 20 世纪 70 年代起形成了研究热潮。1981 年，叶栋在林谦三研究成果的基础上，亦断定 P.3808"敦煌曲谱"为"唐人琵琶乐谱"，并推算音高，写出全部五线谱译谱并录音。继之，很多学者如黄翔鹏、何昌林、席臻贯、陈应时、关也维等人，均认为此"二十谱字"是解译"敦煌曲谱"的钥匙，由此断定"敦

图四〇　甘肃敦煌唐代"二十谱字"

煌曲谱"为唐代琵琶谱无疑。但对唐代琵琶的定弦众说纷纭，各有各的理解。基于不同的定弦法，就可以翻译出一套不同的乐谱来。也有学者认为，"二十谱字"与"敦煌曲谱"谱字内容对照，有一定差异。还有的认为该卷正、反面笔迹不同，抄写年代与"敦煌曲谱"之间也有出入，因此怀疑它们之间是否有必然联系。总之，"敦煌曲谱"的研究，在古谱学、乐律学上有着显而易见的学术意义，尤其与隋唐燕乐宫调这一音乐史上千古疑案的研究直接相关。在今后相当长的历史时期内，"敦煌曲谱"的研究将仍是音乐学术研究上闪光的亮点。

日本奈良正仓院所藏古文书中，保存了"天平琵琶谱"一页，是日本天平十九年七月二十七日抄本，时间相当于唐玄宗天宝六年（公元 747 年）。"天平琵琶谱"书写在《写经料纸纳受账》残简纸背面，仅录有《黄钟番假崇》一曲的部分。这两件乐谱所用的符号和记谱法与"敦煌曲谱"字形相似。林谦三据此对唐代琵琶乐调问题进行了较为精辟的研究，其与日本另一位汉学家平出久雄二人，在唐代燕乐宫调理论、正仓院所藏"天平琵琶谱"和中国"敦煌琵琶谱"的研究方面所取得的成就，至今为中国音乐学家所推崇[52]。"天平琵琶谱"也是研究唐代音乐和中日文化交流的珍贵史料。

目前尚未见到宋元时期的乐谱出土。如果说"敦煌曲谱"还是出土遗物的话，那么宋代姜夔（约公元 1155～1230 年）的《白石道人歌曲》、张炎（公元 1248～1320 年）的《词源》和陈元靓的《士林广记》中的乐谱已是印在书上、流传至今、名副其实的传世乐谱。宋代词曲音乐十分繁荣，《白石道人歌曲》、《词源》正是词曲音乐曲谱的标本，而《士林广记》中的乐谱则是近代中国民间仍有沿用的早期工尺谱。

明清的乐谱传世很多，其所记谱式与今所传工尺谱大同小异。这里着重从文物角度试举几例。

麦积山曲谱现藏麦积山石窟艺术研究所，明末清初遗物。曲谱为墨书手抄，用工尺谱抄写在《高峰要略全集》（抄书）正文后空页上。第一空页上有一首四句诗，第二空页上有前诗落款"僧人自警"四字。书面中央，有竖抄谱字二行。全谱为：思意尺。工亦工尺。思意尺工尺意思。范工范悟。范工尺。思意尺工尺意思。共有字符二十八个，尚有"3"形符号两处。此谱同音异字甚多。如今工尺谱中的"乙"或"一"，此谱用"意"或"亦"，"四"写为"思"，"凡"写为"范"，

"五"写为"悟"等。谱中出现的"0"符号为"中眼"，无板眼记号。这种只记"中眼"而无板眼的记谱不多见。此谱所用谱字，可能为当时寺院流行的记法。曲调流畅、平顺，有佛曲韵味。

张掖道得观藏谱为李贵春私人收藏的明清时代遗物，因年久破损严重。谱本中用工尺谱共记器乐曲谱十三首。抄谱次序为：《四合桃》、《柳青年》、《青天歌》、《山坡羊》、《大开门》、《新》、《元令号》、《度行》、《行排》、《轶名》、《西方》、《小桃红》。曲名误抄较多，如《四合桃》应为《四合套》，《柳青年》应为《柳青娘》，《度行》为《千里渡行》简写，"渡"误为"度"，《西方》为《西方赞》之简写。

拉卜楞寺乐谱为藏传佛教格鲁派著名六大寺院之一的拉卜楞寺传世的藏文乐谱，清代遗物。现存拉卜楞寺院喇嘛乐队乐师索木南处。据《甘肃民族志》载："清康熙乾隆间，夏河嘉木样所用细乐传自北京，有《五顶山》、《大悲观音》、《大成就十八》、《万年欢》诸调，有用工尺译音，有乐无歌，亦不用舞。"可见藏文乐谱作为寺院喇嘛乐队"道得儿"的专用谱，最初是北京传来的工尺谱，后来由拉卜楞寺院音乐主事用藏文译音记录下来，并以藏文特殊符号标记乐谱中所需符号，形成一种独特的藏文乐谱。乐谱为手抄谱本，全十页，每页抄曲一首，凡十首。乐队经常演奏的为第一、三、四、八、九五首。谱面整洁工整，保存完好。蓝布包皮为面，丝绳扎结装订。乐谱自左向右横排记写，由十八个不同的藏文字母和一些符号组成，这些字母发音属夏河安木多地域方言语系，有些的读音与工尺谱的读音较为接近，归纳起来，基本代表九个音符，并可与工尺谱相对照。这种乐谱是汉族工尺谱藏文记谱法的特殊形式，它既非藏族宗教音乐所用"央移"曲折谱，又非汉族工尺谱，暂称其为"藏文工尺谱"较为合适。"藏文工尺谱"记谱法并不完备，它只记录乐曲的骨干音，不像工尺谱有板有眼，而且其高低音缺乏准确标志，因此乐僧在韵谱时要加进许多"阿口"音，实际演奏中还要加进更多更细微的装饰音。"藏文工尺谱"主要靠师傅的口传心授。

(2) 乐书

这里的乐书，主要是指发掘出土的、内容涉及音乐的古代书籍简册。考古发现的乐书数量不多，仅为几种。

1986 年，甘肃天水北道区党川乡放马滩 1 号秦墓出土了一批秦代竹简，内容有甲种《日书》、乙种《日书》、《志怪故事》等。其中乙种《日书》中引用了许多有关音律的资料，即为"音律书"。《日书》是一种综合性的文化书籍，常用于占卜择日，包括阴阳五行、天文星宿、历书、五音十二律、卜筮、易占等众多内容。乙种《日书》中，编号 72～165、181～187 之间的一些简，多有关于乐律内容的记述，如：

编号 72　宫一徵三桷五商七角九

编号 75　黄钟下生林钟，黄钟八十一……

编号 76　甲九木，子九水，日出□□水，早食□□□，林钟生大簇，大吕七十六，□山。

编号 77　乙九木，丑八金……大簇生南吕……

编号 78　丙七火，寅七火……南吕生姑洗，夹钟六十八……

编号 79　丁六火，卯六水……姑洗生应钟……

编号 91　旦至日中，投中南吕，鸡殹，亦色，小头圆目而晢，善病匈肋。

又见《巫医》篇：

编号 94  旦至日中，投中蕤宾，马也……

又见《占卦》篇：

编号 133  夷则、黄钟、姑洗之卦曰是……

编号 147  应钟、夹钟、林钟之卦曰是……

编号 157  天降令乃出大正，间吕，六律，皋陶所出，以五音十二声为某卜，某自首……

编号 163  毋射、大簇、蕤宾之卦曰是……

从简中反映的十二律名称及生律法可知，秦的律名与今存古代文献，如《汉书·律历志》、《史记·律书》所述是一致的。《日书》为民间所用之书，史书则是官修典籍，但二者内容非常相近，是研究先秦至秦汉之际音律的重要资料[53]。

湖南长沙马王堆出土的音乐文献有 3 号墓的乐简十八枚、乐牍一枚[54]和 1 号墓乐简三枚[55]。乐简出土时，与其他竹简、木牍一起，被置于椁室西边箱的西北角。墓葬时代为西汉文帝十二年（公元前 168 年）。随葬品包括有 T 形帛画、帛书、简牍、兵器、漆器、丝织品、木俑、竹简和与音乐有关的文物等共计一千余件。此墓随葬的重要音乐文物中，除乐简、乐牍外，还有七弦琴、木瑟（已残）、竹笛、木筑、木编钟、木编磬等。

十八枚乐简部分残断，部分完整，但文字基本清晰。乐简均用长条形的细竹片制成，出土时正面颜色浅黄，背面皮色灰绿，长 27.4～27.9 厘米。简上文字为墨书隶体，均顶端起书，不留天头。释文如下：

① "琴一，青绮绣素里蔡（彩）缋掾（缘）"。

② "琴筥二"。

③ "瑟一，肃？绣素里缋掾（缘）"。

④ "竽一，锦绣素里缋掾（缘）"。

⑤ "钟、钹各一楮"。

⑥ "屯（镎）于、铙、铎各一"。

⑦ "铙铎各一，击者二人"。

⑧ "击屯（镎）于、铙、铎各一人"。

⑨ "钟、铮各一，有柜，击者二人"。

⑩ "青绮琴橐一，素里蔡（彩）缋掾（缘）"。

⑪ "河间舞者四人"。

⑫ "郑舞者四人"。

⑬ "楚歌者四人"。

⑭ "河间瑟一，鼓者一人"。

⑮ "郑竽、瑟各一，炊（吹）、鼓者二人"。

⑯ "楚竽、瑟各一，炊（吹）、鼓者［二人］"。

⑰ "建鼓一，羽旌飮卑二，鼓者二人，操枹"。

⑱ "筑一，击者一人"。

乐简记载的内容为随葬乐器的名称、数量及奏乐人数等，是研究西汉时期音乐舞蹈社会现状的重要参考资料。据此可知，当时在贵族的宫廷里，常用的乐器配置为琴、竽、钟（楮）、钹（楮）、镎于、铙、铎、瑟（河间瑟、郑瑟、楚瑟各一）、建鼓、鼗和筑，配备的乐手达十五人。当时宫廷流行的是河间舞和郑舞，乐队配置舞者八人。汉高祖乐楚声，所以乐队中有楚歌者四人。由此可以推想，楚歌楚乐是乐舞队表演的主要内容。

3号墓的乐牍用薄木片制成，长28、宽2.5厘米。牍上有墨书隶体，记为："右方男子明童凡六百七十六人。其十五人

吏，九人宦者，二人偶人，四人击鼓、铙、铎，百九十六人
从，三百人卒，百五十人婢。"据研究，此乐牍所记内容，与
椁室西壁帛画《车马仪仗图》有关，而无具体实物。

　　1号墓乐简三枚，保存完好，均用细竹劈开制成，长
27.6、宽0.7、厚0.1厘米。简上文字亦为墨书隶体，内容记
载了随葬的三件音乐文物及其附属物的清单。乐简的释文分别
为：

　　①瑟一，越（越）闰锦衣一赤掾（缘）。
　　②竽一，越（越）闰锦衣素掾（缘）。
　　③竽律印熏衣一。

　　墓中的瑟外覆红青锦衣，绢缘，现呈烟色；竽外覆红青锦
衣，绢缘，均与乐简所记大致相符。而竽律用"信期绣"绢竽
律套，与简文"印熏"略有出入。

　　马王堆汉墓出土的音乐简牍是当时保留下来的难得的音乐
文献，它对于了解西汉时期的社会音乐生活，有着不可忽视的
作用。

　　西北地区也有一些值得注意的音乐考古发现。1995年新
疆维吾尔自治区焉耆锡克沁佛寺遗址出土的《弥勒会见记》焉
耆文唱本，时代为公元5~6世纪，相当于中原地区南北朝至
隋唐时期的遗物。《弥勒会见记》主要描写佛祖释迦牟尼成道
之后，婆罗门波婆离受天神启示，派弟子弥勒前往正觉山拜佛
祖为师，见到佛祖三十二相神变之后，弥勒依法成道，被指定
为未来佛的故事，其间还穿插阐述了许多佛教的哲理。这个文
本中有人物、有地点、有情节，还标示出了 Mandodharinam
和 Vilumpagatinam 两个曲牌名。据季羡林先生考证，紧接在
曲牌名之后的段落应该是能够吟唱的诗歌。据此，有些学者指

认这是一部集诗歌、戏剧、音乐为一体的综合性剧本，也有学者认为这个文本属于叙事说唱的文学台本。唱本现仅发现二页，每页残长 21、宽 18.5 厘米。上面从左向右横写八行工整的焉耆文。纸呈褐黄色，其文字似用硬笔蘸黑墨写成[56]。

无独有偶，1959 年 4 月，新疆哈密市天山公社脱米尔大队巴什托拉的维吾尔族牧民在放牧时，无意中发现了回鹘文的《弥勒会见记》唱本。是据焉耆文本《弥勒会见记》翻译而成，为中国现存最早的回鹘文手抄作品。原文长达二十七幕，现存二十五幕及以施主名义而作的序文。产生的时间在公元 8~11 世纪。回鹘文本《弥勒会见记》的内容及表演形式均和焉耆文本相同。唱本共二百九十三页（五百八十六面），每页长 41.5、宽 21.7 厘米，两面皆有竖写而成的三十或三十一行工整美观的古代回鹘文。纸质较硬，呈褐黄色，文字似用硬笔蘸黑墨写成。每页左侧都用黑色回鹘字注明页数，在第七行与第九行之间还用淡墨画标有直径为 4.6 厘米的小圆，圆心留有直径为 0.5 厘米的小孔，似为钉书而用。有些幕前还用黑、红两色字标明场地。

在著名的敦煌遗书中，涉及音乐舞蹈内容的文书，还有以下一些值得注意[57]：

敦煌遗书《浣溪沙》曲谱，时代为唐，编号为 P.3719。抄写在敦煌遗书本卷《尔雅白文》的背面。

敦煌遗书《琴谱》，时代为五代。今见于北京图书馆《敦煌遗书总目索引·敦煌遗书散录·李氏鉴藏敦煌写本目录》内，编号为"散 0238 号"。"散"指有号，但书本下落不明。《琴谱》著录一卷，其内容不详。今一说在"台湾国立图书馆"藏存，一说流传于私人手中。

敦煌遗书《音乐部》，时代为唐至五代。现藏伦敦英国图书馆。计有两个卷子，内均写有"音乐部"字样。其一为《新集时用要一千三百言·音乐部》，斯氏编号 S.0610。原卷分成《仪部》、《衣服部》、《音乐部》三部。《音乐部》集有如下诸字：琵琶、筝、笛、箜篌、竿簧、欲竽、笙、笳、箫、钟、铃、磬（磬）、铎、埙、篪、击筑、弹、担（挑）、弦、剔、拔、拊、柏、拍、琴、瑟、壹皮、角、吹嬴、谗咏、讽诵、歌舞、叫（叫）、嗅（嚘）、谜、獋、诃（歌）、噈等。其二为《新商略古今字样提其时要并行俗释》（上、下卷），斯氏编号 S6208。其"上卷"虽残损，多处字迹不清，但"音乐部"字样仍存，集有如下诸字：琵琶、琴、瑟、箜篌、方响、铜钹、拍板、击筑等。

莫高窟藏经洞出土的"敦煌舞谱"残卷有三种：

其一编号为 P.3501，时代为盛唐至五代。现藏法国巴黎博物馆。刘复最早见到这份残卷，并于 1931 年夏从巴黎辑录回国，刊布于《敦煌掇琐》上，拟名为"舞谱残卷"。1956 年饶宗颐从巴黎带回影印件，并作了校释，纠正其摹写中的讹误。P.3501 舞谱残卷，又题作"大曲舞谱"，有竖行墨书近九十行之多。除汉字之外，另有一些符号及罕见之疑难字，密密麻麻，计有《遐方远》、《南歌手》、《南乡子》、《双燕子》、《浣溪沙》、《凤归云》六调十四谱。近半个世纪来，中外学者对舞谱进行深入细致的研究与解译，取得可喜之进展。

其二编号为 S.5643，时代为五代。一直藏于伦敦英国图书馆。S.5643 舞谱残叶小册又题作"舞谱"，卷面竖行墨书约六十行字，除汉字外，另有一些符号及难辨之字。共有《蓦山溪》、《南歌子》、《双燕子》三调十谱。饶宗颐于 50 年代自英国带回该谱残卷影印件，并于 1962 年刊载于《新亚学报》上。

其三编号为 S.5613，时代为后梁开平三年（公元 909 年）。同藏于伦敦英国图书馆。此谱写在《书仪》残卷中《与失书》标题之下的空白处，自左而右，共四行，题名"上酒曲子《南歌子》。"落款有明确纪年和书写人题名"开平己巳岁七月七日简题。德深记之。"他是迄今所知留名最早的舞谱抄写者，或许就是作者。这为舞蹈史的研究提供了重要依据。

20 世纪以来，致力于"敦煌舞谱"研究的学者不胜枚举。1925 年，刘复在其《敦煌掇琐》中，最早以附录的形式涉及到"敦煌舞谱"残卷的内容。林谦三在《奈良学艺大学纪要》第 10 卷第 2 号上发表了《敦煌舞谱解读端绪》。50 年代初，任二北出版了《敦煌曲初探》，其中《舞容一得》对"敦煌舞谱"作了较详的论述。在《一九五一年香港大学学生会论文集》中，赵尊岳发表了《敦煌舞谱详解》一文。在《香港大学学生会金禧纪念论文集》中，饶宗颐发表了《敦煌舞谱校记》一文。罗庸、叶玉华在《北京大学四十周年纪念论文集》（乙篇上）上发表了《唐人打令考·敦煌舞谱释词》一文。香港《词乐研究》1971 年上册刊载了日本学者水原渭江的《法京所藏敦煌舞谱〈遐方远〉解读问题》一文。

进入 20 世纪 80～90 年代以后，"敦煌舞谱"愈加受到学术界的重视。1986 年第 1 期《新疆艺术》刊载了王克芬的《敦煌"舞谱"残卷探索》一文。1986 年第 4 期《敦煌研究》刊载了李正宇的《敦煌遗书中发现题年〈南歌子〉舞谱》一文。同期和 1987 年第 1 期分别刊载了柴剑虹的《敦煌舞谱整理与分析》（一）和（二）。1987 年第 3 期和 1990 年第 1 期《中国音乐学》分别刊载了席臻贯的《唐乐舞"绝书"片前文句读字义析疑——敦煌舞谱交叉研究之一》和《唐传舞谱片前文"拍"之初探》。舞蹈理论家董锡玖著《解开敦煌舞谱之谜》一文，刊载在《舞蹈艺术》1988 年第 25 期。90 年代，董锡玖另编辑了《敦煌舞谱专辑》，发表在《舞蹈艺术》丛刊 1992 年第 2 辑（总第 39 辑）。

有关"敦煌舞谱"的研究课题，将继续受到 21 世纪的音乐舞蹈史学家和其他艺术史学者们的关注。

原藏张掖大佛寺铜佛像腹中的《诸佛世尊如来菩萨尊者名称歌曲》，为明永乐年间刻版，共十二卷，有大、小两种版本，皆线装刻板。大本编号 00729，八卷，灰蓝色麻布包皮，书面题名《诸佛世尊如来菩萨尊者名称歌曲》，内有明永乐十五年序文；小本编号 00730，四卷，书面题名《诸佛如来菩萨名称歌曲》。两种卷本内容基本相同。1956 年，刘观民赴西北新疆、甘肃等地考察文物，在寺院廊庑间众多经卷中偶然发现大、小本后，抄录了其中的曲调名称。1983 年交张掖博物馆，请师万林、萧云兰二同志据目录原本做了校订，并予以发表公布[58]。佛曲目录分上、下两部，上部五节，每节分别以"佛"、"世尊"、"如来"、"菩萨"、"尊者"名称为歌曲标题，标题之下，注有"北"字，应为"北曲"之意。调名有《清江引》、《折桂令》、《柳叶儿》、《点绛唇》等二百二十二首。下部四节，每节分别以"佛"、"如来"、"菩萨"、"尊者"名称为歌曲标题，标题之下，注有"南"字，应为"南曲"之意。调名《喜梧桐》、《解三醒》、《好姐姐》、《菊花新》一百二十一首。每首曲目仅有汉字填词，多以宣传佛法、或以咏赞某佛某菩萨某尊者为内容，无曲谱记载。每首曲目之下，均注有所用曲调名称，南、北曲目合计三百四十余首。保留曲目名称之多，甚为罕见，是研究这一时期民间南、北流行曲目的珍贵材料。在北曲中还有以汉字标音的非汉语曲调名称十五首。可证此曲目融汇了多民族音乐文化因素，与北曲悠久历史相吻合。

甘肃省博物馆另藏有线装"佛名称歌曲"一部，书面题名《诸佛世尊如来菩萨尊者名称歌曲》，内有明永乐十五年（公元1418年）序文。其装帧、开本、内容与张掖大佛寺明永乐佛曲大体相同。

1967年12月，上海市嘉定县城东乡澄桥宣家坟乡民在平整土地时，从地下挖出说唱词话书籍十一册，为明成化年间刊本。据文物部门调查，并依明清《嘉定县志》的记载推断，这批成化年间印行的说唱词话刊本可能为当过西安府同知的宣昶夫妇合葬墓的随葬品。这些刊本经整修复原，共得十一册，仅有少数几页残破，均为北京永顺堂刻印[59]。刊本内容为：

①《花关索传》四十四页，每页均为上图下文。

②《包龙图断歪乌盆传》三十页，有整面的木刻插图六幅。

③《包待制出身传等三种》五十页，有整面插图十五幅。

④《包龙图断曹国舅案》四十三页，有整面插图十二幅。

⑤《包龙图断白虎精传》十四页，有整面插图三幅。

⑥《张文贵传》三十五页，有整面插图八幅。

⑦《石郎驸马传》二十五页，有整面插图八幅。

⑧《莺哥行孝义传》二十页，有整面插图十幅。

⑨《薛仁贵跨海征辽故事》三十页，有整面插图十三幅。

⑩《开宗义富贵孝义传》二十四页，有整面插图六幅。

⑪《刘知远还乡白兔记》四十六页，有整面插图五幅。

总计三百六十一页，整面木刻图版八十六幅。

成化唱本的内容证明，"词话"是以七言韵文和散文说白相结合的形式为基础的，它是元、明时期一种主要的说唱文学。明代后期南方的弹词和北方的鼓词是说唱词话形式的继续和发展。唱本中的插图是我国现存最早的戏曲小说的插图版画。这些唱本是研究戏曲及其音乐、文学的重要实物资料。

据《晋城百科全书》载，山西省文化厅收藏《迎神赛社四十曲》，明万历二年（公元1574年）手抄本。全称《迎神赛社礼节传簿四十曲宫调》，为山西潞城县崇道乡南舍村堪舆世家、"迎神赛社"台下科头、唱礼生曹占鳌家传。上党戏剧院原双喜、栗守田于1985年10月发掘出这项资料，其中详细记载旧时举行迎神赛社时所奏所唱宫调（即上党梆子）的内容、曲牌及进行程序。此资料连同原双喜、栗守田、寒声合撰的论文《〈迎神赛社礼节传簿四十曲宫调〉初探》在1986年全国戏曲理论研讨会上宣读后，引起学术界的关注。专家学者普遍认为，此手抄本的发掘与研究"填补了中国戏曲史明代部分的空白"，"中国戏曲明代部分需要重写"。《迎神赛社礼节传簿四十曲宫调》抄本，线装，麻纸无格，高23.3、宽14.5厘米。每半页八行，行字多寡不定。全书不分卷，共二十四页，约二万余字。簿中首页题"周乐星图本正传四十曲宫调"。全簿内容分为四个部分。第一部分比附周庄王时事，由之引出天府阴阳八乐星君，分掌金、石、丝、竹、匏、土、革、木八音。第二部分本《汉书》正传，分言光武分封二十八员功臣官爵，又各各挂上二十八宿星名。第三部分即按二十八宿顺序，分排迎神赛社值日次序，先详叙值日星宿扮饰情况、食性、分野、所奏宫调曲牌，继而开列祭祀仪式、供盏次序以及献演内容等等，其献演艺术门类包括音乐、舞蹈、队戏、院本和杂剧。其中，共列出唐宋大曲和金元俗曲曲目五十三个，哑队戏剧目一百一十五个，正队戏剧目二十四个，院本剧目八个，杂剧剧目二十六个。第四部分标出哑队戏角色排场单二十五个，注明祭祀队戏舞蹈中各种故事里出场角色、人数、道具以及简要情节。通篇内容以星宿分野为序次，以祭祀献演为中心，上挂周代八音乐律，比附汉将二十八宿，构成了一个完整的天人感应、乐律相生、以人扮神、以乐娱神的祭祀礼仪系统[60]。

　　孔子是我国古代伟大的思想家、政治家和教育家，儒家学派的创始人，他在古代音乐的学习、研究和发展方面，也做出了很大的贡献。反映孔子一生经历的《圣迹图》流传较久，藏本较多，现存当以曲阜文管会所藏明无款《圣迹图册》为最佳。该册为绢本设色，共三十六幅，每幅纵33厘米，横57～62厘米，画面上均题有故事梗概及赞词。据题跋及形制分析，此册大约作于明成化、弘治年间。从山东省博物馆所藏《无款圣迹图册》中，也可找到多处学习、演奏、教授音乐的画面。"学琴师襄"讲的是孔子曾向春秋时期鲁国的乐官师襄学习弹琴的故事。"适卫击磬"表现了孔子与他的弟子们在卫国击磬读书的场面。"杏坛礼乐"描绘的是孔子周游列国归来，每日于杏坛之上讲学的情景，而礼和乐则是其讲学的主要内容。

**注　释**

[1] 周昌富《中国音乐文物大系·山东卷·山东音乐文物综述》，大象出版社2001年版。

[2] 徐州市博物馆选编《徐州汉画像石》第85、77、83、84图，江苏美术出版社1985年版。

[3] 孙文青《南阳汉画像汇存》，金陵大学中国文化研究所刊1936年。

［4］南阳市博物馆《南阳发现东汉许阿瞿墓志画像石》，《文物》1974 年第 8 期。

［5］于豪亮《记成都羊子山一号墓》，《文物参考资料》1955 年第 9 期。

［6］南京博物院、南京市文物保管委员会《南京西善桥南朝墓及其砖刻壁画》，
《文物》1960 年第 8、9 期；罗宗真《南京西善桥油坊村南朝大墓的发掘》，
《考古》1963 年第 6 期；陈直《对于南京西善桥南朝墓砖刻竹林七贤图的管
见》，《文物》1961 年第 10 期。

［7］陕西省考古研究所唐墓工作组《西安东郊唐苏思勖墓清理简报》，《考古》
1960 年第 1 期。

［8］河北省文物管理处、河北省博物馆《河北宣化辽壁画墓发掘简报》，《文物》
1975 年第 8 期；张家口市宣化区文物保管所《河北宣化辽代壁画墓》，《文
物》1995 年第 2 期；河北省文物研究所《宣化辽代壁画墓群》，《文物春秋》
1995 年第 2 期。

［9］宿白《白沙宋墓》，文物出版社 1957 年版。

［10］郑汝中《中国音乐文物大系·甘肃卷·甘肃音乐文物综述》，大象出版社 1998
年版。

［11］常任侠《汉唐间西域音乐的东渐》，《音乐研究》1980 年第 2 期；常任侠
《汉唐时期西域琵琶的输入和发展》，《民族音乐研究论文集》第一集，音乐
出版社 1956 年版；常任侠《丝绸之路与西域文化艺术》，上海文艺出版社
1981 年版；高德祥《敦煌石窟壁画中的打击乐器》，《民族民间音乐》1988
年第 2、3 期；高德祥《敦煌石窟壁画中的唐代经变伎乐队》，《新疆艺术》
1987 年第 5 期；高德祥《从敦煌壁画看古排箫的发展》，《西北师范学院学
报》增刊《敦煌学研究》1986 年；高德祥《唐乐西传的若干踪迹》，《敦煌
研究》1987 年第 1 期；高德祥《敦煌壁画中的童子伎》，《中国音乐》1991
年第 2 期；杨森《敦煌石窟艺术中的箜篌乐器形态简析》，《敦煌研究》1991
年第 1 期；杨森《莫高窟壁画中的异形笛》，《敦煌研究》1988 年第 1 期；
郝毅《敦煌壁画中的古乐器——方响》，《敦煌研究》1985 年第 12 期；阴法
鲁《从敦煌壁画论唐代的音乐和舞蹈》，《文物参考资料》1951 年第 2 卷第 4
期；阴法鲁《丝绸之路上的音乐文化交流》，《人民音乐》1982 年第 2 期；
叶栋《敦煌壁画中的五弦琵琶及其唐乐》，《音乐艺术》1984 年第 1 期；庄
壮《敦煌壁画乐队排列艺术》，《新疆艺术》1986 年第 2 期；庄壮《敦煌壁
画乐伎形式》，《音乐研究》1993 年第 3 期；庄壮《榆林窟壁画中的音乐形
象》，《中国音乐》1985 年第 3 期；向达《莫高、榆林二窟杂考》，《文物参
考资料》，1951 年第 2 卷第 5 期；牛龙菲《敦煌壁画乐史资料总录与研究》，

敦煌文艺出版社 1991 年版。

[12] 霍旭初《中国音乐文物大系·新疆卷·新疆音乐文物综述》，大象出版社 1996 年版。

[13] 项阳《中国音乐文物大系·山西卷·山西音乐文物综述》，大象出版社 1998 年版；赵昆雨《云冈北魏乐器定名小补》，《乐器》1988 年 3 期；《云冈北魏伎乐雕刻探微》，《中国音乐》1988 年第 3 期；《云冈北魏乐器雕刻的定名》，《中国音乐》1991 年第 1 期；肖兴华《云冈石窟中的乐器雕刻》，《中国音乐》1981 年 2 期。

[14] 新乡市博物馆《新乡北朝、隋、唐石造像及造像碑》，《文物资料丛刊》第 5 期，文物出版社 1981 年版。

[15]《河南省文物志选稿》第六辑。

[16] 曹桂岑《郾城彼岸寺石幢》，《中原文物》1983 年第 4 期。

[17]《中国文物报》1998 年 3 月 8 日第 4 版。

[18] 李日训《山东章丘女郎山战国墓出土乐舞陶俑及有关问题》，《文物》1993 年第 3 期；汤池《齐讴女乐　曼舞轻歌——章丘女郎山战国墓乐舞陶俑赏析》，《文物》1993 年第 3 期。

[19] 洛阳市博物馆《洛阳涧西七里河东汉墓发掘简报》，《考古》1975 年第 2 期。

[20] 刘志远《成都天回山崖墓清理记》，《考古学报》1958 年第 1 期。

[21] 南京博物院《江苏仪征烟袋山汉墓》，《考古学报》1987 年第 4 期。

[22] 王子初《中国音乐文物大系·湖北卷》，大象出版社 1996 年版。

[23] 郑振铎《中国古明器陶俑图录》，图版三一、三二、一百五十七、一百六十九、一百七十、二九一、二九二，1947 年印本。

[24] 马得志、张正龄《西安郊区三个唐墓的发掘简报》，《考古通讯》1958 年第 1 期。

[25] 李万、张亚《扬州出土一批唐代彩绘俑》，《文物》1979 年第 4 期。

[26] 301 国道孟津考古队《洛阳孟津西山头唐墓》，《文物》1992 年第 3 期。

[27] 许永生《灵宝铜俑漫谈》，《文物报》1988 年 10 月 2 日。

[28] 嘉峪关市文物清理小组《甘肃地区古代游牧民族的岩画——黑山石刻画像初步调查》，《文物》1972 年第 12 期。

[29] 盖山林《阴山岩画》，文物出版社 1986 年版；《乌兰察布岩画》，文物出版社 1989 年版；《巴丹吉林沙漠岩画》，北京图书馆出版社 1998 年版。

[30] 荆州地区博物馆《江陵马山 1 号楚墓》，文物出版社 1985 年版；荆州地区博物馆（彭浩执笔）《湖北江陵砖瓦厂 1 号墓出土大批战国时期丝织品》，

《文物》1982 年第 10 期；陈跃钧、张绪球《江陵马山砖厂 1 号墓出土的战国丝织品》，《文物》1982 年第 10 期。

[31] （德）库勒克《火州》。

[32] 新疆维吾尔自治区博物馆《洛浦县山普拉古墓发掘报告》，《新疆文物》1989 年第 2 期。

[33] 青海省文物管理处考古队《青海大通县上孙家寨出土的舞蹈纹彩陶盆》，《文物》1978 年第 3 期。

[34] 郑汝中、董玉祥《中国音乐文物大系·甘肃卷》，大象出版社 1998 年版。

[35] 河南省博物馆《河南安阳北齐范粹墓发掘简报》，《文物》1972 年第 1 期；韩顺发《北齐黄釉瓷扁壶乐舞图像的初步分析》，《文物》1980 年第 7 期。

[36] 朱家溍《国宝》图 56，青釉坛，商务印书馆香港分馆 1983 年版。

[37] 镇江博物馆、金坛县文化馆（刘兴、萧梦龙）《金坛出土的青瓷》，《文物》1977 年第 6 期。

[38] 陈衍麟《安徽繁昌出土六朝魂瓶》，《东南文化》1991 年第 2 期。

[39] 衡水地区文管所《河北景县大代庄东汉壁画墓》，《文物春秋》1995 年第 1 期。

[40] 叶其峰《汉肖形印的内容及其艺术特色》，图版六，1，《故宫博物院院刊》1984 年第 1 期。

[41] 四川省博物馆《成都百花潭中学十号墓发掘记》，《文物》1976 年第 3 期；杜恒《试论百花潭嵌错图像铜壶》，《文物》1976 年第 3 期。

[42] 中国科学院考古研究所《辉县发掘报告》，图版捌捌，1，2；图一三七、一三八，科学出版社 1956 年版。

[43] 云南省博物馆《云南晋宁石寨山古墓群发掘报告》，图版六七，2，文物出版社 1959 年版。

[44] 杨桂荣《东汉"七盘舞"杂技画像镜》，《中国文物报》1988 年第 38 期。

[45] 杨桂荣《从傀儡戏纹镜看木偶戏的起源》，《文物天地》1986 年第 2 期。

[46] 湖北省博物馆《曾侯乙墓》，文物出版社 1989 年版。

[47] 冯光生《珍奇的夏后开得乐图》，《江汉考古》1983 年第 1 期。

[48] 傅举有、陈松长《马王堆汉墓文物》，湖南出版社 1992 年版。

[49] 南波《江苏连云港市海州西汉侍其繇墓》，《考古》1975 年第 3 期。

[50] 扬州市博物馆《江苏邗江姚庄 101 号西汉墓》，《文物》1988 年第 2 期。

[51] 霍旭初《龟兹舍利盒乐舞图》，《舞蹈论丛》1985 年 4 期；（日）熊谷宣夫《库车发现的舍利容器》，《美术研究》日文版 161 期。

[52] 傅芸子《正仓院考古记》，日本东京文求堂昭和十六年六月一日版。

[53] 甘肃省文物考古研究所、天水市北道区文化馆《天水放马滩战国秦汉墓群发掘》，《文物》1989 年第 2 期；何双全《天水秦简综述》，《文物》1989 年第 2 期。

[54] 湖南省博物馆、中国科学院考古研究所《长沙马王堆二、三号汉墓发掘简报》，《文物》1974 年第 7 期；中国科学院考古研究所、湖南省博物馆写作小组《马王堆二、三号汉墓发掘的主要收获》，《考古》1975 年第 1 期。

[55] 湖南省博物馆、中国科学院考古研究所《长沙马王堆一号汉墓》（上下集），文物出版社 1973 年版。

[56] 新疆维吾尔自治区博物馆《新疆博物馆》，文物出版社 1991 年版。

[57] 同 [34]。

[58] 刘观民《张掖大佛寺明永乐佛曲》，《文物》1987 年第 10 期。

[59] 上海市文物管理委员会《上海发现一批明成化年间刻印的唱本传奇》，《文物》1972 年第 11 期；汪庆正《记文学、戏曲和版画史上的一次重要发现》，《文物》1973 年第 11 期；赵景琛《谈明成化刊本"说唱词话"》，《文物》1972 年 11 期。

[60]《晋城百科全书》，奥林匹克出版社 1995 年版；廖奔《宋元戏曲文物与民俗》，文化艺术出版社 1989 年版。

五　音乐考古的收获和展望

## （一）音乐考古的收获

### 1.《中国音乐文物大系》

《中国音乐文物大系》是 20 世纪中国音乐考古学学科一项最大的基础工程，是这门学科有史以来的第一部重典，其性质是中国音乐文物资料总集，实质上也可称之为"中国音乐文物集成"。

20 世纪 70 年代，在著名音乐家吕骥、考古学家夏鼐的倡导下，《中国音乐文物大系》一书经中国艺术研究院、国家文物局、中国社会科学院考古研究所、中国科学院声学研究所共同发起，协作攻关，由中国艺术研究院音乐研究所承办编撰，历时十五年得以初步完成，并正式出版。它是国家"七五"、"九五"社会科学重点研究项目，"八五"全国重点图书之一。音乐学家黄翔鹏与笔者师生二人先后担任总主编，笔者同时兼任总编辑部主任，具体主持编撰工作。

编撰《中国音乐文物大系》，是一项关于中国音乐文物资料的极其重要的抢救性措施，工程浩大，工作艰巨。从最初的倡导，到正式立项，从各省文物的普查，到各个卷本的编撰，十五年来汇集了全国数以百计的音乐学、考古学、历史学等方面的专家。还有很多的同志直接参与了《中国音乐文物大系》

各分卷的编撰工作，他们普查文物的足迹几乎遍及每一个文博单位，对所收录的绝大多数文物作了实地考察，测录了第一手形制数据及音响学资料，拍摄了数万张图片。

1987年，《中国音乐文物大系》作为国家"七五"重点科研项目，由黄翔鹏立项，在中国音乐史研究室组成了项目的总编辑部。1988年7月，笔者承担了《湖北卷》的主编工作，与湖北省考古工作者合作，共同完成了《中国音乐文物大系》首卷《湖北卷》的撰稿。

在编写《湖北卷》的同时，笔者起草了《中国音乐文物大系编撰体例》、《中国音乐文物大系工作条例》以及《中国音乐文物大系音乐文物命名法》、《中国音乐文物大系音乐文物分类方法》等一系列文件。其后的《北京卷》、《甘肃卷》等，开始按此《体例》相继开展工作。

《湖北卷》完成后，编撰工作曾停顿数年，1994年，笔者担任项目的执行副主编，正式主持《中国音乐文物大系》的编撰和出版工作。上任伊始，笔者首先明确了黄翔鹏关于《中国音乐文物大系》"不是精选，而是音乐文物集成"的主导思想，并确认了《中国音乐文物大系编撰体例》中既定的编辑方针。1995年，该书终于得到了国家专项资金的支持。1996年首卷《湖北卷》出版。

随后编出的有《北京卷》、《陕西卷》、《天津卷》、《四川卷》、《上海卷》、《江苏卷》、《河南卷》、《新疆卷》、《甘肃卷》、《山西卷》，2001年底，最后一卷《山东卷》出版。各卷收录的文物包括：考古发现的和传世的各种古代乐器舞具，反映音乐内容的器皿饰绘、雕砖石刻、纸帛绘画、俑人泥塑、洞窟壁画、书谱经卷等等。这些文物的年代，从新石器时代直到清代末期，充分体现了中华文明古国的悠久历史，体现了中国音乐文化的源远流长和丰富多彩。

1998 年，在上述十二个省卷初步完稿以后，又在两年内，完成了《江西卷》、《湖南卷》、《内蒙卷》、《河北卷》、《青海卷》和《安徽卷》，其他如《浙江卷》、《辽宁卷》、《福建卷》、《甘肃卷》也开始文物普查、测录资料、拍摄图片等工作，并将陆续出版。

**2.《中国上古出土乐器综论》**

20 世纪 40 年代后半叶，李纯一开始对中国音乐史这门学科产生兴趣，并进行了一些零星的研究。50 年代后半叶，他主要致力于音乐考古学方面的研究，民族民俗学方面材料的搜集，以及音乐历史文献的鉴定整理。十年浩劫之后，他用了几年时间，对考古发现的上古（远古至汉代）乐器进行了较为系统的研究，并完成《中国上古出土乐器综论》一书。

这是目前中国音乐考古学方面的第一部较为系统的学术专著，一部关于中国古乐器学的开创性文献。作者以考古发掘和发现的古代乐器为主要研究对象，通过类型学、地层学、年代学、考古学文化、模拟试验和音乐学（包括音乐声学）等手段，以划分上古乐器的型式、体系、年代和性能，探究其发展序列、演变途径及其规律，以及其在社会历史发展中的功用和地位。

书中涉及上古乐器的时间范围，根据中国目前考古发现的情况定为上自新石器时代，下迄东汉。作者将考古出土的上古乐器分为击乐器、弦乐器和管乐器三大类，纳入上下两编之中，分别进行了详细地论述。上编为击乐器（包括膜鸣乐器和体鸣乐器），下编为管乐器（气鸣乐器）和弦乐器（弦鸣乐器），共计收录乐器二十六种。对于每编各类所属乐器，大致按照其出现的先后和分布地域的不同，划分其型式，依次分设相应的章节。全书共计为十八章五十四节。对于每种乐器的每型每式，列举了大量的有代表性的实例，辅以丰富的插图，包括线图、照片、铭文拓本等，尽可能列出数据表格，收录了该乐器的各部尺寸、重量和测音结果。在这些材料的基础上，作者进行了较为翔实的分析。

## （二）音乐考古的展望

人类的知识和历史的信息中被人们用文字形式记录下来的只是极少的一部分，而书籍能经历漫长的历史过程留存至今的也只是极少的一部分。单从曾侯乙编钟上的铭文内容来看，绝大部分是今天未知的内容。我们以往对先秦乐律理论的了解，只是经汉儒之手保留下来的少得可怜的资料。中国历史悠久，地域广大，民族众多。一件乐器，在不同的历史时期、不同的地方、不同的民族语言中，往往会有不同的称呼。如唐人小说中的"胡琴"，泛指来自西域的少数民族乐器，主要是指五弦琵琶一类的弹拨乐器。若按今天的概念把它理解成京胡、二胡等乐器，就大错特错了。文献中遗留下来的一些极为珍贵的音乐学资料，或是只字片言，或是语焉不详，如不经过仔细地整理，将无法使用。

20世纪中国的考古学家进行的大量调查发掘工作，积累了丰富的音乐文物考古资料。这些音乐资料，向人们提供了以往从文献中难以获知的中国音乐史信息。我们认识古代音乐文物的过程，也是对文献进行甄别和重新认识的过程。

中国音乐考古学既往的研究成果，促进了中国音乐史学的发展。展望 21 世纪，中国音乐考古学将在音乐史学的哪些领域里产生比较重要的影响呢？

首先，20 世纪中国古代乐器的大量考古发现，将对中国乐器史的研究和发展产生重要的影响。

无论是考古发掘的实践，还是古代文献的记载，都表明中国乐器的种类异常丰富。但是，目前中国乐器史方面的专著还不多见，尤其是各种乐器的专门史，更是凤毛麟角。随着考古发掘资料的日益丰富，条件趋向成熟。21 世纪的史学研究，将会在笛、鼓、古琴、瑟、筝、箜篌、编钟、铜鼓、錞于等；或在原始乐器、礼仪乐器、丧葬乐器、民族乐器等；或在弦乐器、管乐器、打击乐器、青铜乐器等选题上，取得中国乐器发展史方面的重要研究成果。

其次，20 世纪考古学的大量研究成果，将对中国乐律学史的发展起到显著的促进作用。

曾侯乙墓中大量乐器的发现，已经彻底改变了人们对于先秦时期乐律学水平的认识。曾侯乙编钟的铭文，就是一部已经失传了的先秦乐律学史。20 世纪有关的学术研究，也已经取得了丰富的成果。但是，目前已经掌握的大量古乐器的测音资料，还没有得到深入的研究和梳理，更没有一部先秦乐律学史的专著，来系统地阐述这些学术成果。展望 21 世纪，建立在中国音乐考古学大量资料研究基础上的中国乐学史和律学史，将会取得系统性的成果。

其三，20 世纪考古学的大量研究成果，将促进中国音乐断代史和通史的研究和发展。

有关中国音乐史的著作，至今已不下数十部。但多数著作仍停留在杨荫浏《中国音乐史纲》资料系统的基础上，大同小异，没有突破性的进展，且绝大多数均为通史类著作。近年有些研究者在中国音乐断代史方面作了有益的探索，取得了开创性的研究成果。如李纯一的《先秦音乐史》[1]、孙星群的《西夏辽金音乐史稿》[2]等即是。可以预见，由于考古学资料的不断丰富，21 世纪有关中国远古时期、夏商时期、两周时期、两汉时期、隋唐时期的音乐史断代研究，将会取得较大的成就。

其四，20 世纪音乐考古学的研究成果，将对中外音乐交流史的研究产生重要意义。

著名的"丝绸之路"是中国与中、西亚各国音乐艺术交流的大动脉，其沿线留下了当时交流的大量物质遗存。它们对于中外音乐交流史的研究价值是不言而喻的。日本学者曾说，唐乐是中国的，但唐乐研究在日本。此说的根据是：保存在日本的唐代乐器，是一批可供音乐考古学研究的无价珍宝，但在中国本土，除了还有一些传世的古琴之外，其他唐代乐器及音乐文物已经难觅踪影。敦煌藏经洞出土的"敦煌乐谱"的研究，也是日本学者拔得头筹。林谦三的研究，奠定了"敦煌乐谱"研究中难以动摇的基础。今日国内众多的古谱学家，为"敦煌乐谱"的译解，付出了多少辛勤的汗水，但至今难以取得突破性的进展。近年出土于新疆且末扎滚鲁克的、产生于公元前 3～4 世纪的乐器箜篌，将会以无声的语言，向今天的人们讲述这种在两河流域和南亚次大陆生存了五千多年的古乐器，是如何踏上东传华夏的历史征程的。

对于中国音乐史学研究来说，中国音乐考古学这一门新兴的学科，已经成为它主要的立足基石。除此以外，20 世纪中国音乐考古学的研究和发展，还将对中国音乐思想、音乐美学、比较音乐学、乐律学、音乐教学等方面，产生一定的影响。

中国音乐考古学自刘复启端至今，经过了半个多世纪的发展历程，凝聚了数代人的心血，得到了多学科学者的协作，取得了丰硕的成果。一门成熟的学科，应该具备如下条件：明确的研究目的，较为成熟的研究方法，较为系统的基础理论著作，一定数量和质量的专家队伍，比较丰富的研究成果等。显然，以这些标准来衡量 20 世纪中国音乐考古学的相关研究，可以清楚地看到这门学科的幼稚和缺憾，其在各个方面都有待于进一步的建设和发展。中国音乐考古学将不断从实践中取得经验，使这门年轻学科的羽翼丰满起来。

**注　释**

[1] 李纯一《先秦音乐史》，人民音乐出版社 1994 年版。
[2] 孙星群《西夏辽金音乐史稿》，中国青年出版社 1998 年版。

# 参 考 文 献

## 古籍

1.《捃古录金文》三之一·12，吴氏家刻本，1895 年。

2.《史记》，中华书局 1972 年版。

3.《晋书》，中华书局 1974 年版。

4.《战国策》，上海古籍出版社 1978 年版。

5.《十三经注疏》，中华书局 1980 年影印本。

6.《说苑》，上海古籍出版社 1981 年版。

7.《孟子》，中华书局 1983 年版。

8.《汉书》，中华书局 1987 年版。

9.《拾遗记》，中华书局 1988 年版。

10.《钦定大清会典图》，中华书局 1991 年版。

## 专著

11. 罗振玉《贞松堂集古遗文》一·二四，1930 年。

12. 孙文青《南阳汉画像汇存》，金陵大学中国文化研究所刊行，1936 年。

13. 于省吾《双剑誃古器物图录》卷下，1940 年影印本。

14. 容庚《商周彝器通考》，哈佛燕京学社 1941 年。

15. 郑振铎《中国古明器陶俑图录》，1947 年印本。

16. 宿白《白沙宋墓》，文物出版社 1957 年版。

17. 郭沫若《两周金文辞大系》，科学出版社 1957 年版。

18.（日）林谦三《东亚乐器考》，音乐出版社 1962 年版。

19. 梁思永、高去寻《侯家庄》第六本《1217 号大墓》，历史语言研究所（台北）1968 年版。

20．湖南省博物馆、中国科学院考古研究所编《长沙马王堆一号汉墓》，文物出版社 1973 年版。

21．山东省文物管理处、济南市博物馆《大汶口》，文物出版社 1974 年版。

22．杨荫浏《中国古代音乐史稿》，人民音乐出版社 1980 年版。

23．中国社会科学院考古研究所《殷墟妇好墓》，文物出版社 1980 年版。

24．山东省博物馆、山东省文物考古研究所编《山东汉画像石选集》，齐鲁书社 1982 年版。

25．上海博物馆《上海博物馆》1982 年集刊。

26．中国社会科学院考古研究所编《考古工作手册》，文物出版社 1982 年版。

27．湖北省荆州地区博物馆《江陵雨台山楚墓》，文物出版社 1984 年版。

28．湖北省博物馆曾侯乙编钟复制研究组编《曾侯乙编钟的复制研究》，1984 年版。

29．徐州市博物馆选编《徐州汉画像石》，江苏美术出版社 1985 年版。

30．《南阳汉代画像石》编辑委员会《南阳汉代画像石》，文物出版社 1985 年版。

31．徐旭生《中国古史的传说时代》（增订本），文物出版社 1985 年版。

32．河南文物研究所《信阳楚墓》，文物出版社 1986 年版。

33．夏鼐、王仲殊《中国大百科全书·考古学》，中国大百科全书出版社 1986 年版。

34．中国古代铜鼓研究会编《中国古代铜鼓》，文物出版社 1988 年版。

35．半坡博物馆等《姜寨——新石器时代遗址发掘报告》，文物出版社 1988 年版。

36．中国社会科学院考古研究所《武功发掘报告》，文物出版社 1988 年版。

37．卢连成等《宝鸡強国墓地》，文物出版社 1988 年版。

38．湖北省博物馆《曾侯乙墓》，文物出版社 1989 年版。

39．王建中、闪修山《南阳两汉画像石》，文物出版社 1990 年版。

40．青海省文物考古研究所《民和阳山》，文物出版社 1990 年版。

41．湖北省荆沙铁路考古队包山墓地整理小组《包山楚墓》，文物出版社 1991 年版。

42．安金槐《中国考古》，上海古籍出版社 1992 年版。

43．黄翔鹏《溯流探源——中国传统音乐研究》，人民音乐出版社 1993 年版。

44．李纯一《先秦音乐史》，人民音乐出版社 1994 年版。

45．李纯一《中国上古出土乐器综论》，文物出版社 1996 年版。

46．黄翔鹏、王子初《中国音乐文物大系》12 卷，大象出版社 1996 年版。

47．河北省文物考古研究所《𥖐墓》，文物出版社 1996 年版。

48．山西省考古研究所、太原市文管会编，陶正刚、侯毅、渠川福著《太原晋国赵卿墓》，文物出版社 1996 年版。

49．黄翔鹏《中国人的音乐和音乐学》，山东文艺出版社 1997 年版。

50．江西省文物考古研究所等《新干商代大墓》，文物出版社 1997 年版。

51．河南省文物考古研究所《舞阳贾湖》，科学出版社 1999 年版。

52．高至喜《商周青铜器与楚文化研究》，岳麓书社 1999 年版。

53．保利艺术博物馆《保利藏金》，岭南美术出版社 1999 年版。

54．王子初、王芸《文物与音乐》，东方出版社 2000 年版。

55．河南省文物考古研究所、周口市文化局《鹿邑太清宫长子口墓》，中州古籍出版社 2000 年版。

56．王子初《中国音乐考古学》，福建教育出版社 2002 年版。

57. 庆阳地区博物馆编《庆阳地区文物概况》第一集。

58. 北京乐器研究所《十二平均律音分频率对照表》。

**论文**

59. 许敬参《编钟编磬说》，河南省博物馆馆刊第九集，1937 年。

60. 陈梦家《中国铜器概述》，《海外中国铜器图录》上册，北平图书馆 1946 年版。

61. 黄翔鹏《旋宫古法中的随月用律问题和左旋、右旋》，《音乐学丛刊》第一辑，人民音乐出版社 1981 年版。

62. 于豪亮《曾侯乙墓出土于随县解》，《于豪亮学术文存》，中华书局 1985 年版。

63.（伊拉克）苏比·安韦尔·拉辛德著、王昭仁译《美索不达米亚的音乐文化》，《上古时代的音乐》，文化艺术出版社 1989 年版。

64.（德）汉斯·希克曼著、王昭仁译《古埃及的音乐文化》，《上古时代的音乐》，文化艺术出版社 1989 年版。

**图书在版编目（CIP）数据**

音乐考古/王子初著. --北京：文物出版社，2006.1
（2020.11重印）
（20世纪中国文物考古发现与研究丛书）
ISBN 978-7-5010-1789-8

Ⅰ.音… Ⅱ.王… Ⅲ.音乐-考古-中国 Ⅳ.K875.5

中国版本图书馆CIP数据核字（2005）第103247号

20世纪中国文物考古发现与研究丛书

# 音乐考古

| | | |
|---|---|---|
| 著　　者 | 王子初 | |
| 封面设计 | 张希广 | |
| 责任印制 | 陈　杰 | |
| 责任编辑 | 周　成　张晓曦 | |
| 出版发行 | 文物出版社 | |
| 社　　址 | 北京市东直门内北小街2号楼 | |
| 网　　址 | http：//www.wenwu.com | |
| 邮　　箱 | web@wenwu.com | |
| 印　　刷 | 河北鹏润印刷有限公司 | |
| 开　　本 | 850mm×1168mm | 1/32 |
| 印　　张 | 9.625 | |
| 版　　次 | 2006年1月第1版 | |
| 印　　次 | 2020年11月第2次印刷 | |
| 书　　号 | ISBN 978-7-5010-1789-8 | |
| 定　　价 | 40.00元 | |